O Sujeito Lacaniano

Bruce Fink

O Sujeito Lacaniano
Entre a linguagem e o gozo

Tradução:
Maria de Lourdes Duarte Sette

Consultoria:
Mirian Aparecida Nogueira Lima

8ª reimpressão

Para Héloïse

Copyright © 1995 by Princeton University Press

Tradução autorizada da primeira edição norte-americana,
publicada em 1995 por Princeton University Press,
de Princeton, Estados Unidos

Título original
The Lacanian Subject: Between Language and Jouissance

Capa
Carol Sá

CIP-Brasil. Catalogação-na-fonte
Sindicato Nacional dos Editores de Livros, RJ

535a   Fink, Bruce, 1956-
        O sujeito lacaniano : entre a linguagem e o gozo / Bruce Fink;
    tradução Maria de Lourdes Duarte Sette; consultoria Mirian Apa-
    recida Nogueira Lima. — 1ª ed. — Rio de Janeiro: Zahar, 1998.

        Título original: The Lacanian Subject: Between Language
    and Jouissance.
    Inclui apêndice e bibliografia
    ISBN 978-85-7110-447-1

        1. Lacan, Jacques, 1901-1981. 2. Psicanálise. I. Título.

                              CDD: 150.195
98-0867   CDU: 159.964.2

Todos os direitos desta edição reservados à
EDITORA SCHWARCZ S.A.
Praça Floriano, 19, sala 3001 — Cinelândia
20031-050 — Rio de Janeiro — RJ
Telefone: (21) 3993-7510
www.companhiadasletras.com.br
www.blogdacompanhia.com.br
facebook.com/editorazahar
instagram.com/editorazahar
twitter.com/editorazahar

Sumário

Prefácio 9

PARTE 1: ESTRUTURA: ALIENAÇÃO E O OUTRO

Um
Linguagem e alteridade 19
    Um lapso de língua do Outro 19
    O inconsciente 24
    Corpos estranhos 28

Dois
A natureza do pensamento inconsciente,
ou como a outra parte "pensa" 32
    Cara ou coroa 34
    O acaso e a memória 38
    O inconsciente ajunta 39
    O saber sem um sujeito 42

Três
A função criativa da palavra: o simbólico e o real 43
    Trauma 45
    A interpretação atinge a causa 48
    A incompletude da ordem simbólica: o furo no Outro 49
    As torções na ordem simbólica 50
    Estrutura *versus* causa 51

PARTE 2: **O S**UJEITO **L**ACANIANO

Quatro

O sujeito lacaniano 55
   O sujeito lacaniano não é o "indivíduo" ou
      o sujeito consciente da filosofia anglo-americana 56
   O sujeito lacaniano não é o sujeito do enunciado 58
   O sujeito lacaniano não aparece em nenhum lugar no que é dito 59
   A transitoriedade do sujeito 62
   O sujeito freudiano 63
   O sujeito cartesiano e seu inverso 64
   O sujeito dividido de Lacan 66
   Além do sujeito dividido 68

Cinco

O sujeito e o desejo do Outro 71
   Alienação e separação 71
     O vel da alienação 73
     O desejo e a falta na separação 75
     A introdução de um terceiro termo 78
     O objeto a: *o desejo do Outro* 82
   Uma separação adicional: a travessia da fantasia 84
     Subjetivando a causa: um enigma temporal 86
   A alienação, a separação e a travessia da fantasia
     na situação analítica 90

Seis

A metáfora e a precipitação da subjetividade 93
   O significado 95
   As duas faces do sujeito psicanalítico 96
     O sujeito como significado 96
     O sujeito como furo 101

PARTE 3: **O O**BJETO **L**ACANIANO:
AMOR, **D**ESEJO, **G**OZO

Sete

Objeto a: *causa do desejo* 107
   "As relações de objeto" 108
     Objetos imaginários, relações imaginárias 108
     O Outro como objeto, as relações simbólicas 111

Objetos reais, confronto com o real 115
Objetos perdidos 118
A Coisa freudiana 120
Mais-valia, mais-gozar 122

Oito
"Não existe a relação sexual" 124
A castração 125
O falo e a função fálica 128
"Não existe a relação sexual" 131
A diferenciação entre os sexos 132
As fórmulas de sexuação 136
Uma dissimetria de parceiros 142
A mulher não existe 144
Masculino/Feminino — Significante/Significação 146
Outro para ela mesma, gozo do Outro 148
A verdade da psicanálise 151
Existência e ex-sistência 151
Uma nova metáfora para a diferença sexual 152

PARTE 4: **O ESTATUTO DO DISCURSO PSICANALÍTICO**

Nove
Os quatro discursos 159
O discurso do mestre 160
O discurso da universidade 162
O discurso da histérica 163
O discurso do analista 165
A situação social da psicanálise 167
Não há metalinguagem 168

Dez
Psicanálise e ciência 170
A ciência como discurso 170
Suturando o sujeito 171
A ciência, o discurso da histérica e a teoria psicanalítica 173
Os três registros e os discursos "polarizados" diferentemente .. 175
A formalização e a transmissibilidade da psicanálise 177
O estatuto da psicanálise 178
A ética da psicanálise lacaniana 179

Posfácio 180

Apêndice 1
A linguagem do inconsciente 187

Apêndice 2
Em busca da Causa 201

Glossário dos símbolos de Lacan 210

Agradecimentos 213

Notas 215

Bibliografia 241

Índice remissivo 245

Prefácio

Lacan nos apresenta uma teoria da subjetividade radicalmente nova. Ao contrário da maioria dos pós-estruturalistas, que procuram desconstruir e negar a própria noção de sujeito humano, o psicanalista Lacan acredita que o conceito de subjetividade é indispensável e explora o que significa ser um sujeito, como alguém se torna um sujeito, as condições responsáveis pelo fracasso em tornar-se um sujeito (levando à psicose), e as ferramentas à disposição do analista para causar uma "precipitação de subjetividade".

Contudo, é extremamente difícil reunir a enorme variedade de coisas que Lacan diz sobre o sujeito porque sua teoria do sujeito mostra-se tão "pouco intuitiva" para a maioria de nós (considere a "definição" que Lacan reitera com tanta freqüência: o sujeito é aquilo que um significante representa para outro significante) e porque ela evolui bastante no curso de sua obra. Além disso, no final da década de 1970 e no começo da década de 1980 nos Estados Unidos, Lacan provavelmente era mais conhecido como um estruturalista, devido aos debates a respeito de seu trabalho sobre a linguagem e sobre "A carta roubada" de Edgar Allan Poe. Na maioria das vezes, os leitores de língua inglesa estão mais familiarizados com um Lacan que revela o funcionamento da estrutura a cada momento — mesmo no próprio centro do que presumimos ser nosso mais precioso e inalienável *self* — aparentemente deixando de lado, por completo, a problemática da subjetividade.

Na parte 1 deste livro, recapitulo o exame extremamente abrangente feito por Lacan da "alteridade" como aquilo que é estranho ou estrangeiro para um sujeito ainda não especificado. Essa alteridade percorre a inauspiciosa escalada que vai desde o inconsciente (o Outro como linguagem) e o eu (o outro imaginário [eu ideal] e o Outro como desejo [ideal de eu]) ao supereu freudiano (o Outro como gozo). Somos alienados na medida em que somos falados por uma linguagem que funciona, de certa forma, como uma máquina, um computador, ou um dispositivo de gravação/montagem com vida própria; na medida em que nossas necessidades e prazeres são organizados e canalizados em formas socialmente aceitáveis pelas demandas de nossos pais (o Outro como demanda); e na medida em que nosso desejo surge como o desejo do Outro. Embora Lacan invoque o sujeito em seus seminários e escritos, muitas vezes o Outro parece roubar a cena.

No entanto, é precisamente a extensão do conceito de estrutura ou alteridade na obra de Lacan, levada às últimas conseqüências, que nos permite ver onde a estrutura cessa e algo mais começa, algo que se opõe à estrutura. Na obra de Lacan, aquilo que se rebela é duplo: o sujeito e o objeto (o objeto *a* como causa do desejo).

Na parte 2 deste livro, demonstro que, na década de 1950, partindo de suas primeiras noções fenomenológicas, Lacan define o sujeito como uma posição adotada com relação ao Outro enquanto linguagem ou lei; em outras palavras, o sujeito *é* uma relação com a ordem simbólica. O eu é definido em termos do registro imaginário, enquanto o sujeito como tal é, essencialmente, um posicionamento em relação ao Outro. À medida em que a noção de Outro de Lacan evolui, o sujeito é reconceitualizado como uma postura adotada com relação ao desejo do Outro (o desejo da mãe, de um dos pais ou ambos), uma vez que aquele desejo provoca o desejo do sujeito, isto é, funciona como objeto *a*.

Cada vez mais influenciado pelos primeiros trabalhos de Freud[1] e por sua prática psicanalítica, Lacan começa (numa visão muito resumida de sua evolução teórica) a ver aquele algo em relação ao qual o sujeito adota uma postura como uma experiência primária de prazer/dor ou trauma. O sujeito advém como uma forma de atração na direção de uma experiência originária e esmagadora e como uma forma de defesa contra essa mesma experiência de gozo que em francês chama-se *jouissance*: um prazer que é excessivo, que leva a uma sensação de esmagamento ou nojo e, no entanto, ao mesmo tempo, fornece uma fonte de fascinação.

Embora no final da década de 1950 Lacan visse o "ser" como algo concedido ao sujeito humano devido apenas à sua relação fantasiosa com o objeto que provocou aquela experiência traumática de gozo, posteriormente ele formula essa experiência originária de gozo do sujeito como derivada de seu *encontro traumático com o desejo do Outro*. O sujeito — falta-a-ser — é visto, portanto, como consistindo numa relação com o desejo do Outro, ou como uma postura adotada com relação a esse desejo, fundamentalmente emocionante, porém ameaçador, fascinante e, no entanto, esmagador ou revoltante.

Embora uma criança deseje ser reconhecida pelos pais como merecedora do desejo deles, esse desejo é ao mesmo tempo hipnotizante e mortal.

A existência precária do sujeito é sustentada por fantasias construídas para mantê-lo na distância exata daquele desejo perigoso, equilibrando delicadamente a atração e a repulsa.

Contudo, isso é, a meu ver, apenas uma das faces do sujeito lacaniano: o sujeito como fixado, como sintoma, como um modo repetitivo e sintomático de "desfrutar" ou de obter gozo. A sensação de ser que a fantasia oferece é um "falso-ser", como Lacan a denomina nos meados da década de 1960, sugerindo, desse modo, que existe algo mais.

Previsivelmente, a segunda face do sujeito lacaniano aparece na superação daquela fixação, na reconfiguração ou travessia da fantasia, e na mudança da forma como alguém se diverte ou obtém gozo: isto é, a face da *subjetivação*, um processo de tornar "seu" algo que antes era estranho.

Através desse processo, acontece uma inversão completa na posição do indivíduo com relação ao desejo do Outro. Assumimos a responsabilidade pelo desejo do Outro, aquele poder estranho que nos criou. Um indivíduo toma aquela alteridade casual para si, subjetivando o que antes fora vivido como uma causa externa e excêntrica, uma estranha jogada de dados no começo do universo do indivíduo: o destino. Aqui Lacan sugere uma mudança paradoxal realizada pelo analisando, preparado por uma abordagem específica por parte do analista, para subjetivar a causa da existência dele — o desejo do Outro que o trouxe ao mundo — e tornar-se o sujeito do próprio destino. Não mais "me aconteceu" mas sim "eu vi", "eu ouvi", "eu fiz".

Portanto, a essência das múltiplas traduções realizadas por Lacan da máxima de Freud: *Wo Es war, soll Ich werden*: onde o Outro segura as rédeas (agindo como minha causa), devo tornar-me minha própria causa.[2]

No que se refere ao objeto (discutido em detalhes na parte 3 deste livro), ele se desenvolve em conjunto com a teoria do sujeito. Da mesma forma, por ser o sujeito visto primeiro como uma postura adotada com relação ao Outro, e depois com relação ao desejo do Outro, o objeto é visto inicialmente como um outro igual a si mesmo, e com o passar do tempo igualado ao desejo do Outro. O desejo dos pais colocou a criança no mundo, num sentido bem concreto, servindo como causa do próprio ser da criança e conseqüentemente como causa de seu desejo. A fantasia encena a posição na qual a criança gostaria de se ver com relação ao objeto que causa, faz surgir e estimula seu desejo.

É a teoria de Lacan do objeto como *causa* do desejo, não como algo que poderia de alguma maneira *satisfazer* o desejo, que nos permite entender algumas das inovações introduzidas por Lacan no campo da técnica analítica. Ele reconceitualiza a posição do analista em termos de papéis

12   *O sujeito lacaniano*

que este deve evitar (aqueles do outro imaginário e do Outro como juiz onisciente, implícito nas abordagens da "psicologia do ego") e o papel que ele deve assumir para tomar parte na fantasia do sujeito (objeto *a*) a fim de causar uma subjetivação cada vez maior, pelo analisando, das causas estranhas que lhe deram origem.

Na visão de Lacan da situação analítica, o analista não é chamado a encenar o "objeto bom", a "mãe suficientemente boa", ou o "ego forte" que se alia ao "ego fraco" do paciente. Ao contrário, o analista deve, ao manter uma posição de desejo enigmático, vir a servir como objeto na fantasia do sujeito a fim de causar uma reconfiguração da fantasia, uma nova postura em relação ao gozo, uma nova posição do sujeito. Uma das ferramentas à disposição do analista para conseguir este objetivo é o tempo, a sessão com tempo de duração variável é um meio de gerar a tensão necessária para separar o sujeito de sua relação fantasiosa com o desejo do Outro.

O objeto também é elaborado por Lacan como a causa que perturba o funcionamento tranqüilo das estruturas, dos sistemas e dos campos axiomáticos, levando a aporias, paradoxos e enigmas de todos os tipos. Nos pontos em que a linguagem e as redes que usamos para simbolizar o mundo racham, encontramos o real. É a *letra* que insiste sempre que tentamos usar o significante para dar conta de tudo e dizer tudo.

Portanto, o objeto tem mais de uma função: enquanto o desejo do Outro, ele provoca o desejo do sujeito; mas enquanto letra ou significância (*signifiance*) do significante, ele possui uma materialidade ou substância associada a outro tipo de prazer. Em certo sentido, é a polivalência do objeto *a* que leva Lacan a distinguir o desejo sexual (o prazer do desejo ou de desejar, a que ele se refere como "gozo fálico", ou mais apropriadamente como "gozo simbólico"), de outro tipo de prazer ("o gozo do Outro").

Essas duas faces do objeto, *a* e S($\cancel{A}$), permitem um entendimento da diferença sexual que ainda não foi expressa nos trabalhos em língua inglesa sobre Lacan, entendimento esse que vai além das "interpretações" atuais que sugerem que, de acordo com Lacan, masculino significa sujeito e feminino significa objeto, ou que Lacan caiu na velha armadilha freudiana de igualar masculinidade com atividade e ter, e feminilidade com passividade e não ter.

Duas faces do sujeito e duas faces do objeto. Oposições binárias paralelas? Acredito que não. Ao contrário, uma forma de "estruturalismo gödeliano" como o chamo, em que cada sistema não consegue se completar pela alteridade ou heterogeneidade que contém dentro de si.

O estatuto do discurso psicanalítico, tratado na parte 4 deste livro, é uma questão inevitável para os clínicos praticantes num contexto cientificista como os Estados Unidos. Em um ambiente em que o diretor do Instituto Nacional de Saúde Mental de Washington pode declarar abertamente que o meio médico provavelmente "derrotará" virtualmente todas as doenças mentais até o ano 2000[3]; em que dia após dia, os jornais anunciam o gene "responsável" pelo alcoolismo, pela homossexualidade, fobia, esquizofrenia, ou seja lá o que for; e em que os ingênuos ataques cientificistas às bases da psicanálise podem ser considerados como golpes importantes à sua credibilidade, os analistas e aqueles favoráveis à análise precisam tornar-se melhor equipados para discutir inteligentemente o estatuto epistemológico de seu campo.

Já que a psicanálise pode não constituir uma ciência, da maneira como se entende "ciência" atualmente, ela não precisa procurar legitimidade no meio médico e científico existentes. A obra de Lacan nos fornece meios para constituir a psicanálise como um discurso que é ao mesmo tempo historicamente dependente do nascimento da ciência e, no entanto, capaz de se sustentar. A psicanálise, como conceitualizada por Lacan, não é apenas um discurso com um fundamento específico, mas também um discurso que está numa posição de analisar a estrutura e o funcionamento de outras "disciplinas" (tanto acadêmicas quanto científicas), apresentando uma visão nova de suas molas mestras e pontos cegos.

Lacan aponta para a possibilidade de radicalizar ou revolucionar a ciência, como é em geral entendida, introduzindo nela noções psicanalíticas – portanto, de certa forma, ampliando as fronteiras da ciência de modo a redefinir o *objeto* da investigação científica. Ao invés de afirmar, como fazem alguns, que a psicanálise está fadada a permanecer para sempre fora do campo da ciência, a questão de Lacan é, ao contrário, que a *ciência ainda não tem capacidade de acomodar a psicanálise.*[4] O discurso científico pode, algum dia, ser remodelado de modo a abranger a psicanálise em seu âmbito, mas por enquanto esta pode continuar a elaborar sua própria práxis distinta: a prática clínica e o edifício teórico.

Este breve esboço indica a trajetória geral de minha argumentação e, espero, servirá ao leitor como um mapa durante a leitura deste livro e como referência ocasional, se necessário. Enquanto sujeito, objeto, Outro e discurso são os principais conceitos desenvolvidos aqui; discuti-los em contexto requer uma explicação de muitos outros conceitos básicos de Lacan e de suas primeiras e posteriores tentativas de usá-los na formulação da experiência psicanalítica.

Alguns dos conceitos que Lacan formulou e reformulou durante sua carreira, e que sou levado a discutir aqui, incluem o imaginário, o simbólico e o real; a necessidade, a demanda, o desejo e o gozo; o sujeito do enunciado e o sujeito da enunciação (ou sujeito falante), o sujeito do inconsciente, o

14   *O sujeito lacaniano*

sujeito dividido, o sujeito como uma defesa, e o sujeito como metáfora; a metáfora paterna; o recalque originário e o recalque secundário; a neurose, a psicose e a perversão; o significante (o significante mestre ou unário e o significante binário), a letra e a significância; o falo (como o significante do desejo), a função fálica, a diferença sexual, o gozo fálico, o gozo do Outro, a estrutura masculina e a estrutura feminina; a alienação, a separação, a travessia da fantasia e o "passe"; pontuação, interpretação, a sessão de duração variável, e o papel do analista como pura capacidade de desejar; existência e ex-sistência; os quatro discursos (o discurso do mestre, da histérica, do analista e da universidade), suas molas mestras, e os sacrifícios que eles impõem; o conhecimento, o reconhecimento equivocado e a verdade; discurso, metalinguagem e sutura; formalização, polarização e transmissão. Espero que o mapa fornecido neste prefácio ajude o leitor a distinguir a floresta das árvores em minha exposição desta ampla gama de conceitos.

Os capítulos da parte 1 têm como objetivo a simplicidade, presumindo pouco ou nenhum conhecimento prévio da obra de Lacan. As partes 2, 3 e 4 tornam-se progressivamente mais complexas, apoiando-se nas fundações estabelecidas nas primeiras partes do livro. Certos leitores podem desejar pular, na primeira leitura, alguns dos capítulos mais densos (tais como os capítulos 5, 6 e 8) dirigindo-se, por exemplo, diretamente do capítulo 7, sobre o objeto *a*, para os capítulos 9 e 10, sobre o discurso. Muitos dos capítulos podem ser lidos em separado, embora eles tenham fundamento e, ocasionalmente, um faça referência ao outro. Os leitores com um bom conhecimento prévio da obra de Lacan talvez desejem pular o capítulo 1 e ir diretamente para o capítulo 5, apenas folheando os capítulos anteriores.

Um dos meus objetivos gerais neste livro é começar a situar de novo a discussão da obra de Lacan em um contexto que não seja divorciado das considerações clínicas. Na América do Norte, a comunidade psicanalítica vem resistindo ao pensamento de Lacan por várias décadas, enquanto que os mais interessados na literatura e na lingüística têm demonstrado uma apreciação maior e mais duradoura por sua obra. As razões históricas e intelectuais para essa situação são por demais conhecidas para serem reiteradas aqui, mas, na minha opinião, o resultado tem sido uma representação parcial ou distorcida de seu pensamento. Embora este livro não tenha sido escrito especificamente para clínicos[5], minha experiência com a práxis da psicanálise forma, acredito, seu pano de fundo.

Não tenho a menor pretensão de apresentar uma visão "equilibrada" da obra de Lacan. Uma visão equilibrada teria que fornecer uma grande parte da perspectiva histórica sobre o desenvolvimento de Lacan — explicando suas variadas influências surrealistas, freudianas, fenomenológicas, existencialistas, pós-freudianas, saussurianas, jakobsonianas e lévi-straussianas (apenas para começar) — e situar as incursões de Lacan na teoria psicanalítica no contexto de debates que aconteciam na França e em outros lugares naquela época.

Ao invés disso, tento apresentar uma visão da obra de Lacan que muitos, com certeza, acharão por demais estática e fechada, já que uma das muitas fascinações de seu trabalho está precisamente em suas transformações constantes, autocorreções e inversões de perspectiva. Empenhei-me em oferecer uma visão dos principais conceitos de Lacan, não de como se desenvolveram da década de 1930 em diante, mas a partir da perspectiva da década de 1970. Às vezes, tento guiar o leitor por alguns dos primeiros passos de Lacan na formulação da experiência psicanalítica pela "tradução" deles nos termos posteriores do próprio Lacan, mas em geral apresento um corte da teoria lacaniana que considero especialmente poderoso e útil tanto para o clínico quanto para o teórico. Oposições como aquela entre palavra "plena" e palavra "vazia", encontradas nos primeiros seminários de Lacan, são, no meu modo de pensar, suplantadas em seus trabalhos posteriores; portanto, por mais interessantes que possam ser em si, prefiro deixar que outros as apresentem.[6]

Espero que minha pontuação do pensamento de Lacan, que enfatiza certos desdobramentos e não enfatiza outros, permita ao leitor orientar-se melhor em meio à massa volumosa de trabalhos publicados sobre Lacan e os ainda a serem publicados. Depois de lecionar por vários anos alguns de seus seminários, seguindo o desenvolvimento passo a passo de um conceito específico (como aquele da ética psicanalítica no Seminário 7 ou da transferência no Seminário 8), a emoção de ver essa mente trabalhando de tal maneira ativa e criativa é, com freqüência, obscurecida pela dificuldade envolvida em isolar uma tese identificável. O estudo dos seminários de Lacan é uma tarefa importante para todos os que estudam a sério a psicanálise e, no entanto, em minha experiência, é útil ter algumas orientações no que pode, de outra forma, ser percebido como um campo algo amorfo.

A tarefa de interpretar a obra de Lacan, assim como a de interpretar as obras de Platão e Freud, é interminável, e não pretendo ter a última palavra. Deveria estar claro que aquilo que ofereço aqui é uma interpretação; em especial, a teoria do sujeito lacaniano apresentada nos capítulos 5 e 6 é minha, assim como minha leitura da obra de Lacan sobre a diferença sexual no capítulo 8 é também original.

Os apêndices incluem material por demais técnico para manter o fluxo geral da discussão aqui apresentada. Eles envolvem, em detalhes, os

16   *O sujeito lacaniano*

modelos de Lacan da estrutura da linguagem e os efeitos gerados pela anomalia que surge dentro dela (objeto *a*).

No glossário apresentado no final deste livro, o leitor encontrará explicações sucintas dos principais símbolos (conhecidos como "matemas") discutidos nestas páginas. Os matemas de Lacan condensam e incorporam um volume considerável de conceitualizações e, embora eu tenha tentado resumir no glossário seus aspectos mais relevantes, seu uso correto requer uma compreensão profunda da estrutura teórica de Lacan.

Quando cito a obra de Lacan, sempre que possível, forneço as referências das edições em inglês, mas tomei liberdades consideráveis para com as traduções existentes: seus defeitos estão se tornando cada vez mais aparentes. "*Écrits* 1966" se refere à edição francesa dos *Écrits* publicados pela Seuil em Paris, mas "*Écrits*", apenas, se refere à seleção em inglês feita por Alan Sheridan publicada pela Norton[7] em 1977. As referências de páginas dos Seminários 1, 2, 7 e 11 sempre correspondem às traduções em inglês publicadas pela Norton. Refiro-me aos Seminários[*] apenas por seus números; a bibliografia contém referências completas. Quando cito a obra de Freud, forneço os números dos volumes e das páginas da Standard Edition (abreviada SE),[**] mas muitas vezes modifico a tradução com base em traduções "fora do padrão" que julgo mais interessantes.

Abril 1994

---

[*] As referências aos Seminários foram extraídas das traduções em português das obras de Lacan publicadas por Zahar. (N.T.)

[**] As citações foram extraídas da tradução das *Obras completas* publicadas pela Imago Editora. (N.T.)

PARTE UM

ESTRUTURA:
ALIENAÇÃO E O OUTRO

O Eu é um Outro

capítulo um

Linguagem e alteridade

Um lapso de língua do Outro

Um paciente entra no consultório de seu analista e senta na poltrona. Olha nos olhos do analista, retoma do ponto onde parara na última sessão e, imediatamente, comete um disparate, dizendo: "Sei que na minha relação com meu pai havia muita tensão, e acho que isso se devia ao fato de que ele trabalhava duro num *schnob** que não suportava e desforrava em cima de mim." Ele queria dizer *job* [significa "emprego" em inglês] mas *schnob* foi o que escapou.

O discurso nunca possui uma só dimensão. Um lapso de língua nos lembra imediatamente que vários discursos podem usar o mesmo porta-voz ao mesmo tempo.

Dois níveis distintos podem ser identificados aqui: um discurso intencional consistindo no que o falante *tentava* dizer ou *queria* dizer e um discurso sem intenção que, neste caso, assume a forma de uma palavra deformada ou truncada, um tipo de fusão de *job* [emprego] com *snob* [esnobe] e talvez com outras palavras também. O analista pode já saber, por exemplo, que o falante considera o primogênito da família, ou seja, seu irmão ou irmã mais velha, um esnobe e sente que o pai admirava demais este último, ao ponto de constituir um defeito na opinião do paciente ou analisando (isto é, a pessoa no processo de análise). O analisando também pode associar a palavra *schnoz* [nariz], e recordar-se de que, quando criança, tinha medo do nariz do pai que parecia com o nariz de uma bruxa; a palavra *schmuck* [tolo] pode também passar por sua cabeça.

Esse exemplo simples já nos permite distinguir entre dois tipos diferentes de discurso ou, mais simples ainda, dois tipos diferentes de fala:[1]

---

* *Schnob* não tem significado algum na língua inglesa. (N.T.)

20   *O sujeito lacaniano*

- a *fala do eu:* fala corriqueira sobre o que conscientemente pensamos e acreditamos sobre nós mesmos
- e *algum outro tipo de fala.*

O Outro de Lacan está, em seu nível mais básico, relacionado com aquele *outro tipo de fala.*[2] Experimentalmente, podemos presumir que não somente existem dois tipos diferentes de fala, mas que eles surgem, grosso modo, de dois lugares psicológicos diferentes: o eu (ou *self*) e o Outro.

A psicanálise começa com a pressuposição de que aquele Outro tipo de fala origina-se de *um outro* que é de alguma forma localizável. Ela afirma que as palavras faladas sem intenção, escapadas, murmuradas ou truncadas surgem de *algum outro lugar*, alguma outra instância que não o eu. Freud chamou aquele Outro lugar de inconsciente, e Lacan afirma em termos categóricos que "o inconsciente é o discurso do Outro"[3], isto é, o inconsciente consiste naquelas palavras que surgem de algum outro lugar que não da fala do eu. Portanto, nesse nível mais básico, o inconsciente é o discurso do Outro (Tabela 1.1).

Tabela 1.1

DISCURSO DO EU/*SELF*	OUTRO DISCURSO/ O DISCURSO DO OUTRO
consciente	inconsciente
intencional	involuntário

Então, como esse Outro discurso conseguiu se insinuar "dentro" de nós? Nossa tendência é acreditar que estamos no controle, e no entanto, às vezes algo excêntrico e estranho fala, digamos assim, por intermédio de *nossas* bocas. Do ponto de vista do *self* ou do eu, o "Eu" é quem dá as cartas: aquele nosso aspecto que chamamos de "Eu" acredita que sabe o que pensa e sente, e acredita que sabe por que faz o que faz. O elemento intruso — aquele Outro tipo de fala — é deixado de lado, considerado aleatório e, portanto, sem nenhuma importância. As pessoas que tendem a fazer lapsos de língua acreditam, com freqüência, que apenas se confundem de vez em quando ou que seus cérebros são simplesmente mais rápidos do que suas bocas e soltam duas palavras ao mesmo tempo por uma boca lenta. Embora em tais casos os lapsos de língua sejam reconhecidos como estranhos ao eu ou *self*, sua importância é desconsiderada. Ao mesmo tempo em que, na maioria dos casos, uma pessoa que acaba de cometer um lapso provavelmente endossaria a seguinte afirmação: "Cometi um erro sem sentido e por acaso", Freud replicaria: "A verdade falou".

Enquanto a maioria das pessoas não atribui importância alguma ao Outro discurso que irrompe e interrompe o discurso do eu, os psicanalistas afirmam que existe método nesta aparente loucura, uma lógica bastante identificável por trás destas interrupções; em outras palavras, que não há nada de acaso nelas. Os analistas procuram descobrir o método por trás daquela loucura, pois é apenas trocando a lógica que governa essas interrupções, somente afetando o Outro discurso, que a mudança pode acontecer.

Freud, em *A interpretação dos sonhos, Os chistes e sua relação com o inconsciente* e *A psicopatologia da vida cotidiana,* dedicou grande parte de sua atenção a desvendar os mecanismos que governam o que ele chamou ousadamente de "pensamento inconsciente".[4] Em seu artigo amplamente difundido "A instância da letra no inconsciente" (*Écrits*), Lacan assinala a relação entre os conceitos freudianos de deslocamento e condensação, típicos do trabalho do sonho, e as noções lingüísticas de metonímia e metáfora. Porém, Lacan de maneira alguma se deteve aí; ele continuou a buscar modelos para decifrar os mecanismos inconscientes no campo emergente da cibernética. No capítulo 2, examino em detalhes a justaposição, feita por Lacan, das idéias contidas na história de Edgar Allan Poe "A carta roubada" e as idéias inspiradas pela cibernética da década de 1950. O trabalho de Lacan sobre Poe foi comentado por diversos críticos literários[5], porém poucos autores acompanharam as especulações de Lacan sobre o funcionamento do inconsciente, derivadas desse trabalho.

Neste capítulo, enfoco não tanto como esse Outro discurso funciona mas como chegou onde chegou: Como "entrou" em nós? Como é que algo que parece tão excêntrico ou estranho acaba sendo dito por nossas bocas?

Lacan explica a estranheza dessa forma: nascemos em um mundo de discurso, um discurso ou linguagem que precede nosso nascimento e que continuará após a nossa morte. Muito antes de uma criança nascer, um lugar já está preparado para ela no universo lingüístico dos pais: os pais falam da criança que vai nascer, tentam escolher o nome perfeito para ela, preparam-lhe um quarto, e começam a imaginar como suas vidas serão com uma pessoa a mais no lar. As palavras que usam para falar da criança têm sido usadas, com freqüência, por décadas, se não séculos e, geralmente, os pais nem as definiram e nem as redefiniram, apesar dos muitos anos de uso. Essas palavras lhes são conferidas por séculos de tradição: elas constituem o Outro da linguagem, como Lacan chama em francês (*l'Autre du langage),* mas que podemos tentar converter em o Outro da lingüística, ou o Outro *como* linguagem.

Se desenharmos um círculo e convencionarmos que ele representa o conjunto de todas as palavras numa língua, então podemos associá-lo ao que Lacan chama de Outro (Figura 1.1). É o Outro enquanto a coleção de todas as palavras e expressões numa língua. Essa é uma visão um tanto estática, já que uma língua como a inglesa está sempre em evolução, novas palavras são acrescentadas diariamente e velhas palavras caem em desuso, mas como uma primeira explicação serve a nossos propósitos muito bem.[6]

Figura 1.1

Uma criança nasce, então, num lugar preestabelecido dentro do universo lingüístico dos pais, um espaço muitas vezes preparado muitos meses, se não anos, antes que ela veja a luz do dia. E a maioria das crianças é obrigada a aprender a língua falada pelos pais, o que significa dizer que, a fim de expressar seus desejos, elas são virtualmente obrigadas a irem além do estágio do choro — um estágio no qual os pais são forçados a adivinhar o que seus filhos desejam ou precisam — e tentar dizer o que querem *em palavras*, isto é, de uma forma que seja compreensível aos principais responsáveis por elas. No entanto, seus desejos são moldados naquele mesmo processo, já que as palavras que são obrigadas a usar não são suas e não correspondem necessariamente às suas demandas específicas: seus desejos são moldados na fôrma da língua ou línguas que aprendem (Tabela 1.2).

Tabela 1.2

NECESSIDADE → O OUTRO COMO LINGUAGEM → DESEJO

O aporte realizado por Lacan é mais radical ainda quando diz que não se pode dizer que uma criança *sabe* o que quer antes da assimilação da linguagem: quando um bebê chora, o *sentido* desse ato é dado pelos pais ou pelas pessoas que cuidam dele que tentam nomear a dor que a criança parece estar expressando (por exemplo: "ela deve estar com fome"). Talvez haja um tipo de desconforto geral, frio ou dor, mas seu sentido é como que imposto pela forma como é interpretado pelos pais. Se um deles responde ao choro do bebê com comida, o desconforto, o frio ou a dor, será determinado retroativamente como tendo "significado" fome, como as dores da fome. Não se pode dizer que o verdadeiro sentido por trás do choro era que a criança sentia frio, porque sentido é um produto posterior:

respondendo constantemente aos gritos do bebê com comida pode-se transformar todos os seus desconfortos, o frio e a dor, em fome. Nessa situação, o sentido é determinado não pelo bebê mas por outras pessoas, e com base na linguagem que elas falam. Voltarei a esse ponto mais tarde.

O Outro como linguagem é assimilado pela maioria das crianças (as autistas são as exceções mais notáveis à regra) à medida que tentam preencher o vácuo entre o desejo inarticulado, que só pode ser expresso no choro e interpretado para o que der e vier, e a articulação do desejo em termos socialmente compreensíveis, se não aceitáveis. Nesse sentido, o Outro pode ser visto como um intruso traiçoeiro e não convidado que, sem cerimônia e de maneira desfavorável, transforma nossos desejos, mas é, ao mesmo tempo, aquilo que nos capacita a revelar uns aos outros nossos desejos e a nos "comunicarmos".

Há muito tempo, as pessoas expressam uma nostalgia por uma época anterior ao desenvolvimento da linguagem, por um tempo imaginário em que os *homo sapiens* viviam como animais, sem linguagem e, portanto, sem o que pudesse contaminar ou complicar as necessidades e desejos do homem. A glorificação e exaltação por Rousseau das virtudes do homem primitivo e da vida antes da influência corruptora da linguagem é um dos exercícios de nostalgia mais bem conhecidos.

Em tais visões nostálgicas, a linguagem é considerada a fonte de uma grande variedade de males. As pessoas são tidas como naturalmente boas, amorosas e generosas, sendo a linguagem o que permite a perfídia, a falsidade, a mentira, a traição e quase todos os outros defeitos atribuídos aos seres humanos e hipotéticos extraterrestres. Deste ponto de vista, a linguagem é percebida como um elemento estranho, impingido de maneira inoportuna e enxertado numa natureza humana essencialmente saudável.

Escritores como Rousseau expressaram com brilhantismo o que Lacan chama de a *alienação do homem na linguagem.* De acordo com a teoria lacaniana, todo ser humano que aprende a falar é, dessa forma, um alienado — pois é a linguagem que, embora permita que o desejo se realize, dá um nó nesse lugar, e nos faz de tal forma que podemos desejar e não desejar a mesma coisa e nunca nos satisfazermos quando conseguimos o que pensávamos desejar, e assim por diante.

O Outro parece então esgueirar-se pela porta dos fundos enquanto as crianças aprendem uma língua que é virtualmente indispensável para sua sobrevivência no mundo como o conhecemos. Embora considerada, em geral, inócua e puramente utilitária por natureza, a linguagem traz com ela uma forma fundamental de alienação que é um aspecto essencial da aprendizagem da *língua materna do indivíduo.* A própria expressão que usamos para falar a respeito dela — "língua materna" — é indicativa do

24   *O sujeito lacaniano*

fato de que é a língua de algum Outro antes, a língua do Outro materno, isto é, a linguagem da mãeOutro,* e ao falar da experiência da infância, Lacan, muitas vezes, como que iguala o Outro à mãe. (A alienação será discutida com maiores detalhes no capítulo 5.)

O inconsciente

Enquanto isso explica a estranheza das línguas maternas que, em geral, consideramos inteiramente nossas, e que temos, em outras palavras, tentado tornar, na medida do possível, nossas próprias línguas — e essas línguas maternas são componentes do discurso do eu, que por sua vez acaba sendo mais estranho e alienado do que se pensa em geral (Tabela 1.3) — ainda não explicamos esse Outro discurso que, de alguma forma, parece ainda mais estranho: o inconsciente. Observamos que esse discurso do eu, aquele discurso que temos sobre nós mesmos nas conversas corriqueiras conosco e com outras pessoas, está muito mais longe do que acreditamos ser um reflexo verdadeiro de nós mesmos, permeado como é por essa Outra presença que é a linguagem. Lacan faz essa colocação em termos categóricos: *o self é um outro,* o eu é um outro.[7]

Tabela 1.3

DISCURSO DO EU/*SELF*	OUTRO DISCURSO/ O DISCURSO DO OUTRO
consciente	inconsciente
intencional	involuntário
alienado devido à linguagem	

Em sua essência, será que o inconsciente é menos estranho para o indivíduo em questão do que para uma pessoa de fora, uma outra pessoa? O que pensamos conhecer sobre nossos mais íntimos eus (*selves*) pode na realidade estar tão longe da verdade quanto nossas suposições mais desvairadas sobre outras pessoas. A compreensão que temos de nós mesmos pode ser quase tão ignorante, quase tão distante da realidade, quanto as opiniões dos outros sobre nós. Os outros podem, de fato, conhecer-nos muito melhor do que nós realmente nos conhecemos. A simples noção do *self*, como algum tipo de parte mais íntima de uma pessoa, parece se

---

* No original, "mOther". O autor joga com as palavras mãe e Outro, "mother" e "Other" (N.R.)

decompor aqui; retornaremos a este ponto sobre a estranheza ou diferença do eu, ou *self* como o denomino, no capítulo 4. Vamos tentar explicar esse "mais estranho" de todos os outros: o inconsciente.

Lacan declara de forma muito simples que *o inconsciente é linguagem*, referindo-se à linguagem como aquilo que constitui o inconsciente.[8] Muitos, erroneamente, consideram Freud como tendo sustentado que os sentimentos são inconscientes, enquanto que na maior parte do tempo ele afirmou que o recalcado é o que chamou de *Vorstellungsrepräsentanzen*, em geral traduzido para o inglês como representantes ideativos.[9] Com base na tradição filosófica alemã, que fundamenta os trabalhos de Freud, e em estudos detalhados dos textos freudianos, Lacan traduziu o termo para o francês como *représentants de la représentation*, representantes de(a) representação, e concluiu que esses representantes podem ser igualados ao que na lingüística se denominam significantes.[10]

Logo, de acordo com a interpretação lacaniana de Freud, quando o recalque ocorre, uma palavra, ou alguma parte de uma palavra, "cai em baixo", metaforicamente falando.[11] Neste processo, a palavra não se torna inacessível ao consciente e pode ser, de fato, uma palavra que uma pessoa usa perfeitamente bem na sua conversação cotidiana. Mas pelo simples fato de ter sido recalcada, aquela palavra, ou alguma parte dela, começa a exercer um novo papel. Ela estabelece relações com outros elementos recalcados, desenvolvendo um conjunto complexo de ligações com eles.

Como Lacan repete diversas vezes, *o inconsciente é estruturado como uma linguagem*[12]; em outras palavras, ocorrem os mesmos tipos de relação entre os elementos inconscientes que existem entre os elementos constituintes de qualquer linguagem. Voltando ao nosso exemplo inicial: *job* [emprego] e *snob* [esnobe] estão relacionados porque contêm um certo número de fonemas e letras idênticas, os blocos básicos de construção da fala e da escrita, respectivamente. Portanto, essas palavras podem estar associadas no inconsciente, mesmo que não estejam associadas conscientemente pelo indivíduo cujo inconsciente estamos examinando. Analise as palavras "conservação" e "conversação". Elas são anagramas: elas contêm as mesmas letras, somente a ordem em que aparecem é que é diferente. Enquanto o discurso do eu pode desprezar totalmente a *equivalência literal* de tais termos — o fato de que eles contêm as mesmas letras —, o inconsciente presta atenção a detalhes como esse na substituição de uma palavra por outra nos sonhos e nas fantasias.

Ao dizer que o inconsciente é estruturado como uma linguagem, Lacan não afirmou que o inconsciente é estruturado exatamente da mesma forma como o inglês, digamos, ou qualquer outra língua antiga ou moderna, mas que a linguagem, da forma como opera a nível do inconsciente,

26 *O sujeito lacaniano*

obedece a um tipo de gramática, ou seja, a um conjunto de regras que comandam a transformação e o deslizamento que existe dentro dela. O inconsciente, por exemplo, tem uma tendência a quebrar as palavras em suas mínimas unidades — fonemas e letras — e a recombiná-las como pareça adequado: expressando as idéias de *job* [emprego], *snob* [esnobe], *schnoz* [nariz] e *schmuck* [tolo] todas ao mesmo tempo, por exemplo, como vimos na palavra *schnob* acima.

Como veremos no próximo capítulo, o inconsciente nada mais é do que uma "cadeia" de significantes, tais como palavras, fonemas e letras, que se "desdobra" de acordo com regras muito precisas sobre as quais o eu ou *self* não possui qualquer tipo de controle. Mais do que ser o lugar privilegiado da subjetividade, o inconsciente, como concebido por Lacan (exceto na expressão "sujeito do inconsciente", à qual retornaremos mais tarde), é em si Outro, estranho, e inassimilável. A maioria de nós provavelmente pensaria, como o fez Freud, que o analisando que deixa escapar *schnob* ao invés de *job* [emprego] está revelando seus verdadeiros sentimentos: uma queixa contra um pai que deu muita atenção para um irmão(ã) mais velho(a) mas não o suficiente para o analisando, e um desejo de que tivesse acontecido o contrário. E, no entanto, embora esse desejo possa ser considerado como *mais verdadeiro,* de certa forma, do que os outros desejos expressos pelo analisando no "modo ego" (por exemplo: "Eu realmente desejo me tornar uma pessoa melhor"), ele pode, entretanto, ser um desejo estranho: o desejo do Outro. O analisando que diz *schnob* pode continuar e dizer que era, na verdade, sua mãe quem considerava seu pai um *schmuck* [tolo] e que repetidas vezes lhe dizia que seu pai o estava desprezando; ele pode vir a perceber que parou de amar o pai e começou a ter um ressentimento em relação a ele somente para agradar a mãe, "Não era eu que queria censurá-lo", pode concluir, "era ela." Nesse sentido, podemos pensar o inconsciente como expressão, através de suas irrupções na fala cotidiana, de um desejo que é em si mesmo estranho e inassimilável.

Na medida em que o desejo habita a linguagem — e em uma estrutura lacaniana não há, a rigor, desejo sem linguagem — podemos dizer que o inconsciente está repleto de tais desejos estranhos. Às vezes, muitas pessoas sentem que estão trabalhando em algo que nem sequer realmente desejam, empenhando-se para corresponder a expectativas que nem mesmo endossam, ou declarando objetivos que sabem perfeitamente bem que têm pouca ou nenhuma motivação para alcançar. O inconsciente está, nesse sentido, transbordando de *desejos de outras pessoas*: o desejo de seus pais, talvez, de que você estude nesta ou naquela universidade e siga esta ou aquela carreira; o desejo dos seus avós de que você tome juízo e se case e lhes dê bisnetos; ou a pressão dos companheiros de que você se envolva em determinadas atividades nas quais não está realmente interessado. Em tais casos, há um desejo que você considera como "seu", e um outro com o qual se debate e que parece estar no controle, e algumas vezes o força a agir, mas você não sente ser inteiramente seu.

As opiniões e desejos de outras pessoas fluem para dentro de nós através do discurso. Nesse sentido, podemos interpretar o enunciado de Lacan de que o inconsciente é o discurso do Outro, de uma maneira muito direta: *o inconsciente está repleto da fala de outras pessoas, das conversas de outras pessoas, e dos objetivos, aspirações e fantasias de outras pessoas* (na medida em que estes são expressos em palavras).

Essa fala assume um tipo de existência independente dentro dos "nossos eus", digamos assim. Exemplos claros da internalização do discurso do Outro — a fala de outras pessoas — são encontrados no que é comumente chamado de consciência ou consciência culpada, e no que Freud chamou de supereu. Vamos imaginar, e esta é uma história puramente fictícia, que Albert Einstein ouviu por acaso uma conversa, que talvez não fosse para ser ouvida por ele, onde o pai dizia para a mãe, "Ele nunca será nada"[13], e sua mãe concordava, dizendo, "É verdade; ele é preguiçoso como o pai dele". Podemos imaginar que Albert não era ainda crescido o suficiente para entender todo o significado das palavras ou adivinhar seu sentido. No entanto, elas acabaram sendo armazenadas em algum lugar e ficaram adormecidas por muitos anos, para somente serem reativadas e atormentá-lo de forma implacável quando ele tentava progredir na escola secundária. Por fim, as palavras adquiriram sentido e causaram sua reprovação em matemática na escola secundária — esta parte da história é aparentemente verdadeira — embora a ele não faltasse, com certeza, capacidade para compreender a matéria.

Podemos imaginar duas situações diferentes. Na primeira, sempre que Albert se sentava para fazer um teste, ele ouvia as vozes dos pais dizendo: "Ele nunca será nada" e "É verdade; ele é preguiçoso como o pai dele" e ficava tão distraído, agora que finalmente já entendia o que todas as palavras significavam, que nunca conseguia responder a quaisquer das perguntas do teste. Na segunda situação, nada dessa fala seria conscientemente lembrada, mas, no entanto, teria um efeito semelhante em Albert. Em outras palavras, aqueles comentários depreciativos permaneceriam circulando no seu inconsciente, trabalhando, distraindo e torturando o jovem Einstein, causando um curto-circuito em sua consciência. Albert veria o teste à sua frente, em cima da mesa, e de repente se sentiria confuso sem ter idéia do porquê. Talvez ele soubesse a matéria de trás para a frente cinco minutos antes do teste e, ainda assim, ficaria repentina e inexplicavelmente incapacitado de se concentrar em qualquer coisa que fosse. Dessa

28   *O sujeito lacaniano*

forma, ele, sem saber, cumpria uma profecia que o pai havia feito e da qual nada sabia conscientemente: "Ele nunca será nada". E, ironia das ironias, suponhamos que, nessa história fictícia, seu pai tivesse, na verdade, dito aquilo naquele dia a respeito do filho do vizinho!

Lacan procura explicar como tais situações são possíveis: o inconsciente como uma cadeia de significantes que se desdobra de acordo com regras muito precisas (regras essas que serão abordadas no capítulo seguinte) constitui um instrumento de memória tal que, embora Albert seja incapaz de lembrar quantas vezes seu pai disse "Não, o menino nunca será nada", ela é lembrada *para* "ele". Ele pode não se lembrar do pai ter, algum dia, dito isso a respeito de qualquer pessoa que seja, mas a cadeia de significantes lembra para ele. O inconsciente conta, registra, anota tudo, armazena e pode resgatar aquela "informação" a qualquer momento. É aqui que entram as analogias cibernéticas de Lacan.[14] Freud diz que elementos inconscientes são indestrutíveis. São estes elementos uma massa cinzenta constituída de tal maneira que certos caminhos neuronais, uma vez estabelecidos, nunca podem ser erradicados? A resposta de Lacan é que apenas a ordem simbólica, através de suas regras combinatórias, tem meios para captar os fragmentos das conversações para sempre.[15]

Nesse nível bastante básico, portanto, o Outro é essa linguagem estranha que devemos aprender a falar e que é eufemisticamente referida como nossa "língua materna", mas que seria melhor ser chamada nossa " língua do Outro materno": são o discurso e os desejos dos outros a nossa volta, na medida em que estes são internalizados. Por "internalizados" não quero sugerir que eles se tornam nossos; ao contrário, não obstante internalizados, eles permanecem corpos estranhos em certo sentido. Eles podem muito bem permanecer tão estranhos, tão alienados, tão desligados da subjetividade que um indivíduo escolhe tirar a própria vida a fim de livrar-se de tal presença estranha. Este é, obviamente, um caso extremo, mas indica a extraordinária importância do Outro dentro de um indivíduo.

Corpos estranhos

Aqui, o Outro corresponde ao que é chamado por estrutura no movimento conhecido como estruturalismo. Gostaria de analisar o termo estrutura assim como o encontramos em funcionamento no corpo, não no sentido de estrutura óssea ou da organização envolvida no sistema nervoso, mas naquele sentido que prova que o corpo está à mercê da linguagem, à mercê da ordem simbólica. Um dos meus últimos analisandos reclamou de uma abundância de sintomas psicossomáticos que mudavam o tempo todo, embora tão devagar que cada sintoma tinha tempo suficiente para fazer com que ficasse muito preocupado e fosse ao médico imediatamente. Em dado momento, esse analisando ouviu um de seus amigos dizer que tivera, de repente, um caso agudo de apendicite, que o havia levado a uma operação de emergência. O analisando perguntou a sua esposa qual era o lado do corpo onde ficava o apêndice, e ela informou. Algum tempo depois, o analisando, muito estranhamente, começou a sentir dores nesse mesmo lugar de seu corpo. As dores persistiram; o analisando ficou cada vez mais convencido de que seu apêndice iria romper em breve e, por fim, decidiu ir ao médico. Quando o analisando mostrou ao médico o lugar da dor, este começou a rir e disse: "Mas o apêndice é do outro lado: seu apêndice está na direita, não na esquerda!" A dor sumiu de imediato e o analisando sentiu-se obrigado a explicar que sua esposa certamente havia se enganado ao dizer-lhe que o apêndice ficava do lado esquerdo. Saiu da sala de exames se sentindo um tanto bobo.

A moral da história é que o conhecimento, conhecimento conforme incorporado nas palavras "apêndice", "esquerda", e assim por diante, permitiu que um sintoma psicossomático se desenvolvesse num lado do corpo onde mesmo um médico mal informado descobriria o erro. O corpo é escrito com significantes. Se você acredita que o apêndice está do lado esquerdo, e por identificação com alguém ou como parte de uma vasta série de sintomas psicossomáticos — que são tão comuns hoje em dia como eram na Viena do século dezenove, embora com freqüência tomem formas diferentes — você acaba tendo uma apendicite, vai doer, não no órgão biológico, mas onde você *acredita* que o órgão esteja localizado.

Muitas vezes, os analistas da geração de Freud relatavam casos de anestesia — entorpecimento ou insensibilidade em certas partes do corpo — que de nenhuma maneira, aspecto ou forma regulavam com a localiza-ção de uma extremidade nervosa específica localizada em certa parte do corpo, mas que claramente obedeciam a idéias populares sobre onde uma parte do corpo, como definido na fala popular, começava e terminava. Enquanto um e o mesmo nervo podia fluir por todo o braço de uma pessoa até às pontas dos dedos, outros podiam não sentir absolutamente nada em um determinado ponto no braço, ou podiam sentir uma dor aguda (pseu-doneuralgia) nesse ponto, sem nenhuma razão de ordem fisiológica apa-rente. É possível que, durante uma guerra, o pai dessa pessoa tivesse sido ferido por uma bala exatamente nesse ponto do braço. E seria possível imaginar que, quando criança, a pessoa fora informada, de forma equivo-cada, sobre o braço em que seu pai fora ferido e que a falta de sensibilidade ou dor aguda aparecesse no braço errado!

Esses casos ilustram a idéia de que o corpo é escrito com significantes e é, portanto, estranho, Outro. A linguagem é "cravada nos viventes" para

30   *O sujeito lacaniano*

usar a expressão de Bergson. O corpo é sobrescrito/superado pela linguagem.

Freud nos mostra como a libido da criança perversa polimorfa é progressivamente canalizada para (desse modo criando) zonas erógenas específicas — oral, anal e genital — através da socialização e do controle dos esfíncteres, isto é, através de demandas, expressas verbalmente, feitas à criança por seus pais e/ou figuras paternas. O corpo da criança é subordinado de forma progressiva a essas demandas (talvez nunca totalmente, mas a revolta contra elas demonstra, ao mesmo tempo, sua importância), as partes diferentes do corpo tomam sentidos determinados pela sociedade e pelas figuras paternas. O corpo é subjugado; "a letra mata"[16] o corpo. O "vivente" (*le vivant*) — nossa natureza animal — morre e a linguagem surge em seu lugar, vivendo-nos. O corpo é reescrito, de certa maneira, a fisiologia dá lugar ao significante, e todos os nossos prazeres corporais acabam por implicar/envolver uma relação com o Outro.

Dessa maneira, nossos prazeres sexuais estão também intimamente ligados ao Outro. Não necessariamente aos outros "indivíduos"; de fato, existem muitas pessoas que sentem que são incapazes de ter relações íntimas *com* outras pessoas. Essas outras pessoas constituem pouco mais do que sustentáculos periféricos para suas fantasias, cenários, e assim por diante, ou manifestações materiais dos tipos específicos de corpos que os excitam. Quando falamos de *tipos, cenários* ou *fantasias* de corpo, estamos falando sobre entidades estruturadas lingüisticamente. Elas podem tomar a forma de imagens na mente de alguém, mas são, pelo menos em parte, controladas pelo significante e, portanto, ao menos potencialmente significantes e com sentido. (Nos capítulos adiante, explicarei em profundidade por que as imagens e o imaginário em geral quase nunca funcionam independentes do simbólico nos falantes.)

Nossas próprias fantasias podem ser estranhas para nós, pois são estruturadas por uma linguagem que é apenas assintótica ou tangencialmente nossa e, no início, elas podem até ser fantasias de outras pessoas: uma pessoa pode achar que tem uma fantasia que é na realidade a fantasia da sua mãe ou do seu pai, e que ela nem mesmo sabe como apareceu na sua cabeça. Essa é uma das coisas que as pessoas acreditam ser mais alienante: mesmo as suas fantasias não parecem pertencer-lhes.

De todo, não desejo sugerir que elas, necessariamente, surgem na cabeça sem qualquer intervenção própria. Parece-me que não existe sintoma ou fantasia sem algum envolvimento subjetivo, em outras palavras, sem o sujeito estar de alguma forma comprometido, sem o sujeito influenciar de alguma forma o resultado. Conduzir o analisando até o ponto dele perceber a sua participação na "escolha" do sintoma é, com freqüência, uma grande proeza. De fato, às vezes parece não haver nenhum envolvimento subjetivo em certos sintomas e fantasias anteriores à análise; a subjetivação somente é efetuada após o fato. Esse quebra-cabeça será discutido em profundidade nos capítulos 5 e 6.

Já se pode começar a distinguir possíveis posições subjetivas diferentes[17], isto é, as estruturas clínicas diferentes (neurose, psicose e perversão) e suas subcategorias (por exemplo: histeria, obsessão e fobia, sob neuroses), baseadas em relações diferentes com o Outro. Na verdade, nos primeiros trabalhos de Lacan, o sujeito *é* essencialmente uma relação com a ordem simbólica, isto é, a postura que uma pessoa adota com relação ao Outro como linguagem ou lei. Mas, uma vez que o Outro, como concebido por Lacan, tem muitas faces ou avatares —

- O Outro como linguagem (isto é, como conjunto de todos os significantes)
- O Outro como demanda
- O Outro como desejo (objeto *a*)
- O Outro como gozo

— e uma vez que a demanda, o desejo e o gozo não serão examinados em profundidade até as partes 2 e 3 deste livro, é melhor deixarmos de lado tal esquematização por enquanto.[18] As diferentes faces do Outro não deveriam ser vistas como separadas ou não relacionadas, embora sua articulação seja uma tarefa complexa que não deve ser realizada nesta etapa.

Farei agora um exame do funcionamento da linguagem no inconsciente.

capítulo dois

A natureza do pensamento inconsciente, ou como a outra parte "pensa"

A linguagem funciona. A linguagem "vive" e "respira", independentemente de qualquer sujeito humano. Os falantes, para além de simplesmente usarem a linguagem como um instrumento, também são usados por ela; eles são os joguetes da linguagem e são ludibriados por ela.

A linguagem tem vida própria. A linguagem como Outro traz consigo leis, exceções, expressões e léxicos (vocabulários e jargões padrões, dialetos, tecnofala especializada e dialetos subculturais). Ela evolui com o tempo, sua história se relaciona com a dos seres que a falam, que não são simplesmente moldados e remoldados por ela mas também lhe causam um impacto, introduzindo termos, expressões, construções novas, e assim por diante. Atribui-se a Shakespeare a introdução na língua inglesa de centenas de novas metáforas e expressões, e o próprio Lacan causou um impacto substancial no francês falado, pelo menos naquele falado por uma porcentagem significativa dos intelectuais franceses, forjando traduções originais de muitos dos termos de Freud e introduzindo muitos termos e expressões novas de sua autoria no discurso psicanalítico francês.

No entanto, a linguagem também opera de maneira independente, fora de nosso controle. Muitas vezes temos a sensação de que escolhemos nossas palavras, outras vezes elas são escolhidas para nós. Talvez sejamos incapazes de pensar e expressar algo a não ser que de forma muito específica (sendo essa a única formulação que nossa linguagem — ou pelo menos aquela parte da linguagem que assimilamos e temos, digamos assim, à nossa disposição — nos oferece); e ocasionalmente algumas palavras irrompem e nos dão a impressão de não as termos escolhido (longe disso!). Certas palavras e expressões *se apresentam* enquanto falamos ou escrevemos — nem sempre as que queremos —, às vezes com tanta persistência que somos quase forçados a falar ou escrevê-las antes de sermos capazes de prosseguir. Uma certa imagem ou metáfora pode *surgir em nossa mente* sem que procuremos ou de qualquer forma tentemos construí-la e se atirar em nós com tanta violência que nada podemos fazer senão reproduzi-la e depois apenas tentar caçoar de seu significado.

Tais expressões e metáforas são selecionadas em um Outro lugar que não a consciência. Lacan sugere que abordemos o processo como aquele em que há duas cadeias de discurso que caminham aproximadamente paralelas uma à outra (num sentido figurado), cada uma se "desdobrando" e se desenvolvendo ao longo de uma linha temporal, digamos assim, uma das quais às vezes interrompe ou intervém na outra.

Podemos nos referir à linha superior como uma cadeia de palavras faladas, isto é, uma cadeia da fala, enunciação ou do ato de enunciar. Lacan usa a palavra "cadeia" para nos lembrar das ligações gramaticais e contextuais entre cada palavra falada e aquelas que vêm antes e depois: nenhuma palavra numa afirmação tem qualquer valor fixo, exceto se ela for usada num contexto específico. (A abordagem de Lacan da lingüística refuta qualquer teoria estritamente referencial da linguagem por meio da qual cada palavra falada teria uma relação biunívoca rigorosa com uma coisa existente na "realidade".)[1]

A linha inferior da figura representa o movimento dos processos de pensamento inconsciente, que ocorre simultaneamente ao movimento da fala no tempo, mas é muitas vezes independente desta. Numa conversa, podemos falar a um amigo que fizemos uma *blister* [bolha] no pé ao correr, o lapso parapraxal para *sister* [irmã] indica que outro pensamento nos preocupa em algum outro nível — ao nível do inconsciente. Algo que o interlocutor nos disse pode nos fazer lembrar de uma irmã, mas também pode ser que nada na atual situação de fala provocou os pensamentos sobre ela, e que uma certa reflexão inconsciente estava acontecendo desde o começo do dia quando falamos com ela ao telefone ou sonhamos com ela.

Como o pensamento se processa no nível inconsciente?[2] E que tipo de processos de pensamento ocorrem lá? Em *A interpretação dos sonhos*, Freud mostrou que a condensação e o deslocamento são características fundamentais dos processos de pensamento inconscientes, e Lacan em "A instância da letra no inconsciente ou A razão desde Freud" (*Écrits*) demonstrou a relação entre a condensação e a metáfora por um lado, e entre o deslocamento e a metonímia por outro, metáfora e metonímia constituindo tropos lingüísticos exaustivamente discutidos há séculos em trabalhos

34   *O sujeito lacaniano*

sobre retórica (Gracian, Perelman, etc.). Potencialmente, todo analisando é surpreendido, no começo do processo analítico, em suas tentativas iniciais de entender os sonhos e as fantasias, pela complexidade do processo que cria tais produtos inconscientes (ou "formações inconscientes", como Lacan os chama).[3]

No entanto, Lacan foi mais além ao explorar o que ocorre ao nível do inconsciente, tentando fornecer modelos que conceitualizassem o funcionamento autônomo da linguagem no inconsciente e a estranha "indestrutibilidade" dos conteúdos inconscientes.

Esses modelos foram desenvolvidos primeiro durante seu seminário de 1954-55, *O eu na teoria de Freud e na técnica da psicanálise*, e expandidos de forma considerável no posfácio do "Seminário sobre a 'A carta roubada'" (*Écrits*, 1966). Até agora, poucas tentativas foram feitas para delinear as ramificações desses modelos, e de fato, eles apresentam uma concepção do funcionamento da linguagem que é totalmente estranha àqueles que não estão familiarizados com a linguagem da informática ou com as combinatórias usadas na matemática. Os modelos de Lacan começam aqui, não com "linguagens naturais" (conforme denominadas na lingüística: linguagens como elas são realmente faladas), mas com linguagens artificiais (especialmente suas regras sintáticas). As últimas têm muito a nos ensinar sobre a ordem simbólica em si: sobre sua "matéria" ou substância, sua relação com a realidade que ostensivamente descreve, e com seus subprodutos.

Os modelos de Lacan exigem de nós um pouco de ginástica mental, o que não deveria ser visto como supérfluo nem gratuito. Pois está em sintonia perfeita com a concepção de Lacan sobre a natureza dos processos de pensamento inconscientes: como veremos, eles envolvem vários graus de *cifragem*.[4] A seção "Cara ou coroa", abaixo, apresenta um modelo simplificado da "linguagem" que Lacan desenvolve, e esse modelo é suficiente para uma análise mais conceitual na seção subseqüente.

Cara ou coroa

Os modelos de Lacan podem ser entendidos com um simples exemplo. Os leitores interessados em saber por que Lacan escolheu esses tipos específicos de modelos devem consultar os capítulos 15 e 16 do Seminário 2, assim como o "Seminário sobre 'A carta roubada'" e seu posfácio.

A linguagem artificial que Lacan desenvolve toma um "acontecimento real" como ponto de partida: jogar para cima uma moeda equilibrada e sem estar viciada. (Como veremos, este "acontecimento real" poderia igualmente ser as idas e vindas — alternando presença e ausência — da mãe de

A natureza do pensamento inconsciente   35

uma criança e está, portanto, mais do que tangencialmente relacionado ao jogo do Fort-*Da* praticado pelo neto de Freud, descrito em *Mais-além do princípio do prazer*). Com tal moeda, não há como prever, em qualquer jogada, se o resultado será cara ou coroa. Seguindo a escolha deliberada de Lacan de + e – para cara e coroa, respectivamente, uma seqüência aleatória de resultados de jogadas pode ser dividida de várias formas. Considere, por exemplo, a seguinte cadeia:

1 2 3 4 5 6 7 8 9   Números da jogada

+ + – – + – – – +   Cadeia cara/coroa

Os "números da jogada" referem-se à primeira, à segunda, à terceira jogada da moeda e assim por diante, enquanto a "cadeia cara/coroa" apresenta o resultado de cada jogada: + significa cara e – significa coroa.

O fundamento lógico referente a essa seqüência de jogadas joga como uma cadeia, enquanto seus resultados são a priori totalmente independentes (a segunda jogada tem os mesmos cinqüenta por cento de chances de mostrar cara ou coroa, independente do resultado da primeira jogada), e deriva do fato de que passamos a agrupar os sinais em pares ao longo da cadeia. Existem quatro pares de combinações possíveis: + +, – –, + –, e – +.

1 2 3 4 5 6 7 8 9   Números da jogada

+ + – – + – – – +   Cadeia cara/coroa

1   3   2   2   Categoria da matriz numérica

Designemos os pares + + como número 1 (ver a linha de "categoria da matriz numérica" acima). Este é o primeiro nível de codificação que introduziremos, e ele marca a origem do sistema simbólico que estamos criando aqui. Refiro-me a esse primeiro nível como nossa matriz numérica. As duas combinações alternativas (+ – e – +) serão designadas pelo número 2. E o par – – receberá a designação 3 (Tabela 2.1).

Tabela 2.1

1	2	3
+ +	+ – – +	– –

No entanto, um aspecto ainda mais parecido com uma cadeia se revelará ao agruparmos os resultados da jogada em pares *superpostos*.

36   *O sujeito lacaniano*

$$\frac{\overline{\frac{2}{2}}}{\frac{\overline{1}}{\overline{3}}} \qquad + + - - + - - - + \qquad \text{Cadeia cara/coroa}$$

Na cadeia acima, vemos que o primeiro elemento é + +, uma combinação que decidimos designar como 1; tomando os resultados da segunda e da terceira jogadas, temos + −, a ser designado como 2; os resultados da terceira e da quarta jogadas, − −, constituem uma combinação 3; os resultados da quarta e quinta jogadas, − +, um 2, e assim por diante.

Seguindo as anotações de Lacan (*Écrits* 1966, p.47, n.1), podemos escrever essas figuras imediatamente abaixo da cadeia cara/coroa; aqui cada categoria de matriz numérica (1, 2 ou 3) refere-se ao sinal mais ou menos diretamente acima dela, tomado em conjunto com o sinal mais ou menos à sua esquerda.

+ + − − + − − − +   Cadeia cara/coroa

1 2 3 2 2 3 3 2   Categoria de matriz numérica

Fica claro, nesse momento, que um conjunto de jogadas da categoria 1 (+ +) não pode ser imediatamente seguido na linha inferior (isto é, a linha que representa os números de categoria) por um conjunto de categoria 3, uma vez que o segundo lançamento na categoria 1 é necessariamente um sinal mais, enquanto o primeiro lançamento na categoria 3 tem que ser um sinal menos. Da mesma forma, embora uma categoria 2 possa ser seguida por um 1, 2 ou 3, uma categoria 3 não pode ser imediatamente seguida por uma categoria 1, uma vez que a primeira termina em um sinal menos enquanto a última deve começar com um sinal mais.

Portanto, já estabelecemos *um modo de agrupar jogadas* (uma "matriz simbólica") *que proíbe certas combinações* (a saber, 1 seguido por 3, e 3 seguido por 1). É obvio que isso não exige, de forma alguma, que uma jogada cara seja seguida por qualquer outro tipo específico de jogada: na realidade, uma cara pode tão facilmente ser seguida por outras caras quanto por coroas. Geramos *uma impossibilidade em nossa cadeia significante*, muito embora não tenhamos determinado o resultado de qualquer jogada específica. Isso equivale a uma regra de ortografia: não se usa *ç* antes de *e* e *i* (com a diferença de que esta regra não possui nenhuma exceção); observe que muitas regras de ortografia e gramática se referem ao modo como letras e palavras são enfileiradas ou *encadeadas* umas após as outras, ditando o que pode ou não preceder ou vir após uma letra ou termo.

Agora, suponhamos que o primeiro par de jogadas caiu na categoria 1 e que o terceiro foi uma categoria 3. A série pode ser facilmente recomposta: + + − −, e não temos dúvida alguma de que o segundo par de jogadas caiu na categoria 2. Se supomos mais uma vez que começamos com um 1 (isto é, um par de categoria 1) e que a posição quatro (isto é, o quarto par sobreposto) foi ocupada por um 1, temos claramente apenas duas possibilidades (Figura 2.1).

Figura 2.1

E em nenhuma delas é possível ver uma combinação de categoria 3: um tipo de combinação 3 é, na verdade, impossível aqui. Também fica claro que, se não existirem apenas 1s na "cadeia numérica", deve existir *um número par de 2s* se quisermos encontrar um 1 na cadeia em algum lugar após a primeira, o primeiro 2 introduz um sinal menos (+ −), o segundo (ou 2 de número par) muda a cadeia de volta do menos para o mais (− +).

+ + − − + − + +
 1 2 3 2 2 2 1 = quatro 2s.

+ + − − − + − − + − − − − + − + − − − + +
 1 2 3 3 2 2 3 2 2 3 3 3 2 2 2 2 3 3 2 1 = dez 2s.

Aqui, a cadeia proíbe o surgimento de um segundo 1 até que um número par de 2s apareça. Nesse sentido, podemos dizer que *a cadeia lembra ou acompanha o movimento de seus componentes anteriores.*

O exemplo encontrado no posfácio de Lacan é bem mais complicado do que este, uma vez que ele agrupa as jogadas da moeda em trincas em vez de pares, e continua adicionando a elas uma segunda matriz simbólica. A matriz mais simples 1, 2, 3 descrita acima

- resulta em impossibilidades relacionadas com a *ordem* na qual os números de categoria podem aparecer, assim como a *presença* deles quando a matriz tem certas posições predefinidas, e

38   *O sujeito lacaniano*

- grava dentro de si ou "lembra" seus componentes anteriores. Portanto, temos à nossa disposição uma grade simbólica simples de jogadas de moeda que atende às nossas necessidades. Ela não só abrange uma gramática elementar embora lógica, como também possui uma função de memória embutida, por mais primitiva que seja.[5]

Uma restrição em termos de possibilidade e impossibilidade parece que surgiu *ex nihilo*. Entretanto, a *sintaxe* produzida também é importante e permite certas combinações, proibindo outras. As semelhanças entre esse tipo de aparelho e a linguagem serão exploradas mais tarde.

O acaso e a memória

Qual é a questão da cifragem de Lacan? Como mencionei antes, Lacan está interessado, no Seminário 2 e no posfácio ao "Seminário da 'Carta roubada'", em construir um sistema simbólico que traga em si uma sintaxe — um conjunto de regras ou leis — que não seja inerente à "realidade preexistente". *Portanto, as possibilidades e impossibilidades resultantes podem ser vistas derivando do modo como a matriz simbólica é construída,* isto é, o modo como cifra o acontecimento em questão. Neste exemplo específico, não é tanto o fato de cifrar, mas o método de cifragem que gera leis — leis sintáticas — que "não existiam antes". O método de cifragem que Lacan emprega aqui não é, com certeza, o mais simples, já que um método muito simples não gera sintaxe alguma; mas seu método parece simular, de maneira significativa, a cifragem das linguagens naturais e dos processos oníricos.[6]

Observemos outra característica do sistema simbólico desenvolvido por Lacan. Mostrei acima que as cadeias numéricas "lembram" os números que, em certo sentido, contam, não permitindo que um número apareça antes que quantidades suficientes de outros, ou certas combinações de outros, tenham se juntado à cadeia. Essa lembrança ou contagem constitui um tipo de memória: o passado é gravado na própria cadeia, determinando o que ainda está por vir. Lacan salienta que "a recordação [*mémoration*] em questão no inconsciente — e quero dizer o inconsciente freudiano — não é a mesma que se supõe estar envolvida na memória, na medida em que esta última seria uma propriedade de um vivente" (*Écrits* 1966, p.42).

A implicação aqui é dupla: em primeiro lugar, a massa cinzenta, ou o sistema nervoso como um todo, é incapaz de dar conta da *natureza eterna e indestrutível dos conteúdos inconscientes.* A massa parece se comportar de tal forma a conduzir necessariamente a um declínio ou diminuição gradual da amplitude ou da qualidade das impressões. Ela não pode ser a

A natureza do pensamento inconsciente   39

garantia de sua eternidade. E em segundo lugar, em vez de serem lembradas pelo indivíduo (de forma ativa, isto é, com algum tipo de participação *subjetiva*), as coisas são lembradas por ele através da cadeia significante. Como diz Lacan no "Seminário sobre 'A carta roubada'": "Tal é o caso do homem que se recolhe em uma ilha para esquecer, o quê? ele esqueceu — tal é o caso do ministro que, ao não usar a carta, acaba por esquecê-la... Mas a carta, assim como o inconsciente neurótico, não o esquece" (*Écrits* 1966, p.34; *The Purloined Poe*, [O Poe roubado], p.47).

Vemos aqui uma ligação explícita entre a letra (ou cadeia significante) e o inconsciente. O inconsciente *não pode* esquecer, sendo composto de "letras"* trabalhando, como fazem, de modo autônomo, automático; ele preserva no presente o que o afetou no passado, segurando cada e todo o elemento eternamente, permanecendo marcado por todos eles para sempre. "No momento, os vínculos desta [ordem constituinte que é o simbólico] são — no que se refere à elaboração por Freud da indestrutibilidade daquilo que o inconsciente conserva — apenas aqueles que podem ser *suspeitos de realizar a proeza*" (*Écrits* 1966, p.42), isto é, de garantir indestrutibilidade.

O inconsciente ajunta

Esta caracterização do pensamento inconsciente[7] não foi, de forma alguma, uma fantasia passageira de Lacan, representativa, na melhor das hipóteses, de seus anos como "estruturalista". No Seminário 20, Lacan diz que, em seu vocabulário, "as letras constituem os ajuntamentos [ou melhor] as letras são, e não apenas designam, esses ajuntamentos, elas são tomadas como funcionando como esses ajuntamentos mesmos" (p.65). Mais tarde ele acrescenta, "O inconsciente é estruturado como os ajuntamentos de que se tratam na teoria dos conjuntos como sendo letras" (p.66).

Freud habituou os psicanalistas à noção de que "pensar", como em geral é entendida, tem um papel muito menor na determinação da ação humana do que se acreditava. Podemos pensar, sentir, e reivindicar que fizemos A por causa de B; ou quando parecemos incapazes de explicar de imediato nosso comportamento, tecemos nebulosas explicações *ad hoc*: racionalizações. De certa forma, a psicanálise parece intervir afirmando a existência da razão C que nem sequer havíamos considerado ou a qual havíamos deliberadamente ignorado. E nem consideramos o fluxo de razões pos-

---

* As palavras "letter" em inglês e "lettre" em francês tanto podem significar letra quanto carta. (N.T.)

40   *O sujeito lacaniano*

teriores D, E e F, que lentas porém certas, apresentam as suas cabeças de Medusa no curso do trabalho analítico.

Mas isso significa associar os processos de pensamento inconscientes com os conscientes, enquanto que, ao contrário, Lacan insiste em uma dicotomia. O pensamento consciente se baseia no domínio do sentido, numa busca para fazer sentido do mundo. Lacan propõe que os processos inconscientes têm pouca ou nenhuma relação com o sentido. Parece ser possível ignorar completamente toda a questão de sentido, isto é, tudo o que Lacan chama de significado ou significação ao discutir o inconsciente.

De acordo com Lacan, o inconsciente é estruturado como uma linguagem, e uma linguagem natural (diferente da fala) é estruturada como uma linguagem formal. Como diz Jacques-Alain Miller, "a estrutura da linguagem é, num sentido radical, cifragem"[8], o tipo de cifragem ou código que Lacan emprega quando superpõe matrizes numéricas e alfabéticas nas cadeias de sinais mais e menos (muito parecido com o tipo de cifragem usada na linguagem de máquina *assembler* para transformar caminhos de circuitos abertos e fechados em algo que se assemelha a uma linguagem com a qual se pode programar). Na opinião de Lacan, o inconsciente consiste em cadeias de inscrições quase matemáticas, e — tomando emprestada uma noção de Bertrand Russell, que ao falar dos matemáticos disse que os símbolos com os quais eles operam *não significam nada*[9] — *portanto, não faz sentido discutir o significado* das formações ou produções inconscientes.

O tipo de verdade "desvelada" pelo trabalho psicanalítico pode, então, ser entendido como não tendo relação alguma com significado, e embora os "jogos" matemáticos de Lacan possam parecer meramente lúdicos, ele acredita que um analista ganha uma certa agilidade ao trabalhar com eles, ao decifrá-los, e ao descobrir a lógica que há por trás deles. É o tipo de atividade de decifração exigida por qualquer e todo encontro com o inconsciente. A linguagem no inconsciente, e como o inconsciente, cifra. A análise, então, implica em um processo significativo de decifração que resulta em verdade, não em sentido.

Considere, por exemplo, o entusiasmo de Lacan no Seminário 11 com a reconstrução do ajuntamento "Poordjeli" feita por Serge Leclaire como a chave para toda a configuração do desejo e identificação inconscientes em um de seus pacientes. Embora as letras em si não sejam decompostas neste exemplo, fica claro que, enquanto podemos fornecer explicações "que dêem conta" de elementos específicos, o ajuntamento como um todo — por exemplo, a ordem de seus componentes e a lógica de sua construção — permanece tão impenetrável quanto o umbigo de um sonho. De acordo com Lacan, Leclaire foi capaz de "isolar a seqüência unicórnia [Poordjeli], não como foi sugerido na discussão [após seu discurso], em sua dependência do sentido, mas precisamente em seu caráter irredutível e insano como uma cadeia de significantes" (Seminário 11, p.236). Aqui, como em outros trechos no mesmo seminário, Lacan observa que a interpretação não objetiva tanto revelar o sentido mas "reduzir os significantes ao não-sentido (falta de sentido) a fim de encontrar os determinantes da totalidade do comportamento do sujeito" (p.236). A interpretação produz um significante irredutível, "elementos significantes irredutíveis" (p.236). O que deve ser vislumbrado pelo analisando, além da significação inerente à interpretação em si, é "o significante — não-senso, irredutível e traumático — ele está, como sujeito, assujeitado" (p.237).[10]

Consideremos um exemplo mais conhecido: *O Homem dos Ratos* de Freud. Quando criança, o Homem dos Ratos identificou-se com ratos (*Ratten*) como criaturas roedoras que muitas vezes são tratadas com crueldade pelos humanos, ele mesmo havia sido severamente espancado pelo pai por ter mordido a babá. Certas idéias tornam-se, então, parte do "complexo rato" devido ao sentido: ratos podem disseminar doenças como a sífilis, assim como o pênis do homem. Logo, rato = pênis. Porém, outras idéias são enxertadas no complexo rato devido à palavra *Ratten* em si, e não a seus sentidos: *Raten* significa prestações e leva à equação de ratos e florins; *Spielratte* significa jogador, e o pai do *Homem dos Ratos* é incluído no complexo rato por ter contraído uma dívida de jogo. Freud se refere a essas ligações como "pontes verbais" (vol. X, p.186); elas não têm sentido algum em si, derivando inteiramente das relações literais entre as palavras. À medida que causam atos sintomáticos envolvendo pagamento (pelo pince-nez/dívida do pai), é o significante em si que subjuga o Homem dos Ratos, não o sentido.

Presuma que o Homem dos Ratos ouviu por acaso uma parte da conversa dos pais incluindo a palavra *Spielratte* e, embora fosse jovem demais para entendê-la, foi contudo registrada e indelevelmente gravada em sua memória. Lá, ganhou vida própria, formando vínculos com outras "cartas/letras roubadas" — cenas testemunhadas e palavras ouvidas por acaso, não dirigidas aos seus olhos ou ouvidos de propósito. Seu inconsciente foi transformado de maneira irremediável pelo que ele ouviu, e "o que se ouve é o significante", não o significado (Seminário 20, p.47). Aqui o significante não está tanto significa*ndo* — dedicado a fazer sentido — como uma substância não-senso (ver capítulo 3).

Neste exemplo, o significado, da mesma forma que o envolvimento subjetivo na escolha de um sintoma (como tratado no capítulo 1), é constituído "só-depois".

O saber sem um sujeito

> Uma vez que a estrutura da linguagem é reconhecida no inconsciente, que tipo de sujeito podemos conceber para ele?
>
> Lacan, *Écrits*, p.298

> Há um saber perfeitamente articulado, pelo qual, falando propriamente, nenhum sujeito é responsável.
>
> Lacan, Seminário 17, p.73

Essa maneira de conceitualizar o inconsciente parece não deixar *espaço para nenhum tipo de sujeito*. Existe um tipo de estrutura se desdobrando automática e autonomamente no/como o inconsciente, e não há necessidade alguma de postular qualquer tipo de consciência deste movimento automático (de qualquer forma, Lacan rompe com a associação, feita por tantos filósofos, entre a subjetividade e a consciência). O inconsciente contém "saber indelével" que ao mesmo tempo é "absolutamente não subjetivado" (Seminário 21, 12 de fevereiro de 1974).

O inconsciente não é algo que se conhece mas algo que é sabido. O inconsciente é sabido *sem o saber* da "pessoa" em questão: não é algo que se apreende "ativamente", conscientemente, mas, ao contrário, algo que é registrado "passivamente", inscrito ou contado. E esse saber desconhecido faz parte da conexão entre significantes; ele consiste nessa mesma conexão. *Esse tipo de saber não tem sujeito, nem precisa de um.*

No entanto, Lacan fala constantemente sobre *o* sujeito: o sujeito do inconsciente, do desejo inconsciente, o sujeito na relação fantasmática com o objeto *a,* e assim por diante. Onde é possível encaixar o sujeito?

Antes de voltarmos a essa pergunta, a ser tratada na parte 2 deste livro, retomo no próximo capítulo a importância avassaladora da ordem simbólica para os falantes.

capítulo três

A função criativa da palavra:
o simbólico e o real

O pensamento começa sempre a partir de nossa posição dentro da ordem simbólica; em outras palavras, não podemos deixar de considerar o suposto "tempo antes da palavra" de dentro da nossa ordem simbólica, usando as categorias e os filtros que ela fornece. Podemos tentar pensar em um tempo anterior às palavras, em um certo tipo de momento pré-simbólico ou pré-lingüístico no desenvolvimento do *homo sapiens* ou no nosso desenvolvimento individual, mas enquanto pensarmos, a linguagem permanece essencial.

Para imaginar aquele tempo, demos a ele um nome: o real. Lacan nos diz que "a letra mata": ela mata o real que havia *antes* da letra, antes das palavras, antes da linguagem. É, na verdade, a letra em si — que, no estágio em que Lacan fez essa afirmação (1956, "Seminário sobre 'A carta roubada'"), não está diferenciado do significante, das palavras ou da linguagem — que nos informa sobre suas propriedades mortais[1] e, portanto, do real que teria ocorrido caso não acontecesse o advento da letra.

O real é, por exemplo, o corpo de uma criança "antes" do domínio da ordem simbólica, antes de controlar os esfíncteres e aprender os costumes do mundo. No curso da socialização, o corpo é progressivamente escrito ou sobrescrito com significantes; o prazer está localizado em determinadas zonas, enquanto outras são neutralizadas pela palavra e persuadidas a se conformarem com as normas sociais e comportamentais. Levando a idéia de Freud sobre a perversidade polimorfa às últimas conseqüências, é possível ver o corpo de uma criança como apenas uma zona erógena contínua, no qual não haveria zonas privilegiadas, nenhuma área na qual o prazer estivesse circunscrito de início.

Da mesma maneira, o real de Lacan é sem zonas, subdivisões, altos e baixos localizados ou lacunas e totalidades: o real é um tipo de tecido

44   *O sujeito lacaniano*

inteiro, indiferenciado, entrelaçado de forma a ser completo em todos os lugares, não havendo espaço entre os fios que são sua "matéria".[2] É um tipo de superfície ou espaço plano e sem emenda que se aplica tanto ao corpo de uma criança quanto a todo o universo. A divisão do real em zonas separadas, características distintas e estruturas contrastantes é o resultado da ordem simbólica, que de certa forma, *corta* a fachada plana do real, criando divisões, lacunas e entidades distintas e elimina o real, isto é, puxa ou o suga para dentro dos símbolos usados para descrevê-lo, e desse modo o aniquila.

Ao neutralizar o real, o simbólico cria a "realidade", a realidade entendida como aquilo que é nomeado pela linguagem e pode, portanto, ser pensado e falado.[3] A "construção social da realidade"[4] implica em um mundo que pode ser designado e falado com as palavras fornecidas pela linguagem de um grupo social (ou subgrupo). O que não puder ser dito na sua linguagem não é parte da realidade desse grupo; não *existe*, a rigor. Na terminologia de Lacan, a existência é um produto da linguagem: a linguagem cria coisas (tornando-as parte da realidade humana) que não tinham *existência* antes de serem cifradas, simbolizadas ou verbalizadas.[5]

O real, então, não *existe*, uma vez que ele precede a linguagem. Lacan reserva um termo separado para ele, emprestado de Heidegger: ele "ex-siste".[6] Ele existe fora ou separado da nossa realidade. Obviamente, na medida em que nomeamos e falamos a respeito do real e o incorporamos em um discurso teórico sobre a linguagem e sobre o "tempo anterior à palavra", empurramo-lo para dentro da linguagem e, desse modo, damos um tipo de existência àquilo que, em seu próprio conceito, somente tem ex-sistência (explorarei mais este assunto no capítulo 8).

Mas, não precisamos pensar em termos estritamente temporais: o real não necessita ser entendido como meramente *anterior* à letra, no sentido de desaparecer por completo quando uma criança assimila a linguagem (como se uma criança pudesse de alguma forma assimilar toda a linguagem, ou toda ela ao mesmo tempo). O real talvez seja melhor compreendido como *aquilo que ainda não foi simbolizado*, resta ser simbolizado, ou até resiste à simbolização; pode perfeitamente existir "lado a lado" e a despeito da considerável habilidade lingüística de um falante. Nesse sentido, parte do processo psicanalítico envolve claramente permitir a um analisando colocar em palavras aquilo que permanece não simbolizado para ele, verbalizar as experiências que podem ter ocorrido antes do analisando ter sido capaz de pensar sobre elas, falar delas, ou formulá-las de qualquer maneira que seja. O aparelho verbal à disposição do analisando, mais tarde em sua vida, o capacita a transformar aquelas primeiras experiências não verbalizadas, nunca conceitualizadas ou conceitualizadas de forma incompleta pela fala — daí a "cura pela fala", como Anna O. chamou-a nos primórdios da psicanálise.

A distinção de Lacan entre a realidade e o real permite-nos isolar uma diferença ideológica ou ética entre determinadas formas de psicanálise e a psicanálise lacaniana. A *realidade* de cada pessoa difere pelo mero fato de que cada grupo cultural e religioso, subcultura, família e grupo de amigos desenvolve suas próprias palavras, expressões e sentidos idiossincráticos. E a realidade de cada analisando é colorida ou impregnada por idéias sobre o mundo — sobre a natureza humana, os deuses, a mágica, os negócios, a educação, a música e assim por diante — que podem não coincidir de forma alguma com qualquer idéia específica do analista. Portanto, enquanto determinados psicanalistas tomaram para si a responsabilidade de "corrigir seus pacientes" com relação à realidade — tentando influenciar ou mudar as crenças deles a respeito de uma grande variedade de assuntos —, Lacan insiste inúmeras vezes que é dever do analista intervir no real do paciente, não na visão de realidade deste.[7]

A partir de uma perspectiva lacaniana, o pressuposto da psicanálise tem sido sempre de que o simbólico pode ter um impacto no real, cifrando e desse modo transformando ou reduzindo-o. Esquematicamente representado, o simbólico anula o real, sobrescrevendo-o e apagando-o:

$$\frac{\text{Simbólico}}{\cancel{\text{Real}}}$$

Trauma

Uma das faces do real com que lidamos na psicanálise é o trauma. Se pensarmos o real como tudo que ainda não foi simbolizado, a linguagem sem dúvida nunca transforma completamente o real, nunca suga tudo do real para dentro da ordem simbólica; fica sempre um resto. Na análise, não estamos interessados em um resto qualquer, mas naquela experiência residual que tornou-se um obstáculo para o paciente. O objetivo da análise não é simbolizar à exaustão cada última gota do real, uma vez que isso faria da análise um processo verdadeiramente infinito, mas concentrar-se naqueles fragmentos do real que podem ser considerados como tendo sido traumáticos. Ao conseguirmos que o analisando sonhe, tenha devaneios e fale por mais incoerente que seja sobre um "evento" traumático, fazemos com que ele articule-o em palavras, criando relações com um número cada vez maior de significantes.

Para que fim? O trauma sugere fixação ou bloqueio. A fixação sempre envolve algo que não é simbolizado, sendo a linguagem aquilo que permite a substituição e o deslocamento — a própria antítese da fixação.[8] Para simplificar, momentaneamente, imagine um homem fascinado por olhos azuis, cuja mãe tinha olhos azuis: embora dois pares de olhos nunca sejam absolutamente idênticos, e duas tonalidades de azul também nunca sejam iguais, para ser mais preciso, a palavra "azul" permite que ele iguale os olhos da mãe com os olhos azuis de uma parceira e, portanto, transfira sua fascinação com a primeira para a segunda. A linguagem permite tais equações, e portanto, a substituição de um objeto amado por outro ou o deslocamento da catexia de um objeto para o outro. Quando, como é o caso na melancolia, tal substituição ou deslocamento não é possível, a fixação está funcionando e alguma parte do real continua a não ser simbolizado. Estimulando o analisando a dizê-lo e relacionando-o com um número cada vez maior de significantes, o real é submetido à "dialetização"[9], sendo incluído na dialética ou no movimento do discurso do analisando e posto em funcionamento.

Esta é uma exposição bastante simplista que não procura explicar a constituição do trauma *ex post facto* ou distinguir entre a fixação e a fantasia fundamental mas pode talvez servir aos nossos propósitos no momento, permitindo-nos começar com o modelo simples apresentado na Tabela 3.1.

Tabela 3.1

É possível pensar o real como *simbolizado progressivamente* durante a vida de uma criança. Cada vez menos desse real "primeiro" e "original" (que denominaremos R_1) é abandonado, embora nunca possa ser totalmente removido, neutralizado ou morto. *Existe, então, sempre um resto que persiste lado a lado com o simbólico.*

Entretanto, também é possível demonstrar que a ordem simbólica em si origina um real de "segunda-ordem". Uma forma de descrever esse processo é encontrada em uma parte do posfácio de Lacan no "Seminário sobre 'A carta roubada'" que foi deixada de lado no capítulo anterior, aquela parte onde Lacan introduz a causa.[10] Pois a ordem simbólica, conforme formulada pelas matrizes numéricas e alfabéticas de Lacan, produz algo, no curso de sua operação autônoma, que vai além da ordem simbólica em si.

Tentarei explicar este processo posteriormente, porém observe primeiro que nos é permitido postular dois níveis diferentes do real: (1) um real antes da letra, isto é, um real pré-simbólico, que, em última análise, é tão-somente nossa hipótese (R_1), e (2) um real após a letra que é caracterizado por impasses e impossibilidades devido às relações entre os elementos da ordem simbólica em si (R_2), isto é, um real gerado pelo simbólico.[11]

Em que consiste esse real "após a letra"? Ele tem várias faces, uma das quais ilustrarei baseado na cadeia 1,2,3 tratada no capítulo 2. No modelo simplificado de aplicações de símbolos superpostos, vimos que um 3 não pode seguir diretamente um 1. Então, na posição imediatamente seguinte a um 1, é possível ver o 3 como um tipo de *resíduo*: ele não pode ser usado no circuito e equivale a um simples resíduo ou resto. A cada passo, ao menos um número é excluído ou colocado de lado: logo, é possível dizer que a cadeia trabalha em torno dele, isto é, que a cadeia se forma circundando-o, dessa forma desenhando seu contorno. Lacan chama a esses números ou símbolos excluídos o *caput mortuum* do processo, igualando-os desse modo ao resto deixado no fundo do tubo de ensaio quando um alquimista tenta criar algo valioso a partir de algo inferior.

O caput mortuum contém o que a cadeia não contém; é em certo sentido o outro da cadeia. A cadeia é inequivocamente determinada tanto pelo que exclui quanto pelo que inclui, pelo que há dentro dela como pelo que está fora. A cadeia nunca cessa de *não* escrever os números que constituem o *caput mortuum* em determinadas posições, sendo condenada a escrever eternamente alguma outra coisa ou dizer algo que continue evitando esse ponto, como se esse ponto fosse a verdade de tudo que a cadeia produz na medida em que anda em círculos. Poder-se-ia até dizer que o que, de necessidade, permanece fora da cadeia, *causa* o que está dentro; do ponto de vista estrutural, algo deve ser empurrado para fora até para que exista um interior.[12]

Os símbolos ou letras excluídos que compõem o *caput mortuum* assumem uma certa materialidade afim com aquela da carta que o ministro rouba da rainha na história "A carta roubada", e importa menos o que as letras dizem — e *na medida em que são letras não dizem nada* — do que sua natureza de matéria ou de *objeto* que tem um efeito em um personagem após o outro na narrativa. No conto, a carta fixa um personagem após o outro em uma posição específica: é um objeto real que não significa nada.

O "primeiro" real, aquele do trauma e fixação, retorna de certo modo na forma de um centro de gravidade ao redor do qual a ordem simbólica é condenada a circular, sem nunca ser capaz de atingi-lo. Ele origina as impossibilidades dentro da cadeia (uma dada palavra não pode aparecer aleatoriamente mas somente após determinadas outras palavras) e cria um tipo de caroço que a cadeia é forçada a contornar. Isto constituirá para nós uma primeira abordagem do "segundo" real e do conceito de causa de Lacan.

A interpretação atinge a causa

A teoria de interpretação de Lacan baseia-se, até certo ponto, em uma formulação semelhante àquela do *caput mortuum*: um analisando falando numa situação analítica muitas vezes é incapaz de dizer, formular ou extravasar certas coisas; certas palavras, expressões ou pensamentos se encontram indisponíveis para ele em um determinado momento e ele é forçado a continuar rodeando-as, divagando, digamos assim, nunca enunciando o que sente ser a questão. O discurso do analisando traça um contorno ao redor daquilo que ele ronda e circunda. Essas palavras ou pensamentos podem tornar-se acessíveis ao analisando ao longo do tempo, no percurso da análise, mas também podem ser introduzidos pelo analista na forma de uma interpretação. Isso é o que Lacan propõe quando diz que a "interpretação atinge a causa": ela atinge aquilo ao redor do qual o analisando está girando sem ser capaz de "colocar em palavras".

O que é indizível do ponto de observação ou posição do analisando não é necessariamente indizível do ponto de observação do analista. Para Lacan, através da intervenção do analista, o analisando pode ser capaz de nomear o significante ao qual ele, enquanto sujeito, está assujeitado. Ao interpolar ou fazer o analisando pronunciar a palavra ou palavras (ou combinação de palavras: ajuntamento) ao redor da qual ou das quais ele tem circulado, aquela causa inatingível, intocável e imóvel é impactada, a fuga daquele centro de ausência é atenuada, e a causa toma o rumo da "subjetivação" (este termo será explicado no capítulo 5).

Isto não sugere necessariamente que a causa — a causa traumática — tenha sido uma palavra ou uma expressão (embora esta possa ser uma formulação que o analisando resiste em expressar); mesmo assim, o analista pode acossar o analisando para dar um salto na direção da palavra: talvez apenas um som truncado ou murmurado a princípio, um discurso sem nenhum significado aparente, mas, ainda assim, um primeiro passo na direção da simbolização.

O discurso truncado e as palavras combinadas trazem-nos mais perto da "matéria" da linguagem do que as frases bem articuladas, e funcionam como um tipo de ponte entre o simbólico e o real. Por mais que os humanos possam produzir muitos sons que não possuem nenhum sentido socialmente reconhecido, estes podem, entretanto, causar um impacto: eles podem ser catexizados libidinalmente e ter um efeito mais profundo sobre o sujeito do que as palavras jamais poderiam expressar.[13] Esses sons podem ter um determinado peso e materialidade, e Lacan, na verdade, inclui fonemas em sua lista variada de causas.

A incompletude da ordem simbólica: o furo no Outro[*]

Consideremos outra abordagem que Lacan faz com relação ao "segundo" real descrito acima. Lacan também associa o real a paradoxos lógicos, tais como o catálogo anômalo de todos os catálogos que não incluem a si mesmos, o qual examinaremos em breve.[14]

Deve-se primeiro salientar, entretanto, que a imagem fornecida para a ordem simbólica no capítulo 1, um círculo, é apenas um tipo de abreviação, e como tal, enganosa. Afinal de contas, o que significa falar do conjunto de *todos* os significantes?

Quando tentamos designar tal conjunto, adicionamos um novo significante à lista: o "Outro" (com "O" maiúsculo). Esse significante ainda não está incluso dentro do conjunto de todos os significantes (Figura 3.1).

Figura 3.1

Adicionemos esse novo significante ao conjunto. Fazendo-o, mudamos o conjunto e agora podemos justificadamente renomeá-lo, uma vez que ele não é mais o mesmo conjunto. Suponha que o chamemos de o "Outro completo" (Figura 3.2).

Figura 3.2

Esse novo nome, entretanto, ainda não faz parte do conjunto. Para incluí-lo implicaria mudar o conjunto, e mais uma vez exigiria um novo nome para si (Figura 3.3).

Figura 3.3

---

[*] No original, "(W)hole", o autor joga com as palavras *whole* = todo e *hole* = furo (N.R.)

50   *O sujeito lacaniano*

O processo pode ser repetido infinitamente, contanto que *o suposto conjunto de todos os significantes nunca possa estar completo*. Se não houver mais nada, haverá sempre o próprio nome daquele conjunto que permanecerá fora dele eternamente. Se tentarmos imaginar um conjunto que inclua seu próprio nome, nos encontraremos em uma situação em que *o conjunto inclui a si mesmo* como um de seus próprios elementos, o que é um resultado paradoxal, ao menos à primeira vista.

O argumento aqui pode ser relacionado com o teorema de Gödel acerca da incompletude da aritmética, que pode ser generalizado (em teoria) a todos os sistemas axiomáticos: um sistema axiomático nunca poderá decidir sobre a validade de determinadas afirmações que podem ser formalmente expressas dentro dele usando as definições e axiomas que o constituem. Tais sistemas são, portanto, estruturalmente não totalizáveis, como é a linguagem (isto é, o Outro) para Lacan, pois o conjunto de todos os significantes não existe. A tentativa de axiomatizar diversos campos (e é possível ver Lacan dando os primeiros passos na direção de uma axiomatização em sua introdução dos matemas S_1, S_2, $\$$, a, $S(\cancel{A})$, etc.) é, em geral, realizada para dar conta de todas as afirmações possíveis que possam ser feitas nesses campos. A posição de Lacan aqui é a de que algo anômalo *sempre* transparece na linguagem, algo inexplicável: uma aporia. Essas aporias apontam para a presença do real no simbólico ou para a influência do real sobre o simbólico. Refiro-me a elas como *torções na ordem simbólica*.

As torções na ordem simbólica

Uma argumentação que Bertrand Russell analisou no início do século XX constitui exatamente um exemplo de tal aporia. Ele tentou examinar o status de um catálogo de todos os catálogos que não incluíam a si mesmos como verbetes.[15] Um catálogo de arte que menciona a si mesmo em uma lista longa de outros catálogos de arte é perfeitamente imaginável, por exemplo, e sem dúvida alguns o fazem. Considere, entretanto, o dilema de alguém tentando criar um catálogo que inclua somente aqueles catálogos que não fazem nenhuma menção de si mesmos dentro de suas próprias capas (em outras palavras, um catálogo seria escolhido somente se ele não incluísse seu próprio título na lista que fornece de outros catálogos). Essa pessoa deveria incluir o título do catálogo que está fazendo em seu próprio catálogo? Se então decidir não incluí-lo, ele também será um catálogo que não contém a si mesmo como verbete e que, conseqüentemente, deveria ser incluído. Se, por outro lado, ele decidir incluí-lo, então ele será um catálogo que *inclui* a si mesmo como verbete e que, conseqüentemente, não deveria ser incluído.[16] O que o elaborador do catálogo deve fazer?

O status exato do catálogo de todos os catálogos que não incluem a si mesmos permanece essencialmente paradoxal: é impossível apurar o que ele contém e o que não contém. O real de segunda ordem — a causa lacaniana — é precisamente dessa natureza. Seu status é sempre parecido com o de uma exceção da lógica ou de um paradoxo.

Estrutura *versus* causa

Os aspectos da causa esboçados acima constituem apenas uma abordagem do conceito de causa (e do objeto *a* como causa) na teoria lacaniana. Fornecerei várias outras no decorrer deste livro. No momento, gostaria de assegurar que dois níveis estão cuidadosamente diferenciados, aqueles da "estrutura" e da "causação". É possível considerá-los, com certeza, como essencialmente equivalentes a dois níveis diferentes de estrutura ou dois níveis separados de causação, mas então é possível perder-se o ponto de sua heterogeneidade radical.

Há, de um lado, o nível de *funcionamento automático da cadeia significante*, exemplificado pela matriz 1,2,3 examinada acima. (Observe aqui que Lacan traduz o termo freudiano *Wiederholungszwang* — traduzido em geral como "compulsão à repetição" (*repetition compulsion*) em inglês, como *automatisme de répétition* em francês, automatismo de repetição ou repetição autômata).

Há, por outro lado, *aquilo que interrompe o funcionamento tranqüilo desse automatismo*, a saber, a causa. Trabalhando isolada, a cadeia significante parece não necessitar de um sujeito ou de um objeto; mas, quase apesar de si mesma, ela produz um objeto e subjuga um sujeito.[17]

Aqui, Lacan diverge do estruturalismo, uma vez que os estruturalistas tentam explicar tudo em termos do primeiro nível, isto é, em termos de uma combinação mais ou menos matematicamente determinada que se desdobra sem qualquer referência a sujeitos ou objetos. Enquanto a estrutura representa um papel muito importante na obra de Lacan — e já começamos a ver até que ponto ela permeia "processos de pensamento" conscientes e inconscientes —, ela nunca representa tudo no desenvolvimento de suas idéias.

No Seminário 10, Lacan associa o suposto progresso da ciência (e o estruturalismo nunca escondeu suas pretensões científicas) com nossa crescente incapacidade de pensar a categoria "causa". Ao preencher a "lacuna" entre a causa e o efeito, a ciência eliminou progressivamente o conteúdo do conceito "causa". Os eventos são vistos como causadores, de uma forma suave e de acordo com "leis" conhecidas, de outros eventos. A ciência, ao tentar suturar o sujeito (como veremos no capítulo 10) — isto é, tentar expulsar a subjetividade de seu campo — tende também a suturar a causa. O desafio da psicanálise lacaniana é, em parte, manter e explorar em detalhes esses dois conceitos primordiais, por mais paradoxais que possam parecer.

Voltarei, na parte 2, ao papel atribuído por Lacan ao sujeito e à situação do sujeito "fora" da significação.

PARTE DOIS

O Sujeito Lacaniano

Algo com a propriedade essencial de definir a
conjunção de identidade e diferença —
isso é o que me parece mais apropriado
para explicar a função do sujeito estruturalmente.
Lacan, Seminário 13, 12 de janeiro de 1966

Logo que o próprio sujeito chega a ser, ele o deve a
um certo não-ser sobre o qual ele ergue seu ser.
Lacan, Seminário 2, p.242

capítulo quatro

O sujeito lacaniano

Mesmo quando o estruturalismo estava no auge, a subjetividade muitas vezes foi considerada incompatível com a noção de estrutura. A estrutura parecia excluir a própria possibilidade da existência de um sujeito, e a proclamação da subjetividade parecia minar a posição estruturalista. Com o advento do "pós-estruturalismo", o próprio conceito de subjetividade parece estar ultrapassado, e Lacan é um dos poucos pensadores contemporâneos a dedicar esforços consideráveis à sua elaboração.

Lacan, batizado de "estruturalista" por alguns e de "pós-estruturalista" por outros, mantém e defende *ambos* os conceitos — estrutura e sujeito — em uma abordagem teórica rigorosa. No entanto, à medida que despoja o sujeito de muitas das características em geral atribuídas a ele pelo pensamento ocidental e expõe de forma implacável os funcionamentos da estrutura nos contextos psicanalíticos e literários, nem sempre é fácil ver qual o papel do sujeito na obra de Lacan. A dificuldade em ler os textos de Lacan torna-se maior devido ao fato de que sua tentativa de isolar o sujeito assume muitas formas diferentes em pontos diferentes do seu ensino, e nem todas essas formas parecem convergir para qualquer conceito de subjetividade facilmente identificável.

Não tentarei *demonstrar* a existência do sujeito lacaniano, uma vez que tal demonstração é impossível. Como diz Lacan no Seminário 23, "o sujeito nunca é mais do que suposto"; em outras palavras, o sujeito nunca é mais do que uma suposição de nossa parte. Entretanto, parece ser uma suposição necessária para Lacan, uma construção sem a qual a experiência psicanalítica não pode ser explicada. Nesse sentido, seu status é semelhante àquele que Freud chamou de "segunda fase" da fantasia em "Bate-se numa criança"; a "segunda fase" refere-se ao pensamento "Estou sendo espancada pelo meu pai". Observa Freud, "Essa segunda fase é a mais importante e a mais significativa de todas. Pode-se dizer, porém, que, num

56 *O sujeito lacaniano*

certo sentido, jamais teve existência real. Nunca é lembrada, jamais conseguiu tornar-se consciente. É uma construção da análise, mas nem por isso é menos uma necessidade" (vol. XVII, p.201).

Minha esperança é dar crédito a essa construção lacaniana através da discussão de uma série de rumos que Lacan tomou em sua tentativa de se aproximar dela a partir da década de 1950, indicando assim onde a estrutura cessa e a subjetividade começa. Vários exemplos e metáforas serão fornecidos, os quais, espero, suprirão uma compreensão básica da noção; sua base mais teórica será explicada mais tarde. Começarei minha argumentação com uma indicação do que não constitui o sujeito lacaniano, uma vez que, em minha opinião, nada deve ser considerado como dado na compreensão do uso do termo por Lacan.

O sujeito lacaniano não é o "indivíduo" ou o sujeito consciente da filosofia anglo-americana

Desde o início, deve ser mencionado que na língua inglesa, em geral, nos referimos ao analisando como um "paciente", um "indivíduo", ou (em determinadas escolas de psicologia) um "cliente", e na língua francesa é possível naturalmente nos referirmos a ele como um "sujeito". Não há nada conceitual ou teórico em especial a respeito do uso do termo "sujeito" em tais contextos; ele se refere tanto ao sujeito lacaniano que tentarei isolar aqui, quanto à designação *le malade*, o paciente (ou traduzido literalmente como o doente, a pessoa que está doente). Tais termos não teóricos são usados mais ou menos alternadamente nas primeiras obras de Lacan em especial.

O sujeito lacaniano não é o indivíduo nem o que poderíamos chamar de sujeito consciente (ou o sujeito pensante consciente), em outras palavras, o sujeito a que se refere a maioria da filosofia analítica. O sujeito pensante consciente é, de modo geral, indistinguível do eu como entende a escola de psicologia do ego, que é dominante nos mesmos países nos quais a filosofia analítica predomina. Isso não deveria nos surpreender: os conceitos dominantes na maioria das culturas ultrapassam as fronteiras disciplinares.

Ora, o eu, de acordo com Lacan, surge como uma cristalização ou sedimentação de imagens ideais, equivalente a um objeto fixo e reificado com o qual a criança aprende a identificar, com o qual a criança aprende a se identificar. Essas imagens ideais podem ser constituídas daquelas que a criança vê de si mesma no espelho, e elas são ideais no sentido de que, no estágio em que as imagens no espelho começam a assumir um papel importante (seis a dezoito meses)[1], a criança ainda é bastante descoordenada e, na verdade, apenas uma mistura desorganizada de sensações e impulsos. A imagem do espelho apresenta, nesse momento, uma aparência superficial unificada semelhante àquela imagem dos pais muito mais capazes, coordenados e poderosos.

Tais imagens são investidas, catexizadas, e internalizadas pela criança porque seus pais atribuem muita importância a elas, afirmando com insistência que a imagem no espelho *é* a criança; "Sim, neném, aquela é você!". Outras imagens ideais são igualmente assimiladas pela criança, imagens essas que são derivadas da imagem dela refletida pelo Outro parental: "uma boa menina" ou uma "menina má", "um filho modelo" e assim por diante. Tais "imagens" derivam de como o Outro parental "vê" a criança e são, portanto, estruturados lingüisticamente. Na realidade, é a ordem simbólica que realiza a internalização das imagens especulares e de outras imagens (por exemplo, imagens fotográficas), uma vez que é essencialmente devido à reação dos pais a tais imagens que elas se tornam carregadas de interesse ou valor libidinal aos olhos da criança — razão pela qual as imagens especulares não são de grande interesse para ela antes dos seis meses de idade, em outras palavras, antes do funcionamento da linguagem (que ocorre bem antes da criança ser capaz de falar).[2]

Uma vez internalizadas, essas várias imagens fundem-se, digamos assim, em uma imagem global imensa que a criança vem a considerar o seu *self.* É claro que essa *auto-imagem* pode ser incrementada ao longo da vida da criança, à medida que novas imagens são enxertadas sobre as velhas. Em geral, é essa cristalização de imagens que permite um "sentido do eu" coerente (ou não o permite naqueles casos em que as imagens são demasiadamente contraditórias para se fundirem de alguma forma) e uma grande parte de nossas tentativas de "compreender" o mundo ao redor de nós envolve a justaposição do que vemos e ouvimos com essa auto-imagem internalizada: Como os acontecimentos se refletem em nós? Onde nos encaixamos? Esses acontecimentos constituem um desafio para a visão de nós mesmos?

Esse *self* ou eu é então, como a filosofia oriental nos tem dito há milênios, uma construção, um objeto mental, e embora Freud confira a ele o estatuto de uma instância (*Instanz*), na versão da psicanálise lacaniana o eu claramente não é um agente ativo, sendo o inconsciente o agente que desperta interesse. Em vez de ser um lugar de instância ou atividade, o eu é, na visão de Lacan, o lugar de fixação e de ligação narcisística. Além disso, ele inevitavelmente contém "imagens falsas", no sentido de que as imagens do espelho são sempre imagens invertidas (envolvendo uma inversão direita-esquerda), e na medida em que a "comunicação", que leva à internalização de "imagens" ideais estruturadas lingüisticamente — tais

58   *O sujeito lacaniano*

como "Você é um filho modelo" — está, como toda a comunicação, sujeita a mal-entendidos: o filho pode entender mal aquela avaliação em termos de modelos de carros ou aviões, vendo-se daí em diante como apenas uma versão miniaturizada e plástica da coisa real, em lugar de um filho autêntico. O objetivo da análise não é procurar dar ao analisando uma imagem "verdadeira" ou correta do seu *self*, uma vez que o eu é, por sua própria natureza, uma distorção, um erro, um depósito de mal-entendidos.

Quando, de maneira geral, nos referimos ao eu ou *self* ao dizermos "*Eu acho que...*" ou "*Eu sou* o tipo de pessoa que...*", esse "Eu" é tudo menos o sujeito lacaniano: não é mais do que o sujeito do enunciado.

O sujeito lacaniano não é o sujeito do enunciado

No final da década de 1950 e começo da de 1960, Lacan buscou definir o sujeito da forma mais precisa possível, e parecia manter firme uma esperança de que *um significante de um sujeito* poderia ser encontrado nos enunciados, isto é, no que é dito. Ele procurava no discurso uma manifestação precisa do sujeito e começou analisando o trabalho de gramáticos e lingüistas com relação ao sujeito de uma oração.

Em várias ocasiões, Lacan faz referência explícita a um ensaio de Roman Jakobson sobre *shifters**[indicativos][3]. Nesse ensaio, Jakobson apresenta o conceito de *código* como o conjunto de significantes usados na fala ou na escrita — de certa forma o que Lacan chama o "tesouro" ou a "bateria" dos significantes — e o conceito de mensagem como aquilo que um falante de fato diz.

Jakobson salienta que há: (1) mensagens que se referem a outras mensagens — citações, por exemplo, nas quais uma mensagem anterior é incluída em uma mensagem atual (mensagem → mensagem); (2) mensagens que se referem ao código — como por exemplo, "'filhote' significa um "cão pequeno", que atribui o sentido de um elemento do código, em outras palavras, sua definição (mensagem → código); (3) elementos do código que se referem ao código em si, tais como os nomes próprios, uma vez que "'Jerry' se refere a uma pessoa chamada Jerry" — esse nome designa quem quer que carregue ou seja chamado por esse nome (código → código).[4] Finalmente, Jakobson salienta que pode-se encontrar (4)

---

* R. Jakobson chama de "shifters" as expressões cujo referente só pode ser determinado em relação aos interlocutores. Diz, também, "embrayeurs" (embreagens ou câmbio), ou seja, os "dêiticos" cujo emprego é necessário, explicitamente ou não, para um ato de referência. Cf. Ducrot, O. e Todorov, T., *Dicionário enciclopédico das ciências da linguagem*, São Paulo, Ed. Perspectiva S/A, p.232, 1988 (N.R.)

elementos em um código que se referem à mensagem, o exemplo que ele fornece é o dos pronomes pessoais, tais como "eu", "você", "ele", "ela" e assim por diante (código → mensagem). O sentido desses últimos elementos não pode ser definido sem referência às mensagens em que aparecem, "eu" designando o remetente da mensagem, e "você" o receptor ou destinatário. Tomando emprestado um termo de Jespersen[5], Jakobson se refere a esses elementos como *shifters*, uma vez que o que designam muda ou se desloca a cada nova mensagem.

As quatro combinações de Jakobson — citações, definições, nomes próprios, e *shifters* — esgotam as possibilidades oferecidas pelos conceitos de código e mensagem, mas não pretendem englobar todas as partes do discurso, uma vez que a grande maioria dessas partes são simplesmente elementos do código. Substantivos, verbos, preposições, e assim por diante são partes essenciais do código.

Passível de qualificação como um *shifter,* o sujeito gramatical de uma frase, tal como "Eu sou o tipo de pessoa que...", designa o remetente da mensagem, e na medida em que pode ser visto como significando esse sujeito-emissor de mensagem, ele significa o eu: o sujeito consciente que acredita ser seu *self* X e não Y, generoso e não sovina, liberal e não intolerante, e assim por diante. O pronome pessoal "eu" designa a pessoa que identifica o seu *self* com uma imagem ideal específica. Dessa maneira, o eu é aquilo que é representado pelo sujeito do enunciado. O que é então da instância ou agência que interrompe os enunciados precisos do eu, ou os "estraga"?

O sujeito lacaniano não aparece em nenhum lugar no que é dito

Sempre buscando uma manifestação precisa do sujeito no discurso, no início da década de 1960, Lacan muitas vezes tentou ligar o aparecimento do sujeito à palavra francesa *ne*, literalmente "não", metade da expressão francesa *ne pas,* porém usado em muitos casos sozinha, não tanto como uma negação peremptória (embora um *ne* sozinho seja suficiente para significar a negação quando usada com *pouvoir*) mas para funcionar de uma forma um pouco mais vaga, a qual Damourette e Pichon denominam a introdução da "discordância".[6] Em determinadas expressões, o uso isolado desse suposto expletivo *ne* é gramaticalmente necessário ou, ao menos, mais correto e mais poderoso do que sua omissão (exemplo, *avant qu'il n'arrive, pourvu qu'il ne soit arrivé, craindre qu'il ne vienne)*, mas ele parece introduzir uma certa hesitação, ambigüidade, ou incerteza na declaração em que aparece, como que sugerindo que o falante está negando

60   *O sujeito lacaniano*

a própria coisa que afirma, temendo a coisa em si que afirma desejar, ou desejando a própria coisa que parece temer. Em tais casos, temos a impressão de que o falante *tanto deseja como não deseja* que o evento em questão aconteça ou que a pessoa em questão apareça.

Na língua inglesa, temos uma situação parecida com a palavra *"but"** em expressões como *"I can't help but think that..."* [Não posso deixar de não pensar que ....] significando *"I can't help thinking that..."* [Não posso deixar de não pensar que...] onde *but* parece quase supérfluo — embora se traduzirmos a expressão como *"I can't stop myself from thinking that..."* [Não posso parar de pensar que ......] ela desliza para a dupla negativa *"I can't not think that..."* [Não posso não pensar que...]. *But* muitas vezes tem o sentido de *only* [somente], *simply* [simplesmente] ou *just* [apenas], embora em determinadas expressões pareça ir além desses sentidos, assumindo uma conotação de negação que pode gerar confusão em determinadas circunstâncias até mesmo para os falantes nativos, por exemplo, *"I can't but not wonder at his complacency"* [Não posso deixar de me espantar com a complacência dele], *"I can't but not suspect him of having done it; after all he is my best friend"* [Só não posso não suspeitar que tenha feito isso; afinal de contas é o meu melhor amigo], *"I can't but imagine he won't call"* [Só posso imaginar que ele não telefonará]. O que nos permite claramente distinguir o sentido de *"I can but hope he won't call"* [Só posso esperar que ele não chame] de *"I cannot but hope he won't call"* [Só espero que ele não chame]. O *The Oxford English Dictionary* fornece uma grande variedade de exemplos desse significante com três letras altamente polivalente, que pode ser usado como uma conjunção, uma preposição, um advérbio, um adjetivo ou um substantivo. Entre aqueles que nos interessam aqui, podemos encontrar:

"You say you are tied hand and foot. You will never be but that in London".
[Você diz que está de pés e mãos atadas. É só o que você será em Londres.]
"Not but that I should have gone if I had had the chance".
[Não teria deixado de ir se tivesse tido chance.]
"I will not deny but that it is a difficult thing".
[Não vou negar que seja difícil.]
"I cannot deny but that it would be easy".
[Não vou negar que seria fácil.]
"She cannot miss but see us".
[Ela não pode deixar de nos ver.]
"I do not fear but that my grandfather will recover".[7]
[Tenho certeza de que meu avó ficará bom.]

---

* *But* significa "mas", "porém", "contudo" (N.T.)

O sujeito lacaniano 61

Um conflito parece se desenrolar em tais expressões entre um discurso do consciente ou do eu, e uma outra "instância" que se beneficia da "possibilidade" oferecida pela gramática inglesa (e pela gramática francesa no caso do *ne*) para manifestar-se. Essa outra instância, esse "discurso" do não-eu ou do inconsciente, interrompe o primeiro — quase dizendo "Não!" — da mesma maneira que um lapso de língua. Lacan propõe que, em tais casos, podemos tomar o *ne* em francês — e sugeriria que em inglês podemos pegar o uso, algo ambíguo ou, ao menos de vez em quando, confuso do *but* [mas] — como *significando* o sujeito falante ou do enunciado.[8] Por que como "significando"? *But* aqui não é o *nome* do sujeito da enunciação; ao contrário, ele aponta para um tipo de "não-dizer", um dizer-"Não" (o termo usado por Lacan é *dit-que-non*).

Esse *but* é um "tipo" muito estranho, tão estranho na realidade que é possível que não haja outro exemplo como ele em toda a língua inglesa, tampouco nenhum outro exemplo como *ne* na língua francesa (cf. *non* na língua italiana).

É possível encontrar alguma forma de categorizar a palavra "*but*" da forma como é usada nesse tipo de "não-dizer"? A palavra faz claramente parte do código e à medida que aparece na mensagem, parece dizer algo a respeito desta e, mais precisamente, a respeito do falante. Mas, em vez de simplesmente designar *quem* está falando, parece nos dizer algo a respeito do falante, em outras palavras, que ele não está completamente de acordo com o que está dizendo. Parece apontar para um falante ambivalente que diz sim e não ao mesmo tempo, que enquanto diz uma coisa, insinua outra.

Enquanto um *shifter* é o sujeito gramatical do enunciado, a palavra "*but*" é um tipo de "*não-dizer*" que ocorre no ato da fala, isto é, durante a enunciação. Um "Não!" é dito, e é possível ver Lacan, de certa maneira, decompondo tais mensagens ou enunciados em duas partes (Figura 4.1).

Figura 4.1

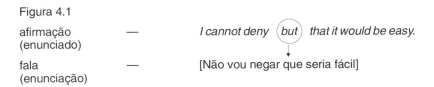

afirmação   —   *I cannot deny* (but) *that it would be easy.*
(enunciado)
fala   —   [Não vou negar que seria fácil]
(enunciação)

Os conceitos "código" e "mensagem" não são suficientes aqui. Para qualificar o termo "*but*" nesse exemplo, somos forçados a nos referir a um tipo de interferência entre o enunciado e a enunciação, em outras palavras, entre aquilo que é declarado (o "conteúdo") e o próprio ato de declaração ou enunciação.

62   *O sujeito lacaniano*

O único sujeito ao qual Lacan atribui o enunciado é o sujeito consciente do enunciado, representado aqui pelo pronome pessoal "Eu". Para qualificar esse sujeito, não precisamos ir além das categorias lingüísticas do código e da mensagem, ou seja, não ir além das categorias rigorosamente estruturais. O sujeito do enunciado, "Eu", é um *shifter*: um elemento do código que se refere à mensagem.

A palavra *"but"* permanece em uma classe isolada, anunciando o sujeito da enunciação inconsciente e, dessa forma, mostrando que o sujeito está dividido — em dois, digamos assim, a favor e contra, consciente e inconsciente. Os lapsos de língua também provam que existem dois níveis, mas o Lacan do início dos anos sessenta propõe que é somente no caso de *ne* (e *but*) que encontramos significantes do sujeito constantes ou regulares — regulares no sentido em que eles aparecem regularmente e muitas vezes acompanhando esse "outro" sujeito. É desnecessário dizer que, muitas expressões em francês e inglês que empregam *ne* e *but* tornaram-se fórmulas fixadas com o tempo, a tal ponto que somos potencialmente forçados a usá-las em companhia de outras determinadas palavras (em francês, por exemplo, o verbo *craindre* quase sempre exige que se use *ne* ao mesmo tempo). Entretanto, cada falante, de alguma forma, escolhe tais expressões entre uma variedade de formas de "dizer a mesma coisa" fornecidas pela língua em questão.

A transitoriedade do sujeito

Pois esse "outro" sujeito — esse sujeito enunciante do significado através do *but* em determinadas afirmações — *não* é algo ou alguém que tenha algum tipo de existência permanente; só aparece quando uma ocasião favorável se apresenta. *Não* é algum tipo de substância ou substrato subjacente (*hupokeimenon* ou *subjectum*).[9]

O inconsciente como um desenrolar contínuo de uma cadeia significante excluída da consciência (como descrito no capítulo 2 e Apêndices 1 e 2), no qual o saber de um determinado tipo é incorporado, possui uma natureza permanente; em outras palavras, ele subsiste ao longo da vida de um indivíduo. Contudo, seu sujeito não é, de forma alguma, permanente ou constante. O inconsciente como cadeia não é a mesma coisa que o *sujeito* do inconsciente.

No "Seminário sobre 'A carta roubada'", Lacan afirma que um significante marca o cancelamento do que ele significa: *ne* e *but* assinam a sentença de morte do *sujeito do inconsciente*. O último permanece apenas o tempo suficiente para protestar, para dizer "Não". Uma vez que o sujeito tenha feito uma declaração, o que ele disse usurpa seu lugar; o significante o substitui; ele desaparece. É nesse sentido que podemos dizer que *ne* e *but* são significantes do sujeito. O sujeito, conforme representado pelo símbolo $\$$ de Lacan (S para "sujeito", / para "barrado": o sujeito enquanto barrado pela linguagem, alienado dentro do Outro), desaparece "debaixo" ou "detrás" do significante *ne* (designado aqui por S_1 — um primeiro significante):

$$\frac{S_1}{\$} \text{ (substituição de um significante, } S_1, \text{ no lugar do sujeito barrado, } \$)$$

Esse significante toma o lugar do sujeito, ocupando o lugar do sujeito que agora desapareceu. *Esse sujeito não tem outra existência além de um furo no discurso.* O sujeito do inconsciente manifesta-se no cotidiano como uma irrupção transitória de algo estranho ou extrínseco. Em termos temporais, o sujeito aparece apenas como uma pulsação, um impulso ou interrupção ocasional que imediatamente se desvanece ou se apaga, "expressando-se", desta maneira, por meio do significante.

O sujeito freudiano

Essa "definição" provisória do sujeito como *furo* se aplica, entretanto, mais especificamente ao que se poderia chamar de "sujeito freudiano" do que ao "sujeito lacaniano".

Ao começar a estudar *A interpretação dos sonhos, A psicopatologia da vida cotidiana* e *Os chistes e sua relação com o inconsciente* de Freud, Lacan nos familiariza com a idéia de algo que "desponta", como ele diz, em uma conjuntura específica. Nos lapsos de língua, assim como nos atos falhos e parapraxes de todos os tipos, algum tipo de *intenção* estranha parece entrar em cena ou forçar uma entrada. Freud nos orienta a associar tais intrusões com o inconsciente e, portanto, é muito natural que se atribua algum tipo de intencionalidade, instância, ou até subjetividade a ele. Poderíamos provisoriamente considerar esse intruso como sendo, de certa forma, "o sujeito freudiano". Freud, claro, nunca formula tal categoria, mas a usarei aqui como um tipo de abreviação para falar a respeito da abordagem freudiana do sujeito do inconsciente.

Pois Freud, em uma determinada época, apresenta o inconsciente como uma instância completa (*Instanz*), uma instância aparentemente dotada de suas próprias intenções e vontades — um tipo de segunda consciência construída, de alguma forma, de acordo com o modelo da primeira. Embora certamente apresente o inconsciente como aquele que interrompe o fluxo normal dos acontecimentos, Lacan nunca faz do inconsciente uma instância; este permanece um discurso divorciado do consciente e do envolvimento subjetivo — o discurso do Outro — mesmo quando ele interrompe o discurso do eu que está baseado em um falso sentido de *self*. Ao encarar a subjetividade no inconsciente de Freud como um furo, interrupção ou irrupção no discurso e em outras atividades "intencionais", de forma alguma trata-se da especificidade do sujeito de Lacan.[10] Quem é então o sujeito do inconsciente, e como pode ser localizado?

Antes de responder a essa pergunta diretamente, vamos continuar a mostrar o que o sujeito não é.

O sujeito cartesiano e seu inverso

O que é mais notável a respeito do sujeito freudiano é que ele desponta apenas para desaparecer quase instantaneamente. Não há nada substancial a respeito desse sujeito; não há nenhum *ser*, nenhum substrato ou permanência no tempo, em resumo, nada com que estejamos acostumados a procurar quando falamos dos sujeitos. Há um tipo de fogo de palha e tudo então se acaba.

Lacan ressalta que o sujeito de Descartes — o cogito — tem uma existência igualmente efêmera. O sujeito cartesiano conclui que ele *é* toda vez que ele diz para si mesmo, "Eu penso".[11] Ele precisa repetir para si mesmo as palavras "Eu penso" para convencer-se de que existe. E, tão logo pare de repetir essas palavras, sua convicção inevitavelmente se evapora. Descartes é capaz de assegurar uma existência mais permanente para o sujeito através da introdução de Deus — a garantia de tantas coisas no universo cartesiano — mas Lacan concentra sua análise na natureza pontual e evanescente do sujeito cartesiano.

Aqui, usarei dois círculos para ilustrar a proposta de Descartes.[12] Ele conceitualiza um ponto no qual o pensamento e a existência se sobrepõem: quando o sujeito cartesiano diz para si mesmo: "Eu penso", ser e pensar coincidem naquele momento (Figura 4.2). É o fato dele pensar que serve como base de sua existência; nesse lugar, ele liga o pensamento ao sujeito falante "Eu".

Figura 4.2

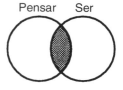

Na opinião de Lacan, tal visão é um tanto utópica. O sujeito, da maneira como compreende o termo, não pode se abrigar em um momento idílico onde pensar e ser coincidem. Mas, em lugar disso, é forçado a escolher um ou o outro. Ele pode "ter" pensamentos ou ser, mas nunca ambos ao mesmo tempo. A Figura 4.3 mostra como é possível esquematizar o sujeito lacaniano.

Figura 4.3

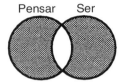

Por que então Lacan vira do avesso o sujeito de Descartes, empregando tudo o que o cogito não é? Bem, em primeiro lugar, o ponto de vista de Lacan sobre o pensamento, assim como o de Freud, gira em torno do pensamento inconsciente, não do pensamento consciente estudado por Descartes, o filósofo. Em geral, Freud associa o pensamento consciente à *racionalização*, e Lacan atribui ao pensamento um estatuto igualmente pouco elevado.

Em segundo lugar o sujeito de Descartes que diz "Eu" corresponde ao nível do eu, um *self* construído que é visto como sendo senhor de seus próprios pensamentos, os quais acredita-se corresponderem à "realidade externa". Tal *self* unidimensional acredita que é o autor de suas próprias idéias e portanto não teme em afirmar "*Eu* penso". Esse sujeito cartesiano é caracterizado pelo que Lacan chama de "falso ser" (Seminário 15), e esse falso ser manifesta-se a cada momento em que um analisando diz, "Sou o tipo de pessoa que é independente e liberal"; ou "Fiz o que fiz porque era a coisa mais magnânima a ser feita, e eu sempre me empenho em ser não apenas justo mas generoso." Um *self* fixo é postulado em tais afirmações, o ser inconsciente é rejeitado; é como se tal analisando estivesse dizendo a seu analista, "Posso contar para você tudo sobre mim porque *eu sei*. Não me iludo, eu me conheço."

Portanto, após começar com o sujeito cartesiano pontual (ou semelhante a um ponto), isto é, a coincidência transitória entre pensar e ser, Lacan vira Descartes de cabeça para baixo: o pensamento do eu é mera racionalização consciente (a tentativa do eu de legitimar declarações erradas e involuntárias através de explicações pós-fato que se enquadram na auto-imagem ideal), e o ser então gerado pode ser categorizado apenas como falso ou como fraude. Dessa maneira, Lacan parece nos oferecer algum tipo de perspectiva de um sujeito com existência verdadeira ou real que seria diametralmente oposto ao falso ser do eu mas, em última análise, isto não acontece. O sujeito lacaniano permanece separado do ser, exceto em um sentido ao qual voltarei mais tarde.

O sujeito dividido de Lacan

Considerando o uso pelo próprio Lacan do termo "pensar" para se referir ao pensamento inconsciente, como este se desdobra isolado da subjetividade (conforme tratado no capítulo 2), consideremos uma das mais claras ilustrações gráficas de Lacan daquilo que ele chama de sujeito fendido ou dividido. Ele aparece nos Seminários 14 e 15 e é apresentado aqui na Figura 4.4

Figura 4.4

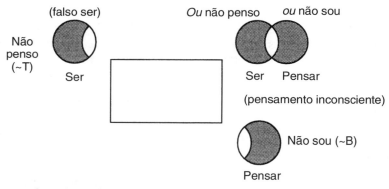

Este grafo será tratado em detalhe durante este capítulo e o capítulo 6. Aqui, me limitarei a observar algumas de suas características mais notáveis. A posição inicial do esquema (canto direito superior) fornece uma das "definições" de Lacan do seu sujeito; "ou não penso ou não sou" — o segundo "sou" a ser considerado no sentido absoluto de "eu sou sem-ser". A alternativa ou/ou significa que somos obrigados a nos situar em algum outro canto deste grafo. O caminho da mínima resistência, digamos assim, é negar o inconsciente (negar atenção aos pensamentos que estão se desenvolvendo no inconsciente), um tipo de prazer no falso ser (canto esquerdo superior). A análise, entretanto, exige que o indivíduo se prive, tanto quanto possível, desse falso ser, para deixar o pensamento inconsciente ter completa ascendência.

O sujeito é dividido entre o eu (canto esquerdo superior) e o inconsciente (canto direito inferior), entre consciente e inconsciente, entre um sentido

O sujeito lacaniano   67

inevitavelmente falso de *self* e o funcionamento automático da linguagem (a cadeia significante) no inconsciente.

Nossa primeira tentativa, então, para definir o sujeito lacaniano é a seguinte: *O sujeito não é senão essa própria divisão.* A variedade de expressões como "sujeito fendido", "sujeito dividido" ou "sujeito barrado" cunhadas por Lacan — todas escritas com o mesmo símbolo $ — consiste inteiramente no fato de que as duas "partes" ou avatares de um ser falante não têm nenhum traço em comum: elas estão separadas de forma radical (o eu ou falso ser exige uma negação dos pensamentos inconscientes, o pensamento inconsciente sem nenhuma preocupação que seja com a opinião positiva do eu sobre si mesmo).

Essa divisão significativa é produto do funcionamento da linguagem em nós quando começamos a falar ainda crianças. Ela é equivalente ao que tenho me referido como nossa alienação na linguagem (tratada em detalhes no capítulo 5) e Lacan segue essa idéia partindo do conceito de Freud de *Spaltung*, exposto em seu ensaio de 1938 "*Die Ichspaltung im Abwehrvorgang*", traduzido na edição brasileira como "Clivagem do ego no processo de defesa", mas melhor traduzido como "Clivagem do eu".

A clivagem do Eu em eu (falso *self*) e inconsciente gera uma superfície num certo sentido com dois lados: um que é exposto e um que é escondido. Embora os dois lados possam não ser constituídos, em essência, de materiais radicalmente diferentes — lingüísticos por natureza — em qualquer ponto ao longo da superfície há uma frente e um verso, uma face visível e uma invisível. Seus valores podem ser apenas locais, como no caso da banda de Moebius, onde, se desenharmos uma longa linha por qualquer dos lados, eventualmente terminaremos no reverso devido à dobra na banda de Moebius. Porém, existe uma clivagem válida pelo menos no local entre a frente e o verso, entre o consciente e o inconsciente.

A clivagem, enquanto traumática para cada novo ser falante não é, de modo algum, um indício de loucura. Ao contrário, Lacan afirma que na psicose não é possível presumir que essa clivagem tenha ocorrido em absoluto, o "inconsciente" está "*à ciel ouvert*", exposto para que todo o mundo o veja. Os processos de pensamento do tipo inconsciente não ficam *ocultos* na psicose como ficam nas neuroses, demonstrando que a clivagem causada, em geral, pela assimilação da linguagem, não ocorreu, e que há algo diferente com relação ao ser do psicótico na linguagem. A própria idéia de clivagem produzida por nossa alienação na linguagem pode servir como uma ferramenta de diagnóstico, permitindo ao clínico distinguir, em determinados casos, a neurose da psicose.

Embora essa clivagem não possua nenhum traço em comum com o tipo de instância que tendemos a associar à subjetividade, já é, no entanto, um

68   *O sujeito lacaniano*

primeiro passo além da estrutura. A linguagem como Outro não transforma *automaticamente* uma criança *homo sapiens* num sujeito; ela pode falhar, como falha na psicose. Essa clivagem não é algo que possa ser explicado em termos estritamente lingüísticos ou combinatórios. Portanto, ela está além da estrutura. Embora aqui *o sujeito não seja nada senão uma clivagem entre duas formas de alteridade* — o eu como outro e o inconsciente como o discurso do Outro — a clivagem em si permanece além do Outro. Como veremos no próximo capítulo, o advento do sujeito dividido sinaliza uma correspondente divisão ou esfacelamento no Outro.[13]

Além do sujeito dividido

Contudo, *o sujeito dividido não é de forma alguma a última palavra de Lacan a respeito da subjetividade,* e há ainda um aspecto adicional que tentarei primeiro ilustrar graficamente e depois explicar nos próximos dois capítulos. Retornemos à ilustração do sujeito dividido apresentada na Figura 4.4 e observemos, em primeiro lugar, que não apenas o sujeito está aqui dividido entre o eu e o inconsciente, mas também está adicionalmente dividido em cada um dos dois cantos opostos do grafo (canto esquerdo superior e direito inferior). No momento, comecemos tratando apenas da divisão a nível do inconsciente.

Na parte excluída (sem sombra) do círculo no canto direito inferior, Lacan escreve "Eu". Nesse caso, não é o "Eu" reificado do discurso consciente, encontrado em afirmações do tipo "Eu sou dessa forma e não daquela"; nem é o *shifter* vazio, um significante cujos referentes mudam a cada nova pessoa que o pronuncia.[14] Ao contrário, é o Eu* do "*Wo Es war, soll Ich werden*" de Freud um verdadeiro motivo condutor nas obras de Lacan. A essência dos escritos de Lacan sobre o assunto envolve um movimento ditado moralmente a partir da forma impessoal "it" (e não do id por si próprio — pois Freud não diz *das Es* nem *das Ich* aqui, como em geral o faz quando designa as instâncias do id e do ego) para o Eu. Eu devo tornar-me Eu onde o [isso] se encontrava; Eu devo advir, devo assumir o seu lugar, aquele lugar onde o isso se encontrava. O Eu aqui aparece como o sujeito que a análise procura trazer à tona: um Eu que assume a responsabilidade pelo inconsciente, que surge lá na associação inconsciente dos pensamentos que parece ocorrer por si mesmo, sem a intervenção de qualquer coisa parecida com um sujeito (Figura 4.5).

---

* Esse "Eu" corresponde ao *Je* da tradução de Lacan para a palavra alemã *Ich*, da afirmação de Freud "Wo Es War soll Ich Werden". Em francês, "Là où c'était dois Je advenir". (N.R.)

Esse Eu, ou sujeito do inconsciente, como podemos chamá-lo, é em geral excluído a nível do pensamento inconsciente. Ele advém, digamos assim, apenas momentaneamente, como um tipo de movimento intermitente na direção do canto esquerdo inferior do grafo (Figura 4.6).

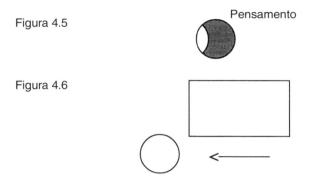

Figura 4.5

Pensamento

Figura 4.6

Mas embora ele seja um sujeito tão evanescente ou de vida efêmera quanto aquelas interrupções conhecidas como lapsos de língua e atos falhos, *esse sujeito especificamente lacaniano não é tanto uma interrupção mas o ato de assumir isso,* no sentido francês do termo *assomption*, isto é, uma aceitação de responsabilidade por aquilo que interrompe, assumir a responsabilidade.

Pois Lacan sustenta que "sempre se é responsável por sua posição como sujeito".[15] Seu conceito de sujeito então possui um componente ético que tem como seu princípio básico o *"Wo Es war, soll Ich werden"* de Freud.

Portanto, começamos com um sujeito alienado que não é outro senão a divisão em si (Figura 4.7).

Figura 4.7

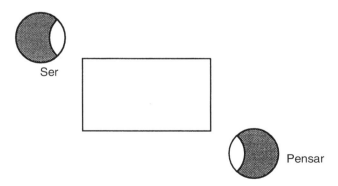

Ser

Pensar

Mas existe um sentido no qual o sujeito dividido, o sujeito como "alienado", é capaz de ir "além" ou "superar" essa divisão através de um deslocamento ou movimento na direção do canto esquerdo inferior do grafo (ver Figura 4.6). A *divisão é, em certo sentido, a condição da possibilidade da existência de um sujeito e o deslocamento intermitente parece ser sua realização.* Embora a divisão corresponda à alienação, o segundo aspecto do sujeito lacaniano, da forma que estou apresentando aqui, corresponde à separação. Essas duas operações serão exploradas em detalhes no próximo capítulo.

capítulo cinco

O sujeito e o desejo do Outro

No capítulo 1, abordei, em termos muito gerais, nossa alienação na e pela linguagem, a linguagem que antecede nosso nascimento, fluindo em nós através do discurso que nos circunda enquanto crianças, e que molda nossos desejos e fantasias. Sem a linguagem não haveria o desejo da forma como o conhecemos — estimulante e, ao mesmo tempo, contorcido, contraditório e insaciável — nem haveria qualquer sujeito como tal.

Neste capítulo, descrevo em linhas gerais o ponto de vista de Lacan sobre o advento do sujeito em termos mais teóricos. Começo com uma análise geral e breve dos dois processos denominados por Lacan como "alienação" e "separação" e depois continuo descrevendo-os com mais detalhes em termos do desejo do Outro. Mais tarde, passo à operação que Lacan considera como uma separação *adicional*, ou um ir além da separação: a travessia da fantasia fundamental. Por último, ilustro o funcionamento dessas três operações na situação analítica.

Alienação e separação

No conceito lacaniano de alienação, as duas partes envolvidas, a criança e o Outro, têm pesos muito desiguais e a criança quase que inevitavelmente perde na luta entre eles.[1] No entanto, ao assujeitar-se ao Outro, a criança ganha algo: ela torna-se, em certo sentido, um dos sujeitos da linguagem, um sujeito "da linguagem" ou "na linguagem". Representado esquematicamente, a criança, assujeitada ao Outro, permite que o significante a substitua.

$$\frac{\text{Outro}}{\text{criança}}$$

72   *O sujeito lacaniano*

A criança, advindo na forma de um sujeito dividido (como ilustrado no capítulo 4), desaparece debaixo ou atrás do significante, S.

$$\frac{S}{\$}$$

A criança não necessita ser totalmente derrotada em sua "luta" com o Outro, podendo a psicose ser entendida como uma forma de vitória da criança sobre o Outro, a criança *abre mão* de seu advento como um sujeito dividido para não se sujeitar ao Outro como linguagem. Freud fala da *escolha* ou *eleição* da neurose[2], e Lacan sugere que há sempre algum tipo de escolha envolvida na aceitação da criança à sujeição a esse Outro — uma "escolha forçada", como ele a nomeia (que é quase uma contradição em termos), a decisão de não se permitir ser sujeitado pelo Outro acarretando necessariamente a perda de si mesmo. Esta decisão exclui a possibilidade do advento do indivíduo como um sujeito. A escolha de sujeição é necessária *para que* o indivíduo advenha como um sujeito, mas mantém seu estatuto de escolha já que é possível, não obstante, negar a subjetividade.

Portanto, no conceito de alienação postulado por Lacan, é possível entender a criança, de certa forma, como tendo escolhido a sujeição à linguagem, como tendo concordado em expressar suas necessidades através de um meio distorcido ou da camisa-de-força da linguagem e como tendo permitido ser representada por palavras.

A segunda operação de Lacan, a *separação, envolve o confronto do sujeito alienado com o Outro, dessa vez não como linguagem, mas como desejo.*

A causa da presença física do sujeito no mundo foi um desejo por algo (prazer, vingança, satisfação, poder, imortalidade e assim por diante) por parte dos pais da criança. Um ou ambos desejaram algo, e a criança resulta desse desejo. As motivações para se ter filhos são freqüentemente muito complexas e sobredeterminadas, e os pais de uma criança podem muito bem discordar um do outro com relação aos seus motivos. Um ou ambos podem até nem ter desejado um filho, ou podem ter desejado apenas um filho de determinado sexo.

Quaisquer que sejam os complexos motivos dos pais, eles funcionam, de uma forma muito direta, como a causa da presença física da criança no mundo. Esses motivos continuam a agir sobre a criança após o seu nascimento, sendo responsáveis, em grande parte, pelo seu advento enquanto um sujeito dentro da linguagem. Nesse sentido, *o sujeito é causado pelo desejo do Outro*. É possível compreender tal afirmação como uma descrição da alienação em termos do desejo, não apenas em termos de linguagem, embora o desejo e a linguagem sejam somente a urdidura e a trama do

O sujeito e o desejo do Outro   73

mesmo tecido; a linguagem é permeada pelo desejo e o desejo inconcebível sem a linguagem, e feito da própria matéria-prima da linguagem.

Se, então, a alienação consiste na causação do sujeito pelo desejo do Outro que precedeu seu nascimento, por algum desejo que não partiu do sujeito, a separação consiste na tentativa por parte do sujeito alienado de lidar com esse desejo do Outro na maneira como ele se manifesta no mundo do sujeito. Enquanto a criança tenta sondar o desejo do Outro materno — que está em constante mudança, desejo entendido essencialmente como desejo por algo mais — ela é forçada a aceitar o fato de que não é o único interesse da mãe (na maioria dos casos, pelo menos), seu mundo ou universo. É raro existir, se é que existe, uma unidade total mãe-criança por meio da qual esta possa satisfazer todos os desejos daquela, e vice-versa. Na verdade, a mãe é, muitas vezes, levada a negligenciar os desejos da criança em alguns momentos, justamente porque sua atenção está voltada para outras fontes de interesse; às vezes a criança é obrigada a esperar pelo retorno da mãe, não apenas por causa das exigências da realidade (ela tem que comprar comida e outras necessidades para a criança, sem falar na obtenção do dinheiro necessário para as compras), mas também pelos próprios desejos e prioridades da mãe que não envolvem a criança. O fracasso da criança em tentar complementar com perfeição a mãe leva à expulsão do sujeito da posição de desejar-ser e ao mesmo tempo fracassar-em-ser o único objeto do desejo do Outro. O porquê e a forma dessa expulsão, dessa separação, será descrita em detalhes mais tarde.

O vel da alienação

A alienação não é um estado permanente; ao contrário, é um processo, uma operação que ocorre em determinados momentos. Em lugar de traçarmos o desenvolvimento histórico do conceito de alienação de Lacan através de seus escritos — esse termo já aparece em seu artigo de 1936/1949 sobre o estádio do espelho — eu o apresentarei aqui enquanto uma idéia completamente desenvolvida.[3]

Poderíamos imaginar um conceito de alienação envolvendo um ou/ou — um *vel*, como no latim — equivalendo a uma escolha *exclusiva* entre duas partes, a ser decidida pela luta até a morte. Tal vel admitiria a possibilidade de sobrevivência de apenas uma das partes (mas apenas uma), ou talvez também a possibilidade de *nenhuma* das partes sobreviver. Contudo, o "vel da alienação" de Lacan sempre *exclui* a sobrevivência de uma das partes e sempre a mesma.

O exemplo clássico de Lacan de seu vel da alienação é a ameaça do assaltante: "A bolsa ou a vida!" (Seminário 11, p.201). Assim que se ouve

74   *O sujeito lacaniano*

essas palavras, fica claro que seu dinheiro já se foi. Caso você seja tão imprudente a ponto de tentar manter a bolsa, o assaltante, "cumprindo a palavra", tirará sua vida, e sem dúvida, logo após, tirará seu dinheiro da mesma forma. (E mesmo que não o faça, você não estará aí para gastá-lo). Portanto, você certamente será mais prudente e dará a sua carteira ou bolsa; mas você, no entanto, sofrerá uma restrição de seu prazer, na medida em que o dinheiro compra o prazer. Só resta uma única dúvida: se você lutará com ele e talvez morra na barganha.

As partes integrantes do *vel* da alienação que nos interessam aqui não são sua bolsa e sua vida, mas o sujeito e o Outro, atribuindo-se ao sujeito a posição de perdedor (como no exemplo da bolsa que você não teve escolha a não ser perder). No *vel* de Lacan, os lados não são de modo algum equilibrados: no confrontação com o Outro, o sujeito imediatamente *sai de cena*. Enquanto a alienação é o "primeiro passo" imprescindível para ascender à subjetividade, esse passo envolve escolher "o próprio" desaparecimento.

O conceito lacaniano de sujeito como falta-a-ser é útil aqui: o sujeito fracassa em se desenvolver como um alguém, como um ser específico; no sentido mais radical, ele não é, ele é não-ser. O sujeito *existe* — na medida em que a palavra o moldou do nada, e é possível falar ou discursar sobre o sujeito — embora permaneça sem-ser. Antes da alienação não havia a menor possibilidade de ser: "é o próprio sujeito que não está lá no começo" (Seminário 14, 16 de novembro de 1966); posteriormente, seu ser é apenas potencial. *A alienação dá origem a uma possibilidade pura de ser,* um lugar onde espera-se encontrar um sujeito, mas que, no entanto, permanece vazio. A alienação engendra, de certa maneira, um lugar no qual está claro que não há, por enquanto, nenhum sujeito: um lugar em que algo está visivelmente faltando. *O primeiro vislumbre do sujeito é justamente essa falta.*

No trabalho de Lacan, a falta tem, até um certo ponto, um status ontológico[4]: é o primeiro passo além do nada. Qualificar algo como vazio é usar uma metáfora espacial que implica que ele poderia estar completamente cheio, isto é, que ele tem algum tipo de existência acima ou além de ser cheio ou vazio. Uma metáfora muitas vezes usada por Lacan é aquela de que algo *qui manque à sa place*, que está fora de lugar, não se encontra onde deveria estar ou em geral está; em outras palavras, algo que está faltando. Para que algo esteja faltando, é necessário primeiro que ele tenha estado presente e localizado; ele deverá ter tido um lugar antes. E algo somente tem um lugar dentro de um sistema ordenado — as coordenadas espaço-tempo ou o sistema de catálogo de uma biblioteca, por exemplo — em outras palavras, dentro de algum tipo de estrutura simbólica.

A alienação representa a instituição da ordem simbólica — que deverá ser realizada novamente por cada novo sujeito — *e a atribuição de um lugar ao sujeito nessa ordem.* Um lugar que ele não "detém" ainda, mas um lugar designado para ele, e para ele apenas. Quando Lacan diz (no Seminário 11) que o ser do sujeito está eclipsado pela linguagem, que o sujeito aqui desliza para baixo ou para trás do significante, é em parte devido ao fato de que o sujeito está completamente submerso na linguagem, sendo seu único traço um marcador de lugar ou um sinal na ordem simbólica (Figura 5.1).

Figura 5.1

Como proposto por J.-A. Miller, é possível ver o processo de alienação produzindo o sujeito como conjunto vazio, {Ø}, em outras palavras, um conjunto que não tem elementos, um símbolo que transforma o nada em algo ao *marcá-lo* ou *representá-lo*. A teoria dos conjuntos gera seu inteiro domínio com base nesse único símbolo e em um determinado número de axiomas. De maneira análoga, o sujeito lacaniano está baseado na nomeação do vazio. O significante é o que funda o sujeito; o significante é o que tem força ôntica extraindo do real a existência que assinala e anula. O que ele forja, entretanto, não possui nenhum sentido substancial ou material.

O conjunto vazio como o sinal do sujeito dentro da ordem simbólica está relacionado ao nome próprio do sujeito. Muitas vezes, esse nome é escolhido muito antes do nascimento da criança, inscrevendo-a no simbólico. A priori, esse nome não tem absolutamente nada em comum com o sujeito; ele é tão estranho para ele quanto qualquer outro significante. Mas com o tempo esse significante — mais, talvez, do que qualquer outro — irá até a raiz do seu ser e tornar-se-á inextricavelmente ligado a sua subjetividade. Ele se tornará o significante de sua própria ausência enquanto sujeito, substituindo-o.[5]

Abordemos, agora, uma operação que "complementa" a alienação.

O desejo e a falta na separação

A alienação é essencialmente caracterizada por uma escolha "forçada" que descarta o *ser* para o sujeito, instituindo em seu lugar a ordem simbólica e relegando o sujeito à mera *existência* como um marcador de lugar dentro

76   *O sujeito lacaniano*

dessa ordem. A separação, por outro lado, dá origem ao ser, mas esse ser é eminentemente evanescente e evasivo. Enquanto a alienação está baseada em um tipo muito desequilibrado de *ou/ou*, a separação está baseada em um *nem/nem*.

A separação implica uma situação na qual tanto o sujeito quanto o Outro estão excluídos. O *ser* do sujeito deve então vir, de certa forma, de "fora", de alguma coisa *outra* que não o sujeito e o Outro, algo que não é exatamente nem um nem outro.

Uma das idéias essenciais contida na separação é a de uma *justaposição, superposição ou coincidência de duas faltas*. Isso não deve ser confundido com uma falta da falta: uma situação em que a falta está faltando. Considere o seguinte trecho do Seminário 10:

> O que provoca a ansiedade? Ao contrário do que dizem as pessoas, não é nem o ritmo nem a alternância da presença-ausência da mãe. O que provoca isso é que a criança delicia-se em repetir os jogos de presença-ausência: a segurança da presença é encontrada na possibilidade da ausência. O que mais causa ansiedade na criança é quando a relação através da qual ela vem a ser — baseada na falta que a faz desejar — é mais perturbada: quando não há nenhuma possibilidade de falta, quando a mãe está constantemente antecipando suas necessidades. (5 de dezembro de 1962)

Este exemplo não se adapta à noção de separação de Lacan, pois as negativas aqui (as faltas) ambas se aplicam ao mesmo termo: a mãe, em outras palavras, o Outro. O Outro materno precisa mostrar algum sinal de incompletude, falibilidade, ou deficiência para a separação se concretizar e para o sujeito vir a ser como $; em outras palavras, o Outro materno deve demonstrar que é um sujeito desejante (e dessa forma também faltante e alienado), que também se sujeitou à ação da divisão da linguagem, para que testemunhemos o advento do sujeito. A mãe no exemplo do Seminário 10 monopoliza o campo: não fica claro se ela mesma tornou-se um sujeito dividido.

Na separação começamos a partir de um Outro barrado, isto é, um genitor que é por si mesmo dividido: que nem sempre está ciente (consciente) do que deseja (inconsciente) e cujo desejo é ambíguo, contraditório, e em fluxo constante. O sujeito ganhou — mudando um pouco as metáforas — através da alienação uma base dentro desse genitor dividido: *o sujeito instalou sua falta a ser (manque-à-être) naquele "lugar" onde o Outro estava faltando*. Na separação, o sujeito tenta preencher a falta do Outro materno — demonstrado pelas várias manifestações de seu desejo por algo mais — com sua própria falta a ser, seu *self* ou ser ainda não existente. O sujeito tenta desenterrar, explorar, alinhar e conjugar essas duas faltas, buscando os limites precisos da falta do Outro a fim de preenchê-la com seu *self.*

A criança compreende o que é indecifrável no discurso dos pais. Ela está interessada naquela determinada coisa que se encontra no intervalo do discurso parental. A criança tenta ler entre as linhas para decifrar por quê: Ela diz X, mas por que será que ela está me dizendo isso? O que ela quer de mim? O que ela deseja em geral? Os porquês intermináveis das crianças não são, na opinião de Lacan, o sinal de uma curiosidade insaciável com relação ao funcionamento das coisas mas mostram uma preocupação com o lugar em que elas se encaixam, que posição ocupam, que importância têm para seus pais. As crianças estão preocupadas em assegurar um lugar (para si mesmas), tentar ser o objeto do desejo de seus pais — em ocupar aquele "espaço" entre as linhas, onde o desejo mostra sua face, as palavras sendo usadas na tentativa de expressar o desejo, e mesmo assim sempre fracassando em fazê-lo adequadamente.

A falta e o desejo são co-extensivos para Lacan. A criança esforça-se de forma considerável para preencher toda a falta da mãe, seu espaço total de desejo; a criança deseja ser tudo para ela. As crianças se atribuem a tarefa de escavação do lugar do desejo da mãe, correspondendo a cada capricho e fantasia dela. O desejo da mãe é uma ordem para elas, é a demanda delas.[6] Lacan reitera repetidas vezes que o desejo das crianças nasce completamente subordinado ao desejo da mãe: *"Le désir de l'homme, c'est le désir de l'Autre"*.[7] Tomando o segundo *de* como genitivo subjetivo (*Écrits*, p. 312) em uma primeira instância, as traduções a seguir são possíveis: "O desejo do homem é o desejo do Outro", "O desejo do homem é o mesmo que o desejo do Outro", e "O homem deseja o que o Outro deseja", todas comunicam parte do sentido. Pois o homem não somente deseja *o que* o Outro deseja, mas deseja *da mesma forma*; em outras palavras, seu desejo é estruturado exatamente como o do Outro. O homem aprende a desejar *como um outro*, como se ele fosse alguma outra pessoa.

O que é postulado aqui é uma tendência a sobrepor totalmente a falta da mãe e a da criança, o que significa tentar fazer com que os seus desejos coincidam completamente (Figura 5.2).

Figura 5.2

Outro

Sujeito

No entanto, esse é um momento quimérico e irrealizável. Pois o fato é que, por mais que tente, a criança raramente poderá e raramente será

78   *O sujeito lacaniano*

autorizada (ou forçada) a monopolizar por completo o espaço do desejo da mãe. É raro a criança ser o único interesse da mãe e as duas faltas nunca poderão se sobrepor inteiramente: o sujeito é impedido ou barrado de tomar conta, ao menos em parte, do "espaço" do desejo.

A introdução de um terceiro termo

A separação pode ser vista aqui como envolvendo uma tentativa do sujeito de fazer essas duas faltas coincidirem totalmente. No entanto, essa tentativa é frustrada de modo abrupto. É possível começar a entender como e por que essa tentativa é frustrada através do exame da reconceitualização da psicose elaborada por Lacan no Seminário 3 e em "De uma questão preliminar a qualquer tratamento possível da psicose" nos *Escritos*. Parece-me que sua noção de separação, formulada em 1964, é em alguns aspectos equivalente ao que Lacan em 1956 se referiu como a operação da "metáfora paterna" ou "função paterna".[8]

Segundo Lacan, a psicose resulta do fracasso por parte da criança de assimilar um significante "primordial" que estruturaria de outro modo o universo simbólico dela. Esse fracasso deixa a criança sem âncora na linguagem, sem uma bússola que a oriente. Uma criança psicótica pode muito bem *assimilar* a linguagem, mas não pode *vir a ser* na linguagem da mesma forma que uma criança neurótica. Carecendo desse fundamental ponto de ancoragem, o restante dos significantes assimilados estão condenados a navegar à deriva.

Esse significante "primordial" é instalado através da operação do que Lacan chama de metáfora paterna ou função paterna. Se postularmos hipoteticamente uma unidade inicial mãe-criança (como um momento lógico, isto é, estrutural, se não um momento temporal), o pai, na família nuclear ocidental, atua tipicamente de tal forma a romper essa unidade, intervindo nesse lugar como um terceiro termo — muitas vezes percebido como estranho e até indesejável. A criança, ainda um tipo de pacote indiferenciado de sensações, carente de coordenação psicomotora e qualquer sentido de *self*, não pode ainda ser distinguida de sua mãe, e considera o corpo desta como uma simples extensão do seu, estando em um tipo de "contato direto e desimpedido" com ele. E a mãe pode estar inclinada a dedicar quase toda a sua atenção para a criança, antecipando cada necessidade, tornando-se acessível e disponível o tempo todo. Em tal situação, o pai ou algum outro membro da família ou algum outro interesse da mãe pode desempenhar uma função muito específica: a de anular a unidade mãe-criança, criando um espaço ou uma lacuna essencial entre elas. No caso da mãe não dedicar atenção alguma ao pai ou a outro membro da família, não conferindo a ele importância alguma, o relacionamento mãe-criança nunca poderá se tornar triangular. Ou ainda, quando o pai ou outro membro da família é indiferente, permitindo tacitamente que a unidade continue ininterrupta, um terceiro termo nunca poderá ser introduzido.

Lacan chama esse terceiro termo de o Nome-do-Pai, mas ao formalizar sua ação através da metáfora ou função paterna, torna claro que o nome-do-pai não está inevitavelmente ligado aos pais biológicos ou aos pais em si ou ainda aos seus nomes próprios. No Seminário 4, Lacan vai mais além ao sugerir que o único significante que é capaz de desempenhar uma função paterna no caso do "pequeno Hans" de Freud é o significante "cavalo". Nesse caso, "Cavalo" é claramente *um* nome do pai, mas com certeza não é seu nome "próprio". Ele substitui o pai de Hans, que é incapaz de desempenhar uma função paterna porque é incapaz de separar seu filho de sua esposa.[9]

Conforme indicado no capítulo 3, a ordem simbólica serve para neutralizar o real, para transformá-lo em uma realidade social, embora não socialmente aceitável, e aqui o nome que serve à função paterna barra e transforma a unidade mãe-criança real e indiferenciada. Ela barra o acesso fácil da criança ao contato prazeroso com a mãe, exigindo que a criança busque o prazer através de vias mais aceitáveis para a figura paterna e/ou Outro materno (na medida em que é somente através da importância que a mãe atribui ao pai que este pode desempenhar sua função). Nos termos freudianos, a ordem simbólica é um correlato do princípio da realidade, que não nega por completo os objetivos do princípio do prazer mas os canaliza para caminhos socialmente estabelecidos.[10]

A função paterna leva à assimilação ou instalação de um nome (que, como veremos, não é ainda um "significante plenamente desenvolvido", uma vez que não é deslocável) que neutraliza o desejo do Outro, visto por Lacan como potencialmente muito perigoso para a criança, ameaçando tragá-la ou engoli-la. Em um trecho notável no Seminário 17, Lacan resume em termos muito esquemáticos o que vinha dizendo há anos:

> O papel da mãe é o desejo da mãe. É capital. O desejo da mãe não é algo que se possa suportar assim, que lhes seja indiferente. Carreia sempre estragos. Um grande crocodilo em cuja boca vocês estão — a mãe é isso. Não se sabe o que lhe pode dar na telha, de estalo fechar sua bocarra. O desejo da mãe é isso.
>
> Então, tentei explicar que havia algo de tranqüilizador. Digo-lhes coisas simples, estou improvisando, devo dizer. Há um rolo, de pedra, é claro, que lá está em potência, no nível da bocarra, e isso retém, isso emperra. É o que se chama falo. É o rolo que os põe a salvo se, de repente, aquilo se fecha (p.105).

Não podemos esquecer que as palavras francesas que traduzi por desejo da mãe (*désir de la mère)* são inevitavelmente ambíguas, sugerindo tanto

80 *O sujeito lacaniano*

o desejo da criança por sua mãe quanto o desejo da mãe em si. Seja qual for a nossa escolha, se preferirmos encarar a situação como um todo, a questão é a mesma: a linguagem protege a criança de uma situação dual potencialmente perigosa, e a forma como isso se dá é através da substituição do desejo da mãe por um nome.

$$\frac{\text{Nome–do–Pai}}{\text{Desejo da mãe}}$$

Em uma leitura literal, esse tipo de formulação (*Écrits*, p.200) sugere que o desejo da mãe é pelo pai (ou qualquer coisa que possa preencher o lugar dele na família), e que é então o nome dele que desempenha essa função paterna protetora através da nomeação do desejo do Outro materno.

De acordo com Saul Kripke, um nome é um designador rígido[11], em outras palavras, ele sempre e inflexivelmente designará a mesma coisa. É possível nos referirmos a um nome como um significante, mas apenas com a advertência de que é um tipo extraordinário de significante, um significante "primordial". É necessário dar um passo à frente para que aquilo que substitui ou ocupa o lugar do desejo do Outro materno passe a funcionar como um significante "plenamente desenvolvido": ele deve tornar-se parte essencial do movimento dialético dos significantes, isto é, tornar-se deslocável, ocupando uma posição significante que pode incluir uma série de significantes diferentes com o passar do tempo. Isso exige uma "separação adicional" que será tratada mais adiante neste capítulo, e é somente essa separação adicional que permite que Lacan se refira ao elemento simbólico ativo na função paterna de formas variadas: como o Nome-do-pai (*le nom du père*), o não do pai (*le non du père*) ou proibição, o falo (como significante do desejo), e o *significante* do desejo do Outro, S($\cancel{A}$).

$$\frac{\text{Significante}}{\text{Desejo da mãe}}$$

A substituição subentendida pela metáfora paterna somente se torna possível pela linguagem e é, portanto, somente na medida em que um "segundo" significante, S_2, for instalado (o Nome-do-Pai, no início, e depois mais amplamente o significante do desejo do Outro) que o desejo da mãe é retroativamente simbolizado ou transformado em um "primeiro" significante (S_1):

$$\frac{S_2}{S_1}$$

Aqui, o S_2 é, portanto, um significante que representa um papel muito preciso: ele simboliza o desejo do Outro materno, transformando-o em significantes. Ao fazê-lo, cria uma fratura na unidade Outro materno-criança e permite à criança um espaço onde pode respirar mais tranqüilamente, um espaço próprio. É através da linguagem que uma criança pode tentar mediar o desejo do Outro, mantendo-o à distância e simbolizando-o cada vez mais completamente. Quando na década de 1950, Lacan falava do S_2, acima descrito, como o Nome-do-Pai e na década de 1960 como o falo, podemos entendê-lo mais genericamente como o significante que vem a significar (ou seja, substituir, simbolizar, ou neutralizar) o desejo do Outro. O símbolo que Lacan nos fornece para representá-lo (ver, em especial, os Seminários 6 e 20) é o $S(\cancel{A})$, que em geral é interpretado como "o significante da falta no Outro", mas como falta e desejo são co-extensivos, ele também pode ser interpretado como "o significante do desejo do Outro". (O significante fálico e o $S(\cancel{A})$ são analisados em detalhes no capítulo 8).

O resultado dessa substituição ou metáfora é o advento do sujeito como tal, o sujeito como não mais apenas uma potencialidade, um mero marcador de lugar no simbólico, esperando ser preenchido, mas um sujeito desejante. (No próximo capítulo, veremos no exame das metáforas substitutivas que cada uma delas tem um efeito semelhante de subjetivação). Em uma análise gráfica, a separação leva à expulsão do sujeito do (campo) Outro, no qual ele não era nada mais do que um marcador de lugar. Descrevendo de uma forma mais simples, isso pode ser associado ao que Freud postulou sobre a resolução do complexo de Édipo (pelo menos para os meninos), através da ameaça de castração por parte do pai — "Fique longe da mamãe ou vai se arrepender!" — e eventualmente provoca o afastamento do Outro materno por parte da criança. Em tal situação, a criança é, de certo modo, expulsa do Outro materno (Figura 5.3).

Figura 5.3

Esse momento percebível pela lógica (que é em geral muito difícil de isolar em qualquer momento cronológico específico da história de um indivíduo e que provavelmente exige muitos desses momentos para acontecer, cada momento se construindo sobre os outros anteriores) é um momento fundamental na metapsicologia de Lacan. Todos os elementos cruciais de sua álgebra — S_1, S_2, $\cancel{S}$ e a — surgem simultaneamente aqui.

82 *O sujeito lacaniano*

Ao se instalar o S_2, o S_1 é determinado retroativamente, o $ é precipitado e o desejo do Outro assume um novo papel: aquele do objeto *a*.

O objeto a: o desejo do Outro

Na tentativa da criança de compreender o que permanece essencialmente indecifrável no desejo do Outro — o que Lacan chama de X, o variável, ou (melhor) o desconhecido — encontra-se o próprio desejo da criança; o desejo do Outro começa a funcionar como a causa do desejo da criança. Essa causa é, por um lado, o desejo do Outro (baseado na falta) em relação ao sujeito — e aqui nos deparamos com o outro sentido da máxima de Lacan *"Le désir de l'homme, c'est le désir de l'Autre"*, o qual podemos traduzir agora como, por exemplo, "O desejo do homem é que o Outro o deseje" ou "O homem deseja o desejo do Outro por ele". A causa de seu desejo pode tomar a forma da voz de alguém ou de um olhar que alguém lhe dirija. Mas sua causa também origina-se naquela parte do desejo do Outro materno que parece não ter relação alguma com ele, que o afasta dele (fisicamente ou de outra forma), levando-o a canalizar sua preciosa atenção para outros.

De certa forma, é possível dizer que é a própria capacidade de desejar da mãe que a criança acha desejável. No Seminário 8, Lacan aponta para a fascinação de Alcibíades por "uma certa coisa" em Sócrates que Platão (no *Banquete)* denomina "agalma": algo precioso, reluzente, vislumbrante que é interpretado por Lacan como o próprio desejo de Sócrates, o ato de desejar ou a capacidade de desejar de Sócrates. Esse "agalma" altamente valioso — inspirador de desejo naqueles que o detectam — pode nos servir aqui como uma abordagem do que Lacan chama de objeto *a*, a causa do desejo (que será tratada em detalhes no capítulo 7).

Essa segunda formulação da máxima de Lacan, envolvendo o desejo do homem de ser desejado pelo Outro, revela o desejo do Outro *como* objeto *a*. A criança gostaria de ser o único objeto de afeto da mãe, mas o desejo desta quase sempre vai além da criança: há algo sobre o desejo da mãe que escapa à criança, que está além do controle desta. Uma identidade estreita entre o desejo da criança e o da mãe não pode ser mantida; a independência do desejo da mãe do desejo da criança cria um corte entre elas, uma lacuna na qual o desejo da mãe, incompreensível para a criança, funciona de uma maneira singular. Esse resumo superficial sobre a separação postula que um corte é induzido na unidade hipotética mãe-criança devido à própria natureza do desejo, e é esse corte que leva ao advento do objeto *a*.[12] O objeto *a* pode ser entendido aqui como o *resto* produzido quando essa unidade hipotética se rompe, como um último indício daquela unidade, um último resto dessa unidade. Ao clivar-se desse resto, o sujeito dividido, embora excluído do Outro, pode sustentar a ilusão da totalidade; ao apegar-se ao objeto *a*, o sujeito é capaz de ignorar sua divisão.[13] Isso é precisamente o que Lacan classifica como fantasia, e ele a formaliza com o matema $\$ \lozenge a$, que deve ser lido: o sujeito dividido em relação ao objeto *a*. É na relação complexa do sujeito com o objeto *a* (Lacan descreve essa relação como "envolvimento-desenvolvimento-conjunção-disjunção" [*Écrits,* p.280]) que o sujeito obtém uma sensação fantasmática de completude, preenchimento, satisfação e bem-estar.

Ao contarem suas fantasias para seus analistas, os analisandos informam sobre o modo como desejam estar relacionados com o objeto *a*; em outras palavras, a forma como eles gostariam de estar posicionados com relação ao desejo do Outro. O objeto *a,* na medida em que entra em suas fantasias, é um instrumento ou joguete com o qual os sujeitos fazem o que querem, manipulando-o a seu bel-prazer, combinando as coisas no cenário da fantasia de tal forma a obter o máximo de emoção disso.

Dado, entretanto, que o sujeito expressa o desejo do outro no papel mais emocionante de si mesmo, este prazer pode transformar-se em nojo e até horror, não existindo nenhuma garantia de que aquilo que é mais emocionante para o sujeito seja também altamente prazeroso. Essa emoção, esteja ela relacionada a um sentimento consciente de prazer ou de dor, é o que os franceses denominam de *jouissance* [gozo]. Freud detectou isso no rosto de seu Homem dos Ratos, interpretando-o como *"horror ao prazer todo seu do qual ele mesmo não estava ciente"* (vol. X, p.171). E Freud declara de maneira categórica que os "pacientes derivam alguma satisfação de seus sofrimentos" (p.187). Esse prazer — essa emoção relacionada ao sexo, à visão e/ou à violência quer seja vista pela consciência de forma positiva ou negativa ou considerada inocentemente prazerosa ou repugnante — é chamado gozo e é o que o sujeito constrói para si mesmo na fantasia.

O gozo é então o que vem para substituir a perda da "unidade mãe-criança", uma unidade que talvez nunca tenha sido tão unida assim, uma vez que se constituía somente devido ao sacrifício da criança ou a sua abdicação à subjetividade. Podemos imaginar um tipo de gozo antes da letra, antes do estabelecimento da ordem simbólica (J_1) — correspondendo a uma relação sem mediadores entre a mãe e a criança, uma ligação *real* entre elas — que cede ante o significante, sendo anulada pela operação da função paterna. Uma porção ou quantidade módica dessa ligação real é reencontrada na fantasia (um gozo após a letra, J_2), na relação do sujeito com o resíduo ou o subproduto da simbolização (Tabela 5.1); o objeto *a* (aquele gerado quando S_2 determina retroativamente S_1 e produz um sujeito, como veremos mais adiante).

Tabela 5.1

Esse gozo de segunda mão toma o lugar da "completude" ou do "preenchimento" anterior, e a fantasia — que organiza esse gozo de segunda ordem — leva o sujeito além de seu nada, além de sua mera existência como um marcador ao nível da alienação, e oferece uma sensação de ser. É, portanto, somente através da fantasia, possibilitada pela separação, que o sujeito pode obter para si uma quantidade módica do que Lacan chama "ser". Enquanto é somente através da ordem simbólica que a existência é garantida (na qual ao sujeito alienado se atribui um lugar), o ser é gerado somente pela clivagem do real.

Assim, vemos como é essa separação, um ou/ou envolvendo o sujeito e o Outro, que produz o ser: criando um corte na unidade sujeito-Outro, o desejo do Outro se livra do sujeito — sempre buscando, como é seu costume, algo mais — embora o sujeito seja capaz de recuperar um resto disso, pelo qual sustenta-se em ser, como um *ser de desejo, um ser desejante*. O objeto *a* é o complemento do sujeito, um parceiro fantasmático que sempre desperta o desejo do sujeito.[14] A separação resulta na divisão do sujeito em eu e inconsciente, e em uma divisão correspondente do Outro em Outro faltante ($\cancel{A}$) e o objeto *a*. Nenhuma dessas "partes" estava lá no início e no entanto a separação resulta em um tipo de interseção por meio da qual algo do Outro (o desejo do Outro neste caso) que o sujeito considera sua propriedade, essencial para sua existência, é arrancado do Outro e conservado na fantasia pelo sujeito agora dividido (Figura 5.4).

Figura 5.4

Uma separação adicional: a travessia da fantasia

Em larga escala, a idéia de separação desaparece da obra de Lacan após 1964, dando lugar, no final da década de 1960, a uma teoria mais elaborada sobre o efeito da análise. Nos Seminários 14 e 15, o termo "alienação" vem a significar tanto a alienação quanto a separação desenvolvidas entre 1960-64, acrescido de uma noção dinâmica e nova: *la traversée du fantasme*, a passagem, a travessia, ou o atravessamento da fantasia fundamental.

Essa reformulação começa, de certa forma, com a elaboração por Lacan da noção de que o analista deve assumir o papel de objeto *a*, o Outro como desejo, não como linguagem. O analista deve evitar o papel que os analisandos muitas vezes lhe atribuem, esse papel de um Outro onisciente e vidente, que é o juiz máximo de seu valor como seres humanos e a autoridade final sobre todas as questões relativas à verdade. O analista deve evitar servir como um Outro a ser imitado pelo analisando, deve evitar que este tente ser semelhante a ele, deseje da mesma maneira (a tendência do desejo sendo modelar-se no desejo do Outro), em resumo, um Outro com quem se identificar, cujos ideais possam ser adotados, cujas opiniões possam ser assumidas como próprias. Ao contrário, o analista deve se empenhar em encarnar a capacidade de desejar, revelando o mínimo possível de seus gostos e aversões, ideais e opiniões, e fornecendo ao analisando muito pouca informação concreta sobre o seu caráter, aspirações e gostos, uma vez que todos estes constituem um terreno muito fértil no qual a identificação pode criar raizes.

A identificação com os ideais e os desejos do analista é uma solução para a neurose postulada por certos analistas da tradição anglo-americana: o analisando deve tomar o "ego forte" do analista como um modelo no qual apoiar seu "ego fraco", e o final bem-sucedido de uma análise se dá quando o analisando for capaz de se identificar suficientemente com o analista. Na psicanálise lacaniana, a identificação com o analista é considerada uma armadilha, levando o analisando, como o faz, a se alienar ainda mais dentro do Outro como linguagem e como desejo. Ao manter constante seu desejo enigmático por algo mais, o analista lacaniano pretende não moldar o desejo do analisando em seu próprio, mas abalar a configuração da fantasia do analisando, mudando a relação do sujeito com a causa do desejo: o objeto *a*.

Essa reconfiguração de fantasia implica um número de coisas diferentes: a construção no curso da análise de uma nova "fantasia fundamental" (esta sendo a que está subjacente às diversas fantasias individuais do analisando e que constitui a relação mais intensa do sujeito com o desejo do Outro); a travessia do quadrado, no diagrama do sujeito dividido mostrado no capítulo 4, em direção ao canto esquerdo inferior; e um "atravessamento" de posições dentro da fantasia fundamental através do qual o sujeito dividido assume o lugar da causa, em outras palavras, torna subjetiva a causa traumática de seu próprio advento como sujeito, vindo a ser nesse lugar onde o desejo do Outro — um desejo estrangeiro e estranho — havia estado (Figura 5.5).

Figura 5.5

A travessia da fantasia envolve que o sujeito assuma uma nova posição em relação ao Outro como linguagem e ao Outro como desejo. Trata-se de investir ou habitar aquilo que o trouxe à existência como sujeito dividido, para tornar-se aquilo que o *causou*. Onde uma vez reinou o discurso do Outro, dominado pelo desejo do Outro o sujeito é capaz de dizer "Eu". Não "Aconteceu comigo", ou "Eles fizeram isso comigo" ou "O destino tinha isso guardado para mim", mas "Eu fui", "Eu fiz", "Eu vi", "Eu gritei".

Essa separação "adicional" consiste no movimento temporalmente paradoxal realizado pelo sujeito alienado para tornar-se a própria causa, para tornar-se sujeito no lugar de causa. A causa estranha, aquele Outro desejo que o trouxe ao mundo, é internalizada, de certa forma, assume-se a responsabilidade por ela, é assumida (no sentido da palavra francesa *assomption*), é subjetivada, torna-se "própria".[15]

Se pensarmos no trauma como o encontro da criança com o desejo do Outro — e muitos dos casos de Freud sustentam essa visão (considere, para citar apenas um exemplo, o encontro traumático do pequeno Hans com o desejo de sua mãe) — o trauma funciona como a causa da criança: a causa de seu advento como sujeito e da posição que a criança assume como sujeito em relação ao desejo do Outro. O encontro com o desejo do Outro constitui uma experiência traumática de prazer/dor ou gozo, que Freud descreve como um *sexual über*, uma sobrecarga sexual, o sujeito advindo como uma defesa contra essa experiência traumática.[16]

A travessia da fantasia é o processo pelo qual o sujeito subjetiva o trauma, chama a si a responsabilidade do evento traumático, e assume a responsabilidade por aquele gozo.

Subjetivando a causa: um enigma temporal

Do ponto de vista do tempo, essa operação de *colocar o Eu de volta na causa traumática* é paradoxal. Houve envolvimento subjetivo no(s) momento(s) do trauma que o sujeito precisa reconhecer e assumir a responsabilidade? Sim, de certa maneira. No entanto, o envolvimento subjetivo parece ser causado *a posteriori*. Essa opinião necessariamente contradiz a linha do tempo da lógica clássica, onde o efeito segue-se à causa de uma forma agradável e sistemática. No entanto, a separação obedece ao funcionamento do significante, pelo qual o efeito da primeira palavra em uma frase somente pode surgir após a última palavra ter sido ouvida ou lida, e pelo qual seu sentido somente é estabelecido retroativamente por um contexto semântico fornecido após sua expressão vocal, seu sentido "completo" torna-se um produto histórico. Da mesma forma que os diálogos de Platão assumem um primeiro sentido para os estudantes iniciantes em filosofia, e adquirem múltiplos sentidos na medida em que se aprofundam nos estudos, o *Banquete* de Platão tem mostrado significar algo mais desde a sua leitura por Lacan no Seminário 8, e continuará a assumir novos sentidos à medida que for interpretado e reinterpretado nos próximos séculos e milênios. O sentido não é criado instantaneamente, mas somente *ex post facto*: após o evento em questão. Tal é a lógica temporal — um anátema para a lógica clássica — em funcionamento nos processos e teorias psicanalíticas.

Lacan nunca aponta com precisão o aparecimento cronológico do sujeito na cena: ele está sempre *quase chegando* — está a ponto de chegar — ou *já terá chegado* em algum momento mais adiante no tempo. Lacan usa a ambigüidade do modo imperfeito do francês para ilustrar a posição temporal do sujeito. Ele dá como exemplo a frase *"Deux secondes plus tard, la bombe éclatait"*, que pode significar "Dois segundos mais tarde, a bomba explodiu", ou "A bomba teria explodido dois segundos mais tarde", existindo um "se, e, ou mas" implícito: ela teria explodido dois segundos mais tarde se o detonador não tivesse sido desativado. Uma ambigüidade semelhante é sugerida pela seguinte redação na língua portuguesa: "A bomba explodiria dois segundos mais tarde".

Aplicado ao sujeito, o modo imperfeito do francês deixa-nos incertos quanto a se o sujeito emergiu ou não.[17] Sua existência sempre-tão-fugaz permanece em suspense ou em dormência. Aqui, parece não haver forma alguma de determinar realmente se o sujeito foi ou não.

Em geral, Lacan usa o futuro do pretérito (também conhecido como o futuro perfeito) para discutir o lugar temporal do sujeito. "Quando você voltar, eu já terei ido embora": tal afirmação nos diz que, em um determinado momento do futuro, alguma coisa já terá ocorrido, sem especificar exatamente quando. Este sentido gramatical está relacionado com o *Nachträglichkeit* de Freud, a ação adiada, retroação ou ação *ex post facto*: um primeiro evento (E_1) acontece mas não produz frutos até que um segundo evento (E_2) ocorra. Retroativamente, E_1 é constituído, por exemplo, como um trauma; em outras palavras, ele assume a significância de um trauma (T). Ele vem a significar algo que, de forma alguma, significava antes; seu sentido e eficácia mudaram (Figura 5.6).

Figura 5.6

$$E_1 \rightarrow E_2 \qquad \text{(significação)} \qquad \overset{\frown}{\frac{E_1 \rightarrow E_2}{T}}$$

88 *O sujeito lacaniano*

Na afirmação "Quando você voltar, eu já terei ido embora", minha partida é determinada retroativamente como sendo anterior. Sem o seu retorno, não haveria tal status. São precisos dois momentos para criar um antes e um depois. O significado do primeiro momento muda de acordo com o que vem depois.

Da mesma forma, um primeiro significante não é suficiente, como veremos a seguir, para criar um efeito de subjetivação até que um segundo significante tenha aparecido em cena (Figura 5.7). Uma relação entre dois significantes nos prova que um sujeito passou por esse caminho, mas não podemos de maneira alguma localizar precisamente o sujeito no tempo ou no espaço (esta questão será mais desenvolvida no próximo capítulo).

Figura 5.7

$$S_1 \rightarrow S_2 \qquad\qquad \frac{S_1}{\cancel{S}} \rightarrow S_2$$

O artigo de Lacan sobre "O tempo lógico e a asserção de certeza antecipada" tem a intenção de assinalar a emergência do sujeito em uma situação muito precisa com uma série de limitações.[18] Os momentos elaborados nesse trabalho — o instante de ver, o tempo de compreender e o momento de concluir — foram relacionados mais tarde por Lacan com os momentos do processo analítico em si.

Assim como o tempo de compreender é indeterminado para um estranho no problema dos três prisioneiros exposto naquele artigo, o tempo necessário para compreender na análise é indeterminado; em outras palavras, não é calculável *a priori*. Contudo, ao associar o fim da análise com o momento de conclusão dos prisioneiros (Seminário 20), Lacan propõe um momento final de subjetivação que pode ser forçado a acontecer através de uma combinação propícia de condições lógicas e/ou analíticas.

Portanto, enquanto parece eternamente supenso no futuro do pretérito, Lacan, ainda assim, nos oferece a perspectiva de uma subjetivação da causa em um momento lógico específico, porém cronologicamente incalculável.

Podemos, de certa maneira, pensar na alienação como a abertura dessa possibilidade, e nessa "separação adicional" como a marca do fim do processo. Entretanto, como veremos, a separação pode ser promovida em determinadas situações, por exemplo, no momento do corte ou escansão de uma sessão analítica, um momento que é tanto lógico quanto cronológico.

Não surpreende que a travessia da fantasia também possa ser formulada em termos de uma "significantização" progressiva — uma transformação em significantes — do desejo do Outro. Na medida em que o sujeito encontra, nessa separação adicional, uma nova posição em relação ao objeto *a* (o desejo do Outro), o desejo do Outro não é mais simplesmente nomeado, como o foi através da ação da metáfora paterna. Quando a causa é subjetivada, o desejo do Outro é ao mesmo tempo plenamente inserido no movimento dos significantes e é nesse ponto, como podemos ver na argumentação de Lacan sobre Hamlet no Seminário 6, que o sujeito finalmente adquire acesso ao *significante* do desejo do Outro, S(Ⱥ).[19] Em outras palavras, embora o desejo do Outro tenha simplesmente sido nomeado através da separação, esse nome era fixo, estático e alguma coisa em seu efeito inalterável, rígida em seu poder limitado de designação.

Na neurose, o nome ainda tem que se separar, de maneira adequada, do desejo do Outro. O nome não é a morte da coisa — o significante é. Enquanto subsistir uma conexão rígida entre o desejo do Outro e *um* nome do pai, o sujeito é incapaz de agir. De acordo com Lacan, Hamlet não tem acesso algum ao *significante* fálico antes de seu duelo com Laerte no final da peça de Shakespeare, e essa é a razão pela qual ele é incapaz de qualquer ação. É somente durante o duelo que ele é capaz de perceber "o falo atrás do rei", de dar-se conta de que o rei é apenas um substituto do falo (o falo sendo o significante do desejo[20], isto é, do desejo do Outro) e pode ser atacado sem colocar tudo em questão. Até que Hamlet conseguisse finalmente dissociar o rei do falo ("o rei é uma coisa de nada"), a ação era impossível, pois vingar-se do rei representaria uma ameaça de desmoronamento de todo o mundo de Hamlet. É somente quando o rei (o objeto do desejo da rainha) é significantizado que um poder além do rei pode ser discernido, uma legitimidade ou autoridade que não está encarnada apenas no rei mas perdura na ordem simbólica além do rei, acima do rei.

O nome do desejo do Outro deve ser posto em movimento — desde o parceiro da mãe, até o professor, a escola, o policial, a legislação, a religião, as leis morais, e assim por diante — e ceder ante o *significante* do desejo do Outro para que a subjetivação possa acontecer, isto é, para que o sujeito se torne o desejo do Outro, abandonando o significante ao seu próprio destino. Nesse sentido, a travessia da fantasia acarreta necessariamente uma separação da própria linguagem, uma separação do sujeito — que terá se tornado a causa — do próprio discurso sobre seu problema com o desejo do Outro, a incapacidade de lidar com a falta detectada no Outro, a falta de sucesso em manter a distância correta do Outro e em relação a ele, e assim por diante.

A neurose é mantida no discurso e vemos na noção de Lacan sobre a travessia da fantasia a proposição de um algo além da neurose[21] no qual o sujeito é capaz de agir (enquanto causa, enquanto desejante), e está pelo

90　　*O sujeito lacaniano*

menos momentaneamente fora do discurso, separado do discurso: livre do peso do Outro. Essa não é a liberdade do psicótico que Lacan menciona em um de seus primeiros trabalhos, "A agressividade em psicanálise" (*Escritos*); não é uma liberdade "antes" da letra mas "após" a letra.

A alienação, a separação e a travessia da fantasia na situação analítica

Imagine, por um momento, um analisando — deitado no divã do analista, falando sobre seu sonho da noite anterior, enchendo a sala com seu discurso, esperando que este seja interessante e satisfatório para o analista, portanto em um modo de fantasia ($\$ \Diamond a$) — sendo subitamente interrompido por uma palavra pronunciada pelo analista (não pelo Outro do saber para quem esse discurso foi de alguma forma dirigido), uma palavra que o analisando pode ter ouvido de passagem ou considerado como sendo de pouca importância ou interesse tanto para ele quanto para o analista. Muitas vezes, os analisandos elaboram seus discursos, devido ao amor de transferência, na esperança de dizer o que seus analistas desejam que digam, o que pensam que seus analistas desejam ouvir e até que tal interrupção ocorra — seja por meio de uma tosse, um grunhido, uma palavra ou o término da sessão — eles podem continuar acreditando que estão alcançando seu objetivo. Muitas vezes, tais interrupções servem para sacudir os analisandos, repentinamente trazendo-os de volta à percepção de que não sabem o que seus analistas desejam ou pretendem, que estes estão procurando *algo mais* do que o pretendido nos discursos dos analisandos, que eles desejam algo mais do discurso, algo mais.

É nesse sentido que a prática lacaniana de "pontuar" e "escandir"[22] o discurso do analisando serve para desatrelá-lo de seu discurso, confrontando o analisando com o enigma do desejo do analista. É na medida em que esse desejo permanece enigmático, nunca estando precisamente onde o analisando acredita estar — e os analisandos fazem um esforço considerável para descobrir esse desejo — que a fantasia do analisando é sacudida repetidas vezes na situação analítica[23]. O desejo do Outro, na forma de objeto a, nunca está precisamente onde o analisando pensa ou deseja em sua fantasia. O analista, servindo como uma imitação ou uma simulação do objeto a, como um substituto ou como o semblante do objeto a, introduz uma lacuna adicional entre $\$$ e a, rompendo o relacionamento fantasístico, $\Diamond$. O analista torna *esse* relacionamento insustentável provocando uma mudança a esse respeito.

A alienação e a separação estão envolvidas o tempo todo na situação analítica. O analisando aliena-se quando tenta falar coerentemente, em outras palavras, de uma forma que irá "fazer sentido" para o analista; o analista considerado aqui pelo analisando como a fonte de todo o sentido, o Outro que sabe o sentido de todas as falas. Na tentativa de fazer sentido, o analisando foge ou se esconde atrás das palavras que diz. Por causa da própria natureza da linguagem, essas palavras sempre e inevitavelmente dizem mais ou menos o que o analisando conscientemente tenciona dizer ao selecioná-las. O sentido é sempre ambíguo, polivalente, denunciando algo que se deseja manter oculto, escondendo algo que se pretende expressar.

Essa tentativa de fazer sentido situa o analisando no registro do Outro como sentido: o analisando desaparece atrás de um discurso cujo "sentido verdadeiro" pode apenas ser determinado e julgado pelo Outro (seja ele os pais, o analista ou Deus). Esse tipo de alienação é inevitável e não é (diferentemente da alienação conforme entendida pelos marxistas e teóricos críticos) condenada na análise lacaniana.

No entanto, recomenda-se ao analista não fomentar eternamente esse tipo de alienação. Embora o analista, ao trabalhar com neuróticos, tente enfocar a relação do analisando com o Outro, livrando-se, durante o processo, da "interferência" derivada das relações imaginárias do analisando com outros como o próprio analista (ver capítulo 7), isto não é, de forma alguma, o fim do processo e pode levar, se deixado nesse ponto, a um tipo de solução *à la* "psicologia do ego" americana em que o analisando se identifica com o analista enquanto Outro.

O analista lacaniano adota um discurso radicalmente diferente daquele do analisando: um discurso de separação. [Se o analista oferece algo como um sentido para o analisando, ele, no entanto, visa algo capaz de explodir] a matriz "analista-fornece-o-sentido-do-discurso-do-analisando" através de uma fala equivocada, em diversos níveis ao mesmo tempo, usando termos que conduzem a vários caminhos diferentes. Ao sugerir uma infinidade de sentidos sucessivos, o registro do sentido é problematizado. À medida que o analisando tenta compreender a significação da fala oracular do analista[24], suas palavras polivalentes, ou a razão pela qual este terminou a sessão naquele momento preciso, ele é separado do sentido e confrontado com o enigma do desejo do analista. Esse enigma tem um efeito na relação da fantasia, profundamente enraizada, do analisando com o desejo do Outro. Enquanto a regra fundamental da associação livre exige que o analisando tente cada vez mais articular, colocar em palavras, simbolizar, significantizar essa relação com o desejo do Outro, a ação do analista serve para separar o sujeito cada vez mais do próprio discurso que o analisando precisa forjar sobre essa relação com o desejo do Outro.

Cada indivíduo é o sujeito de um destino particular, um destino que não escolheu mas que, por mais aleatório ou acidental que possa parecer no início, deve, entretanto, subjetivar. O indivíduo deve, na opinião de Freud, tornar-se um sujeito. O recalque primário é, de certa forma, o jogar dos dados no começo do universo de cada um que cria uma divisão e põe a estrutura em movimento. O indivíduo precisa enfrentar essa jogada aleatória — essa configuração específica do desejo de seus pais — e de alguma forma tornar-se um sujeito. *"Wo Es war, soll Ich werden"*. Eu devo vir a ser onde as forças estranhas — o Outro como linguagem e o Outro como desejo — uma vez dominaram. Eu preciso subjetivar essa alteridade.

É por essa razão que podemos dizer que o sujeito lacaniano é eticamente motivado, baseado como está nessa injunção freudiana tão repetida diversas vezes nas obras de Lacan. A injunção de Freud é inerentemente paradoxal, aconselhando-nos a colocar o Eu (de volta) na causa, de tornarmo-nos nossa própria causa; mas ao invés de descartar esse paradoxo, Lacan tenta teorizar o movimento inferido nesse dito e encontrar técnicas através das quais induzi-lo. O Eu não está desde sempre no inconsciente. Pode ser que sua presença seja pressuposta lá, mas ele precisa ser revelado. Pode ser que esteja lá desde sempre, de certa forma, mas a tarefa clínica essencial é fazê-lo aparecer lá onde *ele* estava.

capítulo seis

A metáfora e a precipitação da subjetividade

Os três momentos constitutivos da subjetividade descritos no último capítulo podem ser esquematizados como três substituições ou metáforas substitutivas. Na alienação, o Outro domina ou toma o lugar do sujeito; na separação, o objeto a enquanto desejo do Outro toma a frente e tem precedência sobre o sujeito ou o assujeita; e na travessia da fantasia, o sujeito subjetiva a *causa* de sua existência (o desejo do Outro: o objeto a) e é caracterizado por um tipo de desejo puro sem um objeto: a capacidade de desejar.

$$\frac{\text{Outro}}{\$} \quad \frac{\text{objeto } a}{\$} \quad \frac{\$}{\text{objeto } a}$$

Apresentados dessa forma, é possível ver esses três momentos fundamentais de constituição do sujeito como três momentos de metaforização; a anulação de uma coisa pela outra nas metáforas substitutivas de Lacan está na raiz da metapsicologia lacaniana. O sujeito aqui pode ser compreendido como o resultado de uma metáfora (ou de uma série de metáforas).

Mas, em geral, a metáfora é compreendida como origem de um novo sentido; em outras palavras, uma nova significação e não um sujeito novo ou radicalmente diferente. Uma de minhas teses principais neste livro é a de que o sujeito psicanalítico tem essencialmente duas faces: o sujeito como *precipitado* e o sujeito como furo. Nesse primeiro caso, o sujeito é apenas uma sedimentação de sentidos determinada pela substituição de um significante pelo outro ou o efeito retroativo de um significante sobre outro (ou de um evento simbolizado sobre outro), correspondendo à "definição" usada por Lacan do sujeito como "aquilo que um significante representa para outro significante".[1] No segundo, o sujeito é aquilo que cria um furo no real quando estabelece um elo entre dois significantes, o sujeito (como

94   *O sujeito lacaniano*

precipitação dessa vez, não como precipitado) é nada mais nada menos que o próprio furo.

Portanto, há uma face do sujeito que é quase exclusivamente um significado ou uma significação — o sujeito da castração (um sujeito alienado, capturado, absorvido pelo sentido, sentido "morto") — e um outro que constitui um furo entre dois significantes (como um lampejo passando de um significante para outro, criando uma ligação entre eles). Essa noção dupla do sujeito é concretizada de maneira exemplar na expressão "precipitação de subjetividade", encontrada em uma obra inicial "Tempo lógico e a asserção de certeza antecipada" (1946), onde encontramos o sujeito como precipitado e, também, como "movimento impetuoso arrojado".[2]

Como movimento arrojado ou precipitação, o sujeito surge entre dois significantes da mesma forma que o "lampejo criativo da metáfora [...] irrompe entre dois significantes" no processo de metaforização.[3] Em outras palavras, o lampejo criativo da metáfora *é* o sujeito; a metáfora cria o sujeito. Todo o efeito metafórico é então um efeito de subjetividade (e vice-versa). Não existe metáfora sem participação subjetiva, e não há subjetivação sem metaforização.

Como lampejo criativo da metáfora, o sujeito não tem continuidade ou persistência; ele surge como um lampejo irrompendo entre dois significantes. Entretanto, como resultado do novo sentido trazido ao mundo, o sujeito — o sujeito dividido encontrado sob a barra nas primeiras duas metáforas mostradas acima — permanece fixado ou subjugado, e adquire uma certa continuidade como tal. A fixação sintomática do sujeito tem uma estrutura metafórica, aquela de um significante não-senso substituindo-o, ou se ajuntando ao sujeito: $S_1/\$$.

De forma provisória, é possível considerar os sintomas como possuidores de tal estrutura substitutiva, na qual o sujeito como sentido persiste indefinidamente em seu estado assujeitado a menos que uma nova metáfora seja consumada. Nesse sentido, a análise pode ser vista, na teoria de Lacan, como a exigência de forjar novas metáforas. Pois, cada nova metáfora traz consigo uma precipitação da subjetividade que pode alterar a posição do sujeito. Dado que o sintoma em si é uma metáfora, a criação de uma nova metáfora no decorrer da análise causa não a dissolução de todos os sintomas mas a reconfiguração do sintoma, a criação de um novo sintoma, ou uma posição subjetiva modificada com relação ao sintoma. O fim da análise pode ser visto como a efetivação da substituição mostrada na terceira metáfora acima, $\$/a$, por meio da qual o sujeito assume o lugar do Outro e o desejo do Outro (objeto *a*), não mais assujeitado por ele ou fixado nele.

O significado

> Vocês não devem dar tratos à bola para tentar compreender isso
> buscando compará-lo com algo semelhante ao que é familiar a vocês;
> vocês devem reconhecer nele um fato novo fundamental.
> Freud, *Conferências introdutórias sobre psicanálise*

Uma nova metáfora traz um novo sentido ao mundo. Ela altera o sujeito como sentido. Mas o que é o sentido no esquema lacaniano de coisas? O que é exatamente que a metáfora cria, afeta ou modifica?

O que é o significado senão o que comumente chamamos de pensamentos ou idéias? E o que são pensamentos a não ser combinações específicas de significantes, isto é, significantes alinhados de uma forma específica? Quando você "pega" o sentido de algo que alguém diz, o que ocorre além de uma localização da afirmação no contexto de outras afirmações, pensamentos e termos? Compreender significa localizar ou encaixar uma configuração de significantes dentro de outra. Na maioria dos casos, compreender um processo não tão consciente quanto se poderia desejar, e que não exige nenhuma ação da parte do sujeito: as coisas se encaixam dentro da teia de conexões variadas entre pensamentos já "assimilados".

De acordo com Lacan, algo faz sentido quando se encaixa na cadeia preexistente. Este algo pode ser acrescentado à cadeia sem alterá-la fundamentalmente ou pôr em risco a boa ordem ou harmonia.

Por outro lado, a metáfora induz a uma nova configuração de pensamentos, estabelecendo uma nova combinação ou permuta, uma nova *ordem* na cadeia significante, um teste da ordem antiga. As conexões entre os significantes são mudadas em definitivo. Esse tipo de modificação não pode ocorrer sem comprometer o sujeito.

Como disse antes, é precisamente na medida em que a compreensão envolve nada mais do que a localização de uma configuração de significantes dentro de outra que Lacan é tão inflexível a respeito da recusa de compreender, de empenhar-se em adiar a compreensão, porque, no processo dessa compreensão, tudo é trazido de volta ao nível do *status quo*, ao nível do que já é conhecido. Os próprios escritos de Lacan transbordam de metáforas extravagantes, absurdas e mistas, precisamente para tirar o leitor de um reducionismo complacente inerente a todo o processo de compreensão. Em contraste à grande atenção dedicada ao processo por determinados pensadores alemães[4], na estrutura lacaniana, *verstehen* pode igualmente ser traduzido como "assimilar". Portanto, confirmando o ponto principal da proposição de Lacan de que o sentido (sentido como aquilo que você imagina que entendeu) é imaginário. Ao assimilar algo, você se sente alguém, ou imagina-se como alguém (um eu ou *self*) que cumpriu uma

96   *O sujeito lacaniano*

determinada tarefa difícil; você se imagina um pensador. Por outro lado, a expressão "compreensão verdadeira" — que poderia talvez ser traduzida em francês por *se saisir de quelque chose*, enfatizando o reflexivo — é, realmente, um processo que vai além do funcionamento automático da ordem simbólica e envolve uma incursão do simbólico no real: o significante produz algo novo no real ou suga mais do real para o simbólico.

A "compreensão verdadeira" é, decerto, um nome inapropriado na medida em que essa compreensão é interrompida de forma precisa, desnecessária e irrelevante para o processo. O que é realmente inferido é que algo muda, e essa é a questão da análise lacaniana também: algo acontece na fronteira entre o simbólico e o real que não tem relação alguma com a compreensão, do modo como ela é comumente entendida. Daí a irrelevância do termo *insight* no processo analítico: a frustação subjetiva do analisando com a não *compreensão* do que está acontecendo, com a maneira como o processo analítico deve funcionar, com o que está realmente na raiz da neurose dele, etc., de forma alguma atrapalha a eficácia da psicanálise. Em algumas ocasiões, Freud comenta que o analisando que atinge o ponto máximo no curso de sua análise muitas vezes lembra pouco, se é que lembra algo, e não tem compreensão do que ocorreu no processo.

As duas faces do sujeito psicanalítico

As duas faces do sujeito psicanalítico (precipitado de sentidos e furos) correspondem, em certos aspectos, à divisão tratada no capítulo 4 entre o sentido e o ser. Aqui, entretanto, a divisão não é entre o sentido inconsciente e o falso ser do eu, mas entre o sentido inconsciente e um tipo de "ser-no-furo", ou, como Lacan diz em algum lugar, um "sujeito no real".[5]

O sujeito como significado

O sujeito no real não é a pessoa descrita pelo analisando, limitada em suas capacidades, incapaz de decidir entre cursos de ação diferentes, sujeita aos caprichos do Outro, à mercê de seus amigos, amores, ambiente institucional, educação cultural-religiosa, e assim por diante. Essa pessoa é o que poderemos chamar, tomando emprestado um conceito de Lacan e Freud, altamente ambíguo (a ser explicado em detalhes no capítulo 8), o sujeito "castrado". O conceito de castração abrange uma quantidade enorme de elementos na psicanálise e no uso corrente, e o usarei aqui apenas de uma forma muito precisa: como referência à alienação do sujeito pelo e no Outro e à separação do Outro.

O sujeito castrado é um sujeito que adveio na linguagem. O sujeito castrado "inadequada" ou "insuficientemente" corresponde a um sujeito cuja separação não é completa — nos termos usados por Lacan no início da década de 1960, um sujeito que "confunde" a demanda do Outro (D) com o desejo do Outro (a) na fantasia (sua fantasia correspondendo a $\$ \lozenge$ D em vez de $\$ \lozenge a$).[6] O sujeito que se recusa a "sacrificar sua castração ao gozo do Outro" (*Écrits,* p.323) é o sujeito que não passou pela separação adicional conhecida como travessia da fantasia; pois ele deve se sacrificar à castração, renunciar ou ceder para que ocorra a subjetivação da causa. O sujeito deve renunciar a sua posição mais ou menos confortável, complacentemente miserável, como assujeitado pelo Outro — como castrado — para tomar o desejo do Outro como causa para si. Portanto, a travessia da fantasia envolve ir além da castração e é um momento utópico num mais além da neurose.

O sujeito castrado é, portanto, um sujeito que não subjetivou o desejo do Outro e que permanece afligido por ele e ainda obtém um "ganho secundário" de sua submissão sintomática ao Outro. Esse sujeito pode ser caracterizado pelas duas primeiras metáforas apresentadas no começo deste capítulo, mas não pela terceira. Os sintomas podem ser entendidos como mensagens sobre o sujeito que são designadas pelo Outro, e até que o sujeito consiga se separar desse locus/destino no qual sua mensagem e seu ser adquirem sentido, ele permanece castrado.

É evidente que a castração, nesse contexto lacaniano, não tem nenhuma relação com os órgãos biológicos ou ameaças a estes. Tais ameaças podem, no entanto, funcionar em contextos específicos para separar um menino de sua ligação ao Outro materno enquanto objeto preferido de prazer, mas parece incapaz de causar a separação adicional necessária para superar a castração.[7]

Surge um tipo de ser através da primeira forma de separação: aquela fornecida pela fantasia. No entanto, Lacan fala mais uma vez de maneira geral da "afânise" ou desaparecimento gradual do sujeito neurótico na sua fantasia à medida que o objeto-causa adquire mais visibilidade. O objeto a vem à tona e ganha o papel principal na fantasia, e o sujeito é, desse modo, eclipsado ou ofuscado.

Portanto, o falso ser do eu e o ser ilusório oferecido pela fantasia são rejeitados por Lacan, um após o outro, por serem incompletos: nenhum dos dois pode levar o sujeito além da neurose. Em ambos os casos, o sujeito permanece castrado, assujeitado ao Outro. No entanto, Lacan mantém a idéia de um ser além da neurose.[8]

O sujeito castrado é o sujeito que é representado. O sujeito castrado está sempre se apresentando ao Outro, procurando atrair a atenção e o reco-

98 *O sujeito lacaniano*

nhecimento do Outro, e quanto mais se apresenta, mais inevitavelmente castrado se torna na medida em que é representado pelo e no Outro. O sujeito castrado é o sujeito barrado, debaixo da barra: é um produto de cada tentativa e intenção de significar para o Outro. Esse "sujeito é constituído pela mensagem" (*Écrits,* p.305) recebida por ele, de uma forma invertida a partir do Outro.

Para entender esse sujeito barrado, necessitamos examinar mais profundamente o processo de criação de sentido através do efeito de um significante (S_2) sobre outro (S_1).

Sobre significantes, unários e binários

A inauguração do sujeito através da separação está relacionada à noção freudiana de recalque originário. De acordo com Freud, o inconsciente contém *Vorstellungsrepräsentanzen*, literalmente "representantes da (re)presentação ou idéia", mas em geral traduzida como "representantes ideacionais". Eles são os representantes psíquicos das *Triebe*, pulsões. Na visão de Freud, são tais representantes (e não as percepções ou os afetos)[9] que são recalcados. Mas Freud nunca, de fato, determinou precisamente o estatuto desses representantes. O inconsciente, escreve Freud, é constituído através de "*um recalque originário,* uma primeira fase de recalque, que consiste no representante (ideacional) psíquico da pulsão [*Trieb*] sendo negada sua entrada na consciência. Com isso constitui-se uma *fixação*; o representante em questão persiste inalterado daí em diante e a pulsão [*Trieb*] permanece ligada a ele".[10] O recalque originário cria o *núcleo* do inconsciente, com o qual outros representantes (de representações) estabelecem ligações que podem eventualmente levá-los a serem sugados para dentro do inconsciente.

Lacan propõe que igualemos esses representantes aos significantes, palavras substituindo pulsões (isto é, funcionando como os representantes das pulsões) no nível do ideacional: o nível da representação ou do pensamento. Os significantes são aquilo que permite que as pulsões sejam representadas: *apresentados a nós* como seres da linguagem. Começando a partir dessa equação de *Vorstellungsrepräsentanzen* com os significantes[11], o recalque é conceitualizado por Lacan como algo que leva à criação do inconsciente com base em um casal de significantes: o "significante unário", que Lacan representa como S_1, e o "significante binário" S_2 (Seminário 11, p.208). O significante binário é o que é recalcado no recalque originário.

O significante para o qual todos os outros significantes representam um sujeito

O significante do desejo do Outro, o Nome-do-Pai, é o significante binário que foi recalcado originariamente.

Esse significante é singular: é o significante para o qual todos os outros significantes representam um sujeito. Caso esse significante esteja faltando, nenhum dos outros significantes representa coisa alguma. Essa idéia é exposta de forma muito esquemática em "Subversão do sujeito e dialética do desejo" (*Escritos*), e tentarei expô-la aqui.

Como vimos no capítulo anterior, Lacan postula um significante primordial que pode ou não existir. Se não existe, falamos de foraclusão e, portanto, de psicose, não havendo qualquer possibilidade de existência de um sujeito como tal — esse significante primordial constituindo a condição *sine qua non* da subjetividade.

O Nome-do-Pai é, portanto, nosso Rochedo de Gibraltar. Lacan diz que o Nome-do-Pai é um significante, mas está muito claro que é diferente da maioria ou até de todos os outros. Se uma palavra em uma língua torna-se antiquada, outros termos afins tendem a preencher o vazio; em outras palavras, seus sentidos são ampliados para incluir o sentido daquelas palavras que desapareceram. O Nome-de-Pai, ao contrário, não é substituível nem pronunciável.

Na psicose, a barreira entre a mãe e a criança causada por esse nome não é erguida de uma forma suficientemente sólida. A figura do pai não consegue limitar o acesso da criança à mãe; o significante não é capaz de neutralizar o gozo da criança, e esse gozo irrompe na sua vida, dominando-a e invadindo-a. Formas diferentes de psicose estão relacionadas às diferentes formas nas quais o gozo invade o paciente; o gozo invade o corpo na esquizofrenia e o lugar do Outro, como tal, na paranóia.[12]

O Nome-do-Pai não consegue se manter na psicose.

Voltando ao caso da neurose, vemos que para o Nome-do-Pai, todos os significantes representam um sujeito. Cada significante usado por um neurótico (S', S'', S''', etc.) está, de alguma forma, vinculado ao Nome-do-Pai (Figura 6.1), e o neurótico está assim implicado, em grau maior ou

Figura 6.1

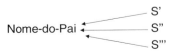

100 *O sujeito lacaniano*

menor, em cada palavra que ele pronuncia ou ouve. Nada é inocente: mesmo o seu tão chamado "discurso vazio" implica uma posição de sujeito com relação ao Outro e cada termo de alguma forma contribuiu para tornar essa posição o que é.

Continuamente somos reconduzidos ao caso da psicose ao revelar o funcionamento essencial do significante na neurose. Chamaremos cada um desses "outros" significantes de S_2, como Lacan o faz muitas vezes.[13] No final da década de 1960 e começo da de 1970, ao S_1 é atribuído um papel de "significante mestre", o significante não-senso desprovido de sentido, que somente é incorporado ao movimento da linguagem — em outras palavras, "dialetizado", um termo que explicarei a seguir — através da ação de vários S_2s.

De acordo com o uso posterior por Lacan, o Nome-do-Pai parece, então, estar correlacionado ao S_1, o significante mestre. Se o S_1 não estiver no lugar, cada S_2 é, de alguma forma, desatado. Os S_2s se relacionam entre si; eles podem ser alinhados de formas perfeitamente normais por um psicótico, mas não parecem afetá-lo em sentido algum; eles são de alguma forma independentes dele. Enquanto um neurótico pode, ao ouvir um termo incomum — digamos, "inconstitucionalissimamente" — se lembrar da primeira vez em que ouviu a palavra, com quem foi que ele a aprendeu e assim por diante, um psicótico pode enfocar seu aspecto estritamente fonético ou sônico. Ele pode ver o sentido no nada ou encontrar um sentido simplesmente pessoal em quase tudo. As palavras são tomadas como coisas, como objetos reais.

Para um neurótico, cada S_2 está vinculado individualmente a um S_1. O S_1 não é o sujeito nem o é S_2. Um sujeito é aquilo que um significante representa para outro. O que se supõe que a representação consista aqui? O S_2 representa um sujeito para S_1 porque S_2 atribui, retroativamente, sentido a S_1, um sentido que este não tinha antes (Figura 6.2). Esse sentido, escrito "s" (com uma letra minúscula) quando Lacan formula sua versão do signo saussuriano, é substituído por $\slashed{S}$ na versão mais completa do efeito retroativo do significante (ver, por exemplo, o Seminário 17) que é esquematizado na Figura 6.3. O sujeito aqui é apenas uma constelação ou conglomerado de *sentidos*. Se o sujeito consiste no conjunto total de sentidos gerado pela relação entre todos os S_2s e o S_1, o sujeito parece ser um tipo de sedimentação de sentidos fornecidos pelo Outro (os enunciados do sujeito somente adquirindo sentido no Outro ou tendo o sentido conferido pelo Outro).

Figura 6.2

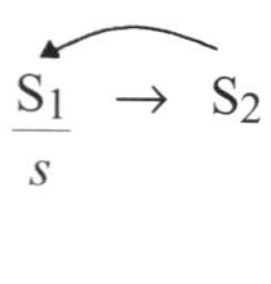

$$\overset{\frown}{S_1} \;\to\; S_2$$
$$s$$

Figura 6.3

$$\frac{S_1}{\cancel{S}} \rightarrow \frac{S_2}{a}$$

O sujeito *enquanto* sentido que é depositado como sedimento, de certa maneira a partir do efeito de um significante sobre outro, corresponde ao sujeito como eclipsado pelo sentido, que está sempre no campo do Outro. O sujeito como sentido — sentido inconsciente ou sentido no Outro — pode ser situado no esquema do sujeito dividido (Figura 6.4). No canto inferior esquerdo é criado o sentido inconsciente, mas o sujeito é privado de ser.

Figura 6.4

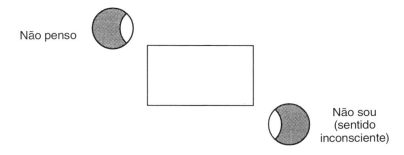

O sujeito como furo

Embora pareça haver pouca expressão de subjetividade em tal interpretação, o sujeito é, entretanto, *realizado* no forjamento de vínculos entre o S_1 e o S_2. O sujeito não é apenas a sedimentação de sentidos (embaixo da barra no seguinte matema),

$$\frac{S_1}{s} \rightarrow S_2$$

mas também *o forjamento de ligações entre significantes*. Em seu "Projeto para uma psicologia científica"[14], Freud denomina de *Bahnung* (insatisfatoriamente vertido nas traduções em inglês para "facilitação") os caminhos formados entre os neurônios no esboço psicanalítico da psique. Esse termo Lacan traduziu como *frayage*, um tipo de furo ou desbravamento de caminhos. Ele toma a idéia de Freud como sendo a de um rompimento que estabelece uma ligação (ou articulação) entre as assim chamadas memórias

102 *O sujeito lacaniano*

conceituais, e prontamente associa essas ligações neuronais às ligações entre os significantes. O sujeito é o caminho forjado entre significantes; em outras palavras, o sujeito é, de certa forma, o que liga os significantes uns aos outros.

Quando Lacan elabora os quatro discursos (Seminário 17), S_1 torna-se uma noção posicional. Não existe um S_1 simples ou único; S_1 simplesmente designa um significante que é isolado do resto do discurso (ou, como Freud diz em *A interpretação dos sonhos*, que é desmembrado da "cadeia psíquica" dos pensamentos conscientes do indivíduo).[15] Um S_1 pode ser, muitas vezes, reconhecido na análise pelo fato de que o analisando esbarra diversas vezes com o termo; pode ser um termo como "morte", por exemplo, ou qualquer outro termo que pareça opaco ao analisando e que sempre parece colocar um fim às associações em vez de desenrolar as coisas. Aqui, o analisando está, de certa forma, enfrentando uma opacidade total de sentido; ele pode muito bem saber o que as palavras *significam* em sua língua materna, enquanto permanece ignorante quanto ao que significam para *ele*, aquele sentido especial e pessoal que tem algum tipo de implicação subjetiva. O sujeito aqui é eclipsado por um significante mestre sem sentido:

$$\frac{S_1}{\cancel{S}}$$

Dessa forma, o significante mestre é não-senso.

A precipitação da subjetividade: dialetizando um significante mestre

Um dos objetivos da análise é "dialetizar" tais termos isolados, essas palavras que acabam com o fluxo de associações do paciente, que paralisam o sujeito — ou, para ser mais preciso, o anulam. "Dialetizar" aqui é o termo que Lacan usa para indicar que tentou-se introduzir um exterior desse S_1, ou seja, estabelecer uma oposição entre ele e um outro significante, S_2. Se pudermos trazer esse S_1 para dentro de algum tipo de relacionamento com um outro significante, então seu estatuto de significante mestre, que assujeita o sujeito, muda. Uma ponte é construída entre ele e um outro elemento lingüístico e uma perda ocorre:

$$\frac{S_1}{\cancel{S}} \quad \rightarrow \quad \frac{S_2}{a}$$

(Não examinarei as complexidades da "perda" — objeto a — aqui; ver capítulo 7). Falando claramente, o analisando não está mais paralisado nesse ponto específico de suas associações; após defrontar-se com o mesmo termo de vez em quando por um período que pode chegar a levar meses, começa a ceder. Um sentido é criado para esse significante mestre do sujeito e o sujeito é, mais uma vez, dividido entre o sentido e o ser,

$$\text{sentido} \quad \overset{\textstyle S}{\underset{\textstyle \cancel{S}}{S_1}} \to \underset{\textstyle a}{S_2} \quad \text{ser}$$

surgindo momentaneamente no forjamento de um vínculo entre S_1 e S_2. A criação de uma oposição entre um S_1 e um outro elemento significante é o que possibilita uma *posição* subjetiva. Observe a oposição aqui entre *o sujeito que vem a ser* na construção da ponte entre S_1 e S_2 — ao longo da seta, de certa forma[16] — e *o sujeito barrado ou alienado do sentido*, $\cancel{S}$ (relegado a um lugar abaixo da barra).

Cada S_1 isolado é, no momento em que aparece, não-senso. O S_1, ao contrário de $S(\cancel{A})$, não é impronunciável. Não é algum significante misterioso, oculto, que um certo dia finalmente brota das profundezas; pode muito bem ser uma palavra ou nome que o analisando usa todos os dias. O S_1 insiste, entretanto, no campo do sem-sentido quando vem à baila em um contexto que parece envolver o analisando, embora este não saiba como ou por quê. O não-senso pode tomar outras formas também: pode aparecer em uma pronúncia ininteligível de palavras para as quais nenhum sentido pode ser atribuído, uma vez que os sons resultantes não sugerem nada na forma de um jogo de palavras.

De qualquer maneira, a ênfase de Lacan na importância do não-senso está relacionada com o objetivo analítico da dialetização dos significantes que, no decurso do tratamento analítico, vêm à tona como significantes mestres isolados. O autismo poderia ser considerado um caso no qual há um ou apenas alguns poucos significantes mestres que são virtualmente impossíveis de dialetizar. Na neurose há, em geral, uma série de significantes mestres que se manifestam no decorrer do tratamento e que atraem nossa atenção como algum tipo de pontos de parada ou becos sem saída. São esses becos sem saída que a análise tenciona transformar em ruas com saída. O sujeito aparece no processo de remoção do obstáculo que o colocou no impasse, criando, desse modo, uma saída. O sujeito é, de certa forma, a divisão desse obstáculo em duas partes separadas: S_1 e S_2 (Figura 6.5).

Figura 6.5

Até esse ponto da minha argumentação, forneci ao menos quatro caminhos separados para compreender os objetivos da psicanálise: a dialetização dos significantes mestres, a precipitação da subjetividade, a criação de uma nova metáfora e a subjetivação ou "assunção" da causa. O leitor agora familiarizado com a "álgebra" cada vez mais polivalente de Lacan está, sem dúvida, preparado para ser informado de que todos são um e o mesmo caminho, isto é, que todos são formas parciais de caracterização da mesma meta básica. Quando um significante mestre é dialetizado, ocorre a metaforização, o sujeito é precipitado e assume uma nova posição em relação à causa. Todos os caminhos se enquadram no processo de separação e na separação adicional à qual Lacan se refere como a travessia da fantasia.

A análise com neuróticos visa a separação. Além dos sintomas psicossomáticos ou "simplesmente" físicos apresentados pelos neuróticos que derivam da identificação com pais, parentes e outros, e que devem ser obviamente trabalhados por completo, uma grande parte do trabalho analítico com neuróticos gira em torno da finalização da separação. Enquanto Freud propõe que a análise, quando levada até ao fim, sempre se depara com o "rochedo da castração"[17] intransponível, Lacan sugere que a separação pode levar o sujeito além desse ponto. Ao subjetivar seu destino, aquela causa estranha (o desejo do Outro) que o trouxe ao mundo, a alienação pode ser superada. Esta afirmação constitui um momento utópico nas obras de Lacan. Esta passagem além da castração nunca foi, até onde eu sei, renegada nas obras posteriores de Lacan, ao contrário de outros momentos utópicos (por exemplo: a fala plena) que foram implicitamente criticados em vários exemplos de "Lacan contra Lacan" (o Lacan do final contra o Lacan do início). Dessa forma, ela se destaca como uma pedra angular da réplica ou superação de Freud feita por Lacan.[18]

PARTE TRÊS

O Objeto Lacaniano: Amor, Desejo, Gozo

capítulo sete

Objeto a: *causa do desejo*

Ao criar o objeto *a*, Lacan sentiu que havia feito a contribuição mais importante à psicanálise[1]. Poucos conceitos na obra lacaniana foram elaborados de forma tão ampla, revistos de maneira tão significativa da década de 1950 à década de 1970, examinados em minúcias a partir de perspectivas muito diferentes, e exigem tantas modificações em nossa forma habitual de pensar o desejo, a transferência, e a ciência. E poucos conceitos têm tantos avatares nas obras de Lacan: o Outro, o *agalma*, o número de ouro, a Coisa Freudiana, o real, a anomalia, a causa do desejo, o mais-gozar, a materialidade da linguagem, o desejo do analista, a consistência lógica, o desejo do Outro, o semblante/simulacro, o objeto perdido e assim por diante. Uma vez que literalmente milhares de páginas na obra de Lacan, a maioria delas ainda não publicadas, são dedicadas ao desenvolvimento desse conceito[2], não posso de maneira alguma esperar fornecer uma explicação satisfatória para o objeto *a* que explique ou abranja de maneira adequada todas as teorias de Lacan. Além disso, muitas de suas elaborações envolvem formulações algébricas, topológicas e lógicas que exigiriam comentários prolongados e seriam de pouco interesse para a maioria dos leitores.[3] Embora o assunto mereça um livro por si só[4], limitar-me-ei aqui ao que considero alguns dos aspectos mais notáveis da principal contribuição de Lacan à psicanálise.

Nos capítulos anteriores deste livro, fui obrigado a apresentar o objeto *a* em uma série de contextos diferentes para explicar o advento do sujeito e as mudanças correspondentes no Outro. Como é de se esperar, os conceitos de objeto e de sujeito formulados por Lacan foram revisados ao longo do tempo e não é possível entender a teoria de Lacan, em qualquer momento específico, sem considerarmos ambos os conceitos. No capítulo 3, referi-me ao objeto *a* como o resto da simbolização — o real (R_2) que permanece, insiste e ex-siste após ou apesar da simbolização — como a

108   *O sujeito lacaniano*

causa traumática e como aquilo que interrompe o funcionamento tranqüilo da lei e o desdobramento automático da cadeia significante. No capítulo 5, tratei o objeto *a* como uma última lembrança ou resto da unidade hipotética mãe-criança ao qual o sujeito se apega na fantasia para atingir um sentimento de totalidade, como o desejo do Outro, como o objeto do gozo, como aquela "parte" do Outro materno que a criança leva consigo na separação, e como a causa estranha e decisiva da existência do sujeito que ele deve vir a ser ou subjetivar na análise. No capítulo 6, mencionei brevemente o objeto *a* no contexto do objeto perdido de Freud, como o ser do sujeito e como um produto da dialetização de um significante mestre.

A tarefa do leitor em "pensar junto" todas essas maneiras de falar a respeito do objeto *a* não é fácil e espero facilitá-la parcialmente neste capítulo. No entanto, como na parte 2 deste livro nem sempre foi possível pensar em conjunto todas as formulações lacanianas com relação ao sujeito, não é uma questão simples reconciliar todas as suas formulações com relação ao objeto. Sem dúvida, isto é parte do que torna o conceito tão fértil para elaborações adicionais, mas tão enervante para o sistematizador e tão entediante para "os espíritos científicos". Pode um conceito tão polivalente ser de algum valor para a constituição da psicanálise como um discurso significativo e principalmente como uma ciência? Analisarei a relação entre psicanálise e ciência no capítulo 10.

Retornemos ao conceito do objeto para considerá-lo a partir da perspectiva do imaginário, do simbólico e do real. Isto fornecerá uma visão da evolução da noção de objeto concebida por Lacan a partir da década de 1930.

"As relações de objeto"
Objetos imaginários, relações imaginárias

O primeiro objeto imaginário é o eu. Como expliquei na primeira subseção do capítulo 4, o eu é uma produção imaginária[5], uma cristalização ou sedimentação de imagens do próprio corpo do indivíduo e de auto-imagens refletidas para ele por outros. Em contraposição a Freud, Lacan mantém que a cristalização do eu não constitui uma instância, mas um objeto. Esse objeto é catexizado ou investido, como outros objetos, com libido e, portanto, o "próprio" eu do infante[*] não é necessariamente mais catexizado do que outros objetos (ou eus) em seu ambiente. O objeto, compreendido nesse nível imaginário, é aquele para o qual a libido é dirigida ou do qual é retirada, como é o caso dos objetos de amor encontrados na obra de Freud.

---

[*] No original: "infant's ego", próximo do termo "infans" empregado por Lacan para se referir à criança antes de sua aquisição da linguagem falada, articulada. (N.R.)

Fazendo um jogo de palavras com a natureza inerentemente estranha e objetal do eu, Lacan se refere a ele, no início da década de 1950, como um outro (*autre* em francês), daí sua abreviação *a* para o eu, que em geral é apresentada em itálico, indicando (de acordo com as convenções tipográficas gerais de Lacan) que é imaginário. O eu de uma pessoa é designado *a* e o eu de outra como *a'*. Tais designações salientam a semelhança entre eles.

As "relações imaginárias" não são relacionamentos ilusórios — relacionamentos que não existem *realmente* — mas relações entre eus onde tudo se passa apenas em termos de uma oposição: igual ou diferente. Elas envolvem outras pessoas que julgamos ser *como* nós por várias razões. Talvez porque os dois se parecem muito, são semelhantes na altura ou na idade e assim por diante. No caso de uma criança, é geralmente uma outra criança da família, na família extensiva, ou no círculo de amigos, que tenha maior semelhança com ela em termos de altura, idade, interesses e habilidades e que também compartilhe da mesma relação com uma figura parental ou de autoridade (Figura 7.1). Dessa maneira, a determinação de quem é semelhante e quem não é também envolve componentes simbólicos.[6]

Figura 7.1

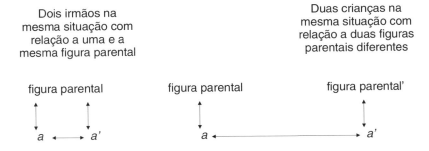

Igual (amor), diferente (ódio)

Correspondendo à principal oposição imaginária entre igual e diferente, as relações imaginárias são definidas por duas características proeminentes: amor (identificação) e ódio (rivalidade). Na medida em que o outro é igual a mim, eu amo e me identifico com ele, e sinto seu prazer ou dor como meus. No caso de gêmeos idênticos, é comum depararmo-nos com situações onde um gêmeo catexiza o eu do outro gêmeo quase tanto quanto o dele próprio. Isto é verdade, sem nenhuma dúvida, em um grau menor,

110   *O sujeito lacaniano*

em muitas famílias próximas onde existe uma grande dose de solidariedade entre as crianças. Em tais casos, vemos o raro cumprimento da injunção bíblica de amar o próximo como a si mesmo. Na medida em que amo meu eu, um outro eu como eu mesmo é igualmente merecedor de amor.

Isto também explica, de certa forma, o outro lado de tal identificação fechada: a tensão gerada por *la petite différence*. A diferença se insinua inevitavelmente até mesmo entre os gêmeos mais idênticos, seja devido ao tratamento diferencial dado pelos pais ou às mudanças na aparência com o passar do tempo, e quanto mais próximo o relacionamento no princípio, maior o ódio em relação às diferenças, por menores que sejam.

A rivalidade fraterna é o exemplo mais conhecido de relações imaginárias que envolvem o ódio. Considerando que as crianças muito pequenas não questionem de maneira geral sua subordinação aos pais — percebendo uma nítida diferença entre os pais e elas —, elas estão sempre questionando, desde muito jovens, sua posição e seu status entre os irmãos. As crianças geralmente consideram que seus irmãos pertencem à mesma categoria que elas, e não suportam um tratamento abertamente preferencial pelos pais a qualquer outro, a não ser elas mesmas, padrões duplos, etc. Acabam odiando os irmãos por tirarem seu lugar especial na família, por roubarem-lhes as luzes da ribalta e por desempenharem melhor do que elas as atividades que os pais apreciam. Com o passar do tempo, esse mesmo tipo de rivalidade, em geral, se estende aos colegas de classe, primos, amigos e assim por diante. Muitas vezes, a rivalidade em tais relacionamentos gira em torno de símbolos de status e envolve uma variedade de outros elementos simbólicos e lingüísticos também. O que caracteriza tais relacionamentos é que as duas partes se vêem como mais ou menos iguais — independente de pequenas diferenças de idade, notas escolares, sucesso social, etc. — e podem se imaginar no lugar do outro com facilidade. É dessas comparações que surgem a rivalidade e o ciúme.

Aqueles que consideramos parecidos conosco, de certa forma, compartilham de uma relação com o Outro semelhante à nossa. E uma vez que o Outro generaliza — de nossos pais ao Outro acadêmico, a lei, a religião, Deus, a tradição e assim por diante — as relações imaginárias, não são apenas características da primeira infância e, de alguma forma, superadas psicologicamente com o tempo. Elas permanecem importantes durante toda a nossa vida.

Do início até meados da década de 1950, o outro, *a*, é o objeto lacaniano e não há outro objeto visível nas obras de Lacan. Somente a partir do Seminário 7, onde Lacan explora *das Ding*, do Seminário 8 onde isola o *agalma* no *Banquete* de Platão, e do Seminário 9, é que ele começa a conceitualizar um tipo totalmente diferente de objeto: um objeto real, causa do desejo. Daí em diante, Lacan dedica quase todo seu interesse a este último, porém de forma alguma invalida a importância do objeto situado a nível imaginário. Considere, por exemplo, a situação analítica.

Na análise, o analista é, muitas vezes, visto pelo analisando (especialmente no início) como um substituto do outro imaginário; isso é percebido nas tentativas do analisando de identificar-se com o analista como *igual* a ele, igual em termos de nível cultural, interesses, orientação psicanalítica, religião, etc. Na minha prática, é muito comum que os analisandos mencionem, após duas ou três sessões, que temos os mesmos livros na estante, sugerindo assim que nossos interesses e perspectivas são os mesmos. Essa tentativa de encontrar semelhanças, de identificar-se comigo como um outro, pode, a princípio, dar origem ao amor, mas em último caso leva à rivalidade: o analisando pode, no começo, considerar-me semelhante a ele, mas é em seguida levado a procurar áreas nas quais ele é diferente, isto é, superior ou inferior.

Esse nível de rivalidade é aquele em que Lacan situa o que a maioria dos analistas americanos chama "contratransferência": é o nível no qual o analista se envolve no mesmo jogo de comparação com seus analisandos, avaliando os discursos deles segundo o seu próprio discurso. "Eles estão adiantados ou atrasados em relação à compreensão do que acontece na situação analítica ou em outro lugar? Eles são submissos aos meus desejos? Tenho algum controle sobre a situação? Estou levando vantagem? Como pode essa pessoa me irritar e me fazer sentir tão mal comigo mesmo?" A perspectiva de Lacan não é que os sentimentos de contratransferência inexistam, mas que eles estão sempre e inescapavelmente situados no nível imaginário e, portanto, devem ser descartados pelo analista. Eles não devem ser revelados ao analisando, pois isso colocaria o analista e o analisando no mesmo nível, como outros imaginários um para o outro, capazes de ter sentimentos, aflições e inseguranças semelhantes. Tais posicionamentos evitam que o analisando coloque o analista em algum papel de Outro.

O Outro como objeto, as relações simbólicas

> [...] tudo isso *uma outra pessoa* — mas, sobretudo uma outra pessoa pré-histórica, inesquecível, que nunca é igualada por nenhuma outra posterior.
> Freud, vol. I, p.324

As relações simbólicas são aquelas que ocorrem com o Outro como linguagem, conhecimento, lei, carreira, academia, autoridade, moral, ideais, e assim por diante, e com os objetos designados (ou, em termos mais fortes, exigidos) pelo Outro: notas, diplomas, sucesso, casamento, crianças — todas essas coisas em geral associadas à angústia na neurose. Entretanto, o único "objeto" verdadeiramente importante (se é que pode ser chamado assim) no nível das relações simbólicas, na situação analítica, é o analista como Outro, como avatar ou representante do Outro.[7]

No modelo de dois níveis (o imaginário e o simbólico) do enquadre analítico elaborado por Lacan e característico de sua obra do início até meados da década de 1950, o objetivo ao analisar os neuróticos é eliminar a interferência, nas relações simbólicas, criadas pelas relações imaginárias, em outras palavras, retirar as relações imaginárias do caminho para confrontar o analisando com seus problemas com o Outro como tal. No caso de neuróticos heterossexuais, por exemplo, isso em geral envolve, entre outras coisas, elaborar e, assim, dissipar as identificações imaginárias com membros do mesmo sexo (Figura 7.2).

Figura 7.2

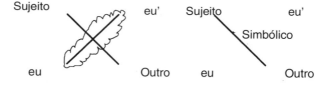

Nesse estágio inicial da obra de Lacan, *o sujeito consiste em uma postura adotada com relação a esse Outro,* uma postura sintomática na qual o sujeito procura manter a distância "correta" do Outro, nunca satisfazendo por completo as demandas do Outro, porém, também nunca frustrando todas de uma só vez, nunca chegando perto de alcançar os objetivos proclamados pelo Outro mas também nunca se afastando totalmente da possibilidade de alcançá-los.

Os analistas são freqüentemente colocados na posição do Outro por seus analisandos. Lacan formula isso ao dizer que o analista é visto pelo analisando como o sujeito suposto saber: saber qual é o problema quando as dificuldades psicológicas surgem, quando os sintomas aparecem e assim por diante. Nas sociedades ocidentais, até pessoas que nunca consultaram um analista em suas vidas presumem, com freqüência, que eles tenham tal saber. Essa suposição está relacionada à função social da psicanálise em determinadas partes do mundo na atualidade.

Entretanto, problemas surgirão se o analista concordar em assumir o papel do sujeito suposto saber e cair na armadilha de acreditar que ele realmente sabe aquilo que nunca poderá ser sabido antes, mas somente construído no curso da análise. Dessa forma, o analista se deixa levar por um falso sentimento de mestria — que gera uma relação imaginária com o analisando. A análise assumiu para muitos o papel antes desempenhado pela confissão e pela prece/expiação, situando o analista na posição de um Deus do Outro onisciente, capaz de deliberar sobre tudo que é normal ou anormal, certo ou errado, bom ou ruim. Em um determinado ponto, Lacan identifica a suposição do analisando de que o analista possui um determinado saber sobre os seus sintomas, desejos, fantasias e prazeres como a mola mestra da transferência (a projeção do saber em um outro faz surgir amor, o amor de transferência).[8] Mas enquanto todos esses fatores predestinam o analista ao papel do Outro, ele não deve cair na armadilha de interpretar a partir dessa posição.

É claro que Freud fez exatamente isso no início: durante anos, ele explicou aos seus analisandos suas teorias sobre o inconsciente, recalque, a formação do sintoma e assim por diante, interpretando o que eles lhe contavam nessas bases, e tentando extrair deles uma concordância ou crença.[9] Felizmente, ele não se preocupava muito se a concordância não ocorresse, e aos poucos deixou de explicar tudo que pensava — sua maneira geral de compreender a situação — para seus analisandos. Pois, advogar uma teoria na situação analítica provavelmente levará os analisandos a procurarem formas de negá-la (como o fez a mulher do açougueiro mencionada por Freud em *A interpretação dos sonhos*, que afirmava ter tido um sonho que negava a teoria de Freud de que todo sonho é a realização de um desejo)[10], de apresentar uma teoria melhor do que a do analista, desse modo, removendo o analista da posição de sujeito suposto saber, considerando-o, ao contrário, uma pessoa comum como o analisando, que não está sempre certo e que pode até revelar-se mais ignorante do que o analisando.

Não se trata de que o analista deva permanecer na posição de sujeito suposto saber a qualquer preço — muito pelo contrário. Ao explicitamente se posicionar como se fosse tal sujeito, o analista tende a evocar relações imaginárias de rivalidade por parte do analisando, as piores relações possíveis entre analista e analisando. Isto constitui a armadilha 1. A armadilha 2: se os analistas acreditam que realmente possuem esse suposto saber, estão fadados a fornecer interpretações como se fossem conferencistas em um púlpito, as quais podem ter pouco ou nenhum efeito benéfico em seus analisandos, e apenas servirem para aumentar a dependência destes em relação àqueles. Pois, ao responder à demanda do analisando por

114   *O sujeito lacaniano*

conselho e interpretação, pela "compreensão" de seus sintomas, o analista dá o que possui ("saber"), ao invés do que não possui (a falta, em outras palavras, o desejo) e incentiva o analisando a demandar mais do que a desejar, a permanecer alienado em vez de separado.

O analista, em lugar de se considerar o representante do saber na situação analítica, deve tomar o inconsciente do analisando como o representante do saber. O inconsciente — quando fala ou se manifesta através de interrupções, lapsos e pronúncias ininteligíveis da fala do analisando, atos falhos, compromissos esquecidos, erros em transações financeiras — deve ser considerado, pelo analista, como a autoridade essencial, o Outro, o sujeito suposto saber.

No entanto, no início, o analisando coloca o analista na posição do Outro da demanda[11], em outras palavras, o Outro (geralmente um dos pais) para quem o analisando sempre direcionou suas demandas de saber, ajuda, alimentação, reconhecimento, atenção, afeto, aprovação e desaprovação. De acordo com Lacan, todas essas demandas resumem-se em uma ou a mesma coisa: a demanda de amor.[12] Acima e além de todas as demandas específicas formuladas pelo indivíduo, é sempre o amor que ele procura.

Determinados analistas (incluindo, por exemplo, Winnicott) acreditam que é tarefa do analista representar a mãe para o analisando, quando a neurose do analisando é indicativa de "maternagem inadequada". Segundo eles, o analista tem que tentar ser uma "mãe suficientemente boa", compensando a atenção, aprovação, desaprovação, amor e disciplina inadequados que o analisando recebeu na infância. O analista precisa ser o objeto de amor perfeito, nem sufocante nem ausente. De acordo com Lacan, o problema é que o analisando fica cada vez mais dependente do analista e o desejo do analisando (expresso em sua fantasia) vem a girar somente em torno da demanda do analista ($\$ \lozenge D$) — que o analisando melhore, sonhe, reflita, ou o que quer que seja que o analista demande ou que o analisando acredite que o analista está demandando.

Os analistas sempre fazem alguma demanda aos analisandos com relação ao horário de seus compromissos, ao calendário das sessões, ao pagamento e à fala (exigindo que o analisando diga qualquer coisa que lhe venha à cabeça, por exemplo). Mas quando o analista é tomado como o Outro parental, tais demandas são entendidas como sinais de amor, que por sua vez reforçam as demandas do analisando, fixando-o em um objeto de amor. Pois o amor (correlacionado com demanda) *tem* um objeto.[13] Ao falar em "escolha de objeto", Freud a relaciona com a demanda repetitiva do sujeito pelo mesmo tipo de objeto de amor, ou pelo mesmo tipo de relação com esse objeto. E quando Lacan, em seus primeiros trabalhos, fala de objetos "de desejo" ou "em desejo" (ver em especial o Seminário

Objeto a: *causa do desejo*   115

6), tais objetos são nitidamente objetos de amor, em outras palavras, objetos aos quais o sujeito dirige sua demanda de amor.

$$\text{demanda} \rightarrow \text{objeto}$$

Do início até meados da década de 1950, Lacan concebe a análise como envolvendo uma dissipação progressiva das relações imaginárias do analisando e um enfoque progressivo de suas relações simbólicas, isto é, sua relação com o Outro. Nesse ponto da sua teoria, a análise consiste essencialmente em uma "retificação" da posição do sujeito com relação ao Outro, um Outro *não* personificado pelo analista. Lacan acreditava, naquele momento, que tal reposicionamento causava um tipo de desejo plenamente desenvolvido, livre do domínio do Outro. Entretanto, mais tarde, Lacan passa a pensar que uma análise nesse nível não vai longe o bastante na constituição do sujeito como desejo e o deixa preso no nível da demanda, dependente da demanda do Outro. No Seminário 1, Lacan já situa o Outro (como linguagem, tradição, etc.) *entre* o analista e o analisando[14], mas o papel ex-cêntrico do analista não está especificado em lugar algum nesse momento. Tudo que Lacan enfatiza a essa altura é a relação do analisando com o Outro, e como vimos, se o analista não abandona ou renuncia verdadeiramente ao papel de Outro assumindo alguma *outra* posição, o analisando permanece encalhado ou atolado no nível da demanda, preso à demanda do Outro, incapaz de desejar de maneira verdadeira.

Examinando os diversos papéis do analista como objeto do analisando — outro (*a'*) ou Outro (A) — vimos que o analista deve evitar as armadilhas do imaginário (pensando-se semelhante ao analisando por mais verdadeiro que isto possa ser em muitos aspectos) e não deve interpretar a partir da posição do Outro onisciente. Onde então o analista deve situar-se? Se o analista não deve ser nem rival imaginário nem representante do Outro, que tipo de objeto lhe resta ser? Que papel é deixado ao analista? Que parte o analista deve assumir na economia psíquica do analisando? É a elaboração por Lacan da natureza do desejo que lhe permite responder a essas perguntas. Vamos direto às suas conclusões com relação ao desejo.

Objetos reais, confronto com o real

> O desejo não é o apetite por satisfação nem a demanda por amor,
> mas a diferença que resulta da subtração do primeiro do segundo
> — justamente o fenômeno de suas divisões.
> Lacan, *Écrits*, p.287

116   *O sujeito lacaniano*

> Je te demande de refuser ce que je t'offre
> parce que ce n'est pas ça![15]
> Lacan

> Só porque as pessoas pedem a você alguma coisa
> não significa que elas realmente desejam que você lhes dê.[16]
> Lacan, Seminário 13, 23 de março de 1966

O desejo, a rigor, não tem objeto. Na sua essência, o desejo é uma busca constante por algo mais, e não há objeto passível de ser especificado que seja capaz de satisfazê-lo, em outras palavras, extingui-lo. O desejo está fundamentalmente preso ao *movimento* dialético de um significante para o próximo significante e é diametralmente oposto à fixação. Ele não procura satisfação, mas sua própria continuação e promoção: mais desejo, maior desejo! Ele deseja meramente continuar desejando. Portanto, de acordo com Lacan, o desejo não é tudo que é conhecido por esse nome no linguajar comum, pois ele é rigorosamente distinto da demanda.

O único objeto envolvido no desejo é aquele "objeto" (se podemos ainda nos referir a ele como um objeto) que *causa* desejo. O desejo não tem "objeto" como tal.[17] Ele tem uma causa, uma causa que o traz ao mundo, aquilo que Lacan denominou objeto *a*, causa de desejo. A colocação do objeto entre colchetes ou parênteses — visto muito claramente no posfácio de Lacan de 1966 (simplesmente chamado *Suíte*) ao "Seminário sobre 'A carta roubada'" (*Écrits* 1966) — é um sinal de sua transposição do registro imaginário para o real: Lacan não mais escreve objeto *a* (com o "a" em itálico), mas objeto *a*. É, sem dúvida, muito enganador até mesmo manter o termo "objeto" quando falamos da causa. Mas ao manter o termo, enquanto muda seu sentido, Lacan, de certa forma, procura ir além da discussão do que é mais comumente conhecido pelo nome de "objeto" na teoria psicanalítica, sugerindo de forma implícita que ela possui uma importância apenas secundária.[18]

O objeto *a* como causa de desejo é aquilo que evoca o desejo: é o responsável pelo advento do desejo, pela forma específica assumida pelo desejo em questão e por sua intensidade. Desenhado de forma esquemática, temos:

> causa → desejo → deslizamento metonímico
> de um objeto para o próximo[19]

Vamos agora nos deter por um momento. O que causa desejo na criança é o desejo do Outro, não a demanda do Outro, nem mesmo o desejo do Outro por esta ou aquela coisa ou pessoa específica. O desejo do Outro, enquanto recai sobre objetos e pessoas específicas, direciona o desejo da criança mas não o causa. É o desejo do Outro enquanto pura capacidade de desejar — manifestado no olhar do Outro para alguma coisa ou alguém, mas diferente daquela coisa ou daquele alguém — que faz surgir o desejo na criança. Não é tanto o objeto observado mas o olhar em si, o desejo manifestado no próprio ato de olhar, por exemplo, que faz surgir o desejo da criança.

Além das diversas qualidades ou atributos que os analisandos mencionam aos seus analistas como os que desempenham um papel na sua "escolha de objeto" — cor do cabelo, cor dos olhos e assim por diante — os analisandos, muitas vezes, relatam algo muito mais difícil de captar ou colocar em palavras: uma determinada maneira que um homem tem de olhar para uma mulher pode resumir, para ela, tudo o que realmente deseja de um homem. (Não o que ela *diz* que deseja em um homem, recorrendo ao discurso tipicamente americano sobre as necessidades: "Preciso de afeto, apoio e estímulo." Pois, tudo isso é o discurso do eu consciente: verdadeira e sinceramente o discurso do Outro, o Outro social norte-americano). Aquela maneira específica de olhar — para dar um exemplo —, uma forma de olhar impertinente e fixa, pode ser o que no fundo causa seu desejo, estimulando nela um desejo que não pode ser extinto por todas as qualidades superiores reivindicadas pelo eu: um homem carinhoso, bom pai, bom provedor, etc. É o olhar causador de desejo que determina para ela o que Freud chamou "escolha de objeto" e que chamarei de *a escolha de parceiros*. Pois esse olhar, da forma como é encontrado no mundo, está associado a alguém: um "indivíduo". Esse indivíduo é adotado como o parceiro do sujeito na esperança de permanecer muito próximo do olhar que inspira o desejo.

Objeto como causa $\rightarrow$ desejo $\rightarrow$ parceiro
olhar fixo/contemplação (a) $\math8$
voz (a)

Mas a realidade da questão é que o parceiro (com todas as suas características individuais, fraquezas, qualidades especiais, etc) tem pouco ou nenhum valor para o desejo comparado com a causa. A mulher pode estar interessada em pouco mais do que na capacidade de seu parceiro em dar-lhe aquele olhar. No caso de que ele se torne incapaz de fazê-lo, devido a uma mudança no relacionamento deles, ela pode ir adiante, procurando situar-se novamente numa relação que evoque o desejo causado por aquele determinado tipo de olhar.

No caso de certos homens, é a voz de uma mulher que é de importância capital; não é tanto o que ela diz mas a forma como diz, o tom e timbre da voz, que despertam seu desejo. Quando um homem encontra alguém cuja voz expressa desejo da mesma forma como fazia a voz de sua mãe, por

118   *O sujeito lacaniano*

exemplo, ele pode contrariar a opinião pública, a pressão social e a moralidade convencional, abandonando sua procura por uma mulher com as qualidades que lhe ensinaram a buscar.

Não necessariamente por amor, como em geral se pensa, mas por desejo — a fim de ser capaz de manter uma posição como sujeito desejante.

Observe que os dois exemplos que eu dei, até aqui, de objeto *a*, o desejo do Outro manifesta na voz e no olhar, são ambos não especularizáveis: não podem ser vistos em si; não têm nenhuma imagem especular e são muito difíceis de simbolizar ou formalizar. Eles pertencem ao registro do que Lacan chama o real e resistem à imaginarização e à simbolização. Eles possuem, entretanto, um relacionamento estreito com as mais importantes experiências do sujeito de prazer e dor, excitação e decepção, emoção e horror. Eles resistem à ação analítica — que envolve a fala, a verbalização, a tentativa de falar sobre o problema — e estão relacionados ao gozo que define o próprio ser do sujeito.

O real é em essência aquilo que resiste à simbolização e, portanto, resiste à dialetização característica da ordem simbólica, na qual uma coisa pode ser substituída por outra. Nem tudo é substituível; algumas coisas não são intercambiáveis pela simples razão de que elas não podem ser "significantizadas". Elas não podem ser encontradas em outro lugar, uma vez que têm o estatuto de Coisa, exigindo que o sujeito volte a elas repetidas vezes.

O desafio que a psicanálise lacaniana aceita é o de inventar formas de atingir o real, frustrar a repetição que ele propicia, dialetizar a Coisa isolada e abalar a fantasia fundamental na qual o sujeito se constitui em relação à causa.

Objetos perdidos

Lacan reconhece explicitamente sua dívida com alguns psicanalistas que o ajudaram no caminho em direção ao conceito de objeto *a*: Karl Abraham, Melanie Klein ("objetos parciais"), e Donald Winnicott ("objetos transicionais").[20] Entretanto, é nitidamente em relação a Freud que a dívida de Lacan é maior, devido à formulação da noção de "objeto perdido". Como ocorre com muito freqüência, entretanto, o "objeto perdido" de Lacan vai muito além de qualquer coisa "encontrada" na obra de Freud. Examinado no contexto, Freud nunca sustenta que os objetos estão inexorável ou irremediavelmente perdidos, ou que a "redescoberta" ou "reencontro" de um objeto implica um objeto que já está perdido desde sempre.

Considere, por exemplo, o que Freud diz em "A denegação":

Objeto a: *causa do desejo*   119

A experiência tem ensinado que não basta uma coisa [ein Ding] (em objeto que traz satisfação) possuir o atributo de ser "boa" para merecer ser integrada ao eu; é preciso que ela esteja, no mundo externo, pronta para ser apreendida quando necessitada. A fim de entender esse passo à frente [a partir do simples juízo de atribuição da qualidade "bom" ou "mau" ao juízo de existência], temos de relembrar que todas as representações [imagens mentais] se originam de percepções e são repetições destas. Assim, originalmente a mera existência de uma representação constituía uma garantia de realidade [a existência no mundo externo] daquilo que era representado [imaginado ou criado na mente]. A antítese entre subjetivo e objetivo não existe desde o início. Surge apenas do fato de que o pensamento tem a capacidade de tornar presente, uma segunda vez, algo outrora percebido, reproduzindo-o como representação sem que o objeto externo tenha de estar ainda lá. Portanto, o objetivo primeiro e imediato do teste de realidade não é encontrar na percepção real um objeto que corresponda ao que está representado (na mente), mas reencontrar tal objeto — convencer-se de que ele ainda está lá. […] Uma precondição essencial para o estabelecimento do teste de realidade consiste em que objetos, que outrora trouxeram satisfação real, tenham sido perdidos. (Vol. XIX, pp. 298-99, tradução modificada.)

Freud não afirma aí, que o objeto é, por sua própria natureza, perdido num sentido absoluto. Um objeto é *encontrado* inicialmente e não ativamente procurado pela criança, porque a criança não é capaz de procurar um objeto até *depois* de tal encontro. Posteriormente, a memória da experiência de satisfação é trazida de volta à mente (reativada, por assim dizer, ou recatexizada) e a satisfação tanto pode ser alucinada (processo primário) quanto buscada no mundo "externo" (processo secundário). Então, não existe o *Objekfindung* inicial mas somente um *Wiederzufindung*, nenhuma *busca* deliberada de um objeto, somente um *reencontro* de um objeto no mundo "externo" que corresponde à memória do indivíduo de uma experiência de satisfação *vivenciada* uma vez (τυχή). Contrariamente, os animais são levados a *encontrar* o que o instinto (como um tipo de conhecimento fixo, pré-gravado, cifrado) os instrui a procurar.[21] Os humanos, que não possuem tal conhecimento inato do que proporcionará satisfação, devem primeiro encontrá-la através das boas graças da sorte e somente então podem iniciar uma ação para repetir a experiência satisfatória.

Da mesma forma, quando Freud diz nos *Três ensaios sobre a teoria da sexualidade* que "o encontro de um objeto é, na verdade, um reencontro dele" (vol. VII, p.229), ele está se referindo ao fato de que a escolha de objeto após o período de latência repete a primeira escolha de objeto da criança: o seio. Aqui também, um objeto encontrado no início é reencontrado em algum ponto posterior no tempo.

120 *O sujeito lacaniano*

Entretanto, a linguagem de Freud é altamente sugestiva, e Lacan fornece um tipo de leitura talmúdica (como ele mesmo diz no Seminário 7, p.76) dos textos de Freud, dando mais importância à letra do texto do que ao seu sentido bastante óbvio. Se o objeto, a rigor, nunca foi encontrado, talvez seja porque ele é essencialmente fantasmático por natureza e não corresponde a uma experiência de satisfação *lembrada*. Em primeiro lugar, nunca houve tal objeto: o "objeto perdido" nunca *existiu*; ele é somente constituído como perdido após o fato, na medida em que o sujeito é incapaz de encontrá-lo em qualquer outro lugar que não na fantasia ou na vida onírica. Usando o texto de Freud como um trampolim, o objeto pode ser visto como perdido desde sempre.[22]

Poderíamos considerar o objeto perdido ainda de uma outra forma. O seio não é, durante a primeira experiência de satisfação, de modo algum, constituído como um objeto, muito menos como um objeto que não é parte do corpo da criança e que está em grande parte além do controle dela. Ele é somente constituído após o fato, após numerosas tentativas vãs realizadas pela criança de repetir essa primeira experiência de satisfação quando a mãe não está presente ou se recusa a amamentá-la. É a ausência do seio e depois o fracasso em obter a satisfação que leva à sua constituição como objeto, um objeto separado e fora do controle da criança. Uma vez constituído (isto é, simbolizado, embora a criança possa, nesse momento, ainda ser incapaz de falar de qualquer forma inteligível), a criança nunca pode reencontrar o seio como experimentado na primeira vez: como *não separado* dos seus lábios, língua, boca ou de seu *self*. Uma vez constituído o objeto, o "estado original" no qual não há nenhuma distinção entre a criança e o seio ou entre o sujeito e o objeto (pois o sujeito somente vem a ser quando o seio faltante é constituído como objeto, e na relação com esse objeto), nunca poderá ser reexperimentado. Portanto, a satisfação obtida na primeira vez nunca poderá ser repetida.[23] Um tipo de inocência é perdida para sempre, e o seio de fato encontrado daí em diante nunca é exatamente *aquilo*. *O objeto a é o resto desse processo de constituição de um objeto, os restos que escapam ao domínio da simbolização*.[24] É uma lembrança de que existe algo mais, talvez alguma coisa perdida, talvez ainda a ser encontrada.

Isso é precisamente o que afirmei do objeto *a* no capítulo 5: ele é o resto da perdida hipotética unidade mãe-criança.

A Coisa freudiana

De forma parecida, outros aspectos do objeto lacaniano são "derivados" das obras de Freud. *Das Ding*, a Coisa, já encontrada no trecho de "A denegação" citado anteriormente, é tratada em profundidade por Lacan no Seminário 7 que se baseia no "Projeto para uma psicologia científica" de Freud. Nesse texto, Freud descreve a Coisa em termos neuronais como aquilo que é invariável nas diversas percepções que a criança tem do seio: o neurônio ("neurônio *a*", como é apropriadamente chamado nos manuscritos de Freud) no "complexo neuronal" correspondendo à "parte constante do complexo perceptivo" (vol. I, p.434). Aquilo que é variável ("neurônio *b*") se associa a outros neurônios (o lugar das memórias de outras percepções específicas), estabelecendo ligações com eles. Na "tradução" de Lacan dos neurônios de Freud para significantes e dos assim chamados trilhamentos (*Bahnungen*, caminhos) entre eles para articulações ou ligações entre significantes (Seminário 7, p.53), encontramos alguma coisa (o neurônio *a*) que permanece isolada ou sem contato com o resto da cadeia significante, embora a cadeia necessariamente circule ao redor dela: a Coisa, apelidada objeto *a*.

Freud estende sua descrição ao outro: o ser humano companheiro, criatura semelhante ou vizinho (*Nebenmensch*) que primeiro cuida da criança em seu desamparo. "O complexo de um semelhante se divide em duas partes. Uma delas dá a impressão de ser uma estrutura constante e permanece como uma 'coisa' coerente" (vol. I, p.438). Na medida em que essa parte constante permanece isolada das ligações associativas com outros neurônios — em outras palavras, significantes — Lacan pode continuar sua "tradução": "*Das Ding* é, originalmente, o que chamaremos de o fora-do-significado [ou além-do-significado: *hors-signifié*]. O sujeito conserva sua distância e constitui-se num mundo de relação, de afeto primário, anterior a todo recalque" (Seminário 7, p.71).

Aqui, *das Ding* aparece como o objeto não-significado e não-significável dentro do Outro (ou "complexo-Outro") — *no* Outro, porém, mais do que ou além do Outro.[25] É aquele objeto do qual o sujeito mantém sua distância, nem se aproximando muito, nem se afastando muito. *O sujeito vem a ser como uma defesa contra esse objeto, contra a experiência originária de prazer/dor associada a ele.* A relação do sujeito com *das Ding* é caracterizada por um afeto primário, seja nojo, revolta ou aversão, como na histeria, ou um sentimento de ser dominado[26] ou superado, levando à evitação, como na obsessão. Na realidade, esses diferentes "afetos primários", posições primárias adotadas com relação à "coisa" (objeto *a*) encontrados pela criança nas suas relações com um semelhante (Outro parental), constituem critérios diagnósticos estruturais pelos quais se distingue a histeria da obsessão. Nas cartas de Freud para Fliess, em especial, vemos que a histeria é definida como um tipo específico de resposta afetiva a um encontro "primordial" imbuído de conteúdo sexual

122   *O sujeito lacaniano*

com uma outra pessoa, um encontro de desprazer ou nojo; enquanto a obsessão é definida de forma diversa em termos de uma resposta diferente: prazer, sentimento de ser dominado, e culpa.[27]

É possível ver aqui que aquilo que Lacan denominou de "Coisa freudiana" é uma versão anterior do objeto *a* e que a relação primária com este, descrita por Freud, é a mesma que aquela constituída pela fantasia fundamental, como descrito nos capítulos 5 e 6.

Mais-valia, mais-gozar

No Seminário 16, Lacan iguala o objeto *a* ao conceito de mais-valia de Marx.[28] Como algo muito estimado ou valorizado pelo sujeito, o objeto *a* é comparado ao padrão ouro no passado, o valor com que se media todos os outros valores (por exemplo, moedas, metais preciosos, pedras preciosas, etc.). Para o sujeito, ele é aquele valor procurado em todas as suas atividades e relações.

A mais-valia corresponde em quantidade ao que, no capitalismo, é denominado "juros" ou "lucro": ela é aquilo que o capitalista toma para si, em vez de pagá-lo aos empregados. (É também conhecido como "capital de reinvestimento" e por muitos outros eufemismos). Ela é, de maneira geral, o *fruto* do trabalho dos empregados. Quando em documentos legais, escritos em inglês americano, diz-se que alguém tem o direito ao fruto ou "usufruto" de uma parcela específica de propriedade ou soma de dinheiro, significa dizer que aquela pessoa tem um direito ao lucro gerado por um deles, embora não necessariamente tenha direito à propriedade ou ao dinheiro em si. Em outras palavras, é um direito não de propriedade, mas de "desfrute". No francês cotidiano, é possível dizer que essa pessoa tem *la jouissance* de tal propriedade ou dinheiro. Em termos financeiros franceses mais precisos, isso significaria que ela desfruta, não da terra, edificações ou do capital em si (*la nue-propriété*; literalmente, "propriedade nua"), mas apenas de seus frutos excedentes, seu produto acima e além daquele necessário para reembolsar seu custo de manutenção, cultivo, etc — em outras palavras, suas despesas operacionais. (Observe que no jargão legal francês, *jouissance* está mais relacionada à possessão).[29]

O empregado nunca desfruta desse produto excedente: ele o "perde". O processo de trabalho produz o empregado como um sujeito "alienado" ($), simultaneamente produzindo uma perda, *a*. O capitalista, como Outro, desfruta desse produto excedente; logo, o sujeito encontra-se em uma situação nada invejável de trabalhar para o desfrute do Outro, sacrificando-se pelo gozo do Outro — precisamente o que o neurótico mais abomina!

Da mesma forma que a mais-valia, esse mais-gozar pode ser visto como circulando "fora" do sujeito, no Outro. É uma parte da libido que circula *hors corps.** (Ver a seção sobre "Castração" no capítulo 8 para um exame mais detalhado desse ponto).

A distinção entre um objeto *de* desejo e um objeto que *causa* desejo é de fato uma diferença crucial. Infelizmente, as explicações do objeto *a* na literatura são muitas vezes expressas na mesma linguagem básica como a usada nos debates sobre os objetos freudianos: a mãe é o primeiro objeto da criança; um menino deve, ao longo do tempo, encontrar outro objeto de amor do mesmo sexo da mãe; uma menina deve ao longo do tempo encontrar um objeto de amor do sexo oposto ao seu primeiro objeto importante; e assim por diante. Isto dificulta ainda mais o entendimento da parte da teoria de Lacan que já é bastante complexa.

O exame que forneci aqui não é de forma alguma completo. Outras facetas do objeto *a* serão expostas nos capítulos seguintes, assim como nos Apêndices.

---

* "Fora do corpo" em francês (N.T.)

capítulo oito

"Não existe a relação sexual"

A dialética da parte e do todo é crucial para a formulação, por Lacan, da diferença sexual ou "sexuação", como ele a chama. Nas literaturas francesa e inglesa sobre o assunto, as argumentações de Lacan são muitas vezes compreendidas, de forma equivocada, como centralizadas em torno da dialética de todos e alguns; esse mal-entendido é especialmente flagrante nos capítulos traduzidos de *Mais, ainda* (Seminário 20) que aparecem em *Sexualidade feminina.*

Em geral, a dialética de todos e alguns é, correta ou incorretamente atribuída a Aristóteles, enquanto a dialética da parte e do todo é geralmente creditada aos pré-socráticos e a Hegel. No entanto, para Lacan a dialética da parte e do todo possui uma peculiaridade: o todo nunca é todo (o Outro não existe) e a parte é indefinível, não localizável, inespecificável[1], e "não tem relação com o todo".[2] É provável que sua dialética seja mais compreensível para os matemáticos familiarizados com as novidades na teoria dos conjuntos e para os pós-estruturalistas do que para aqueles com formação filosófica tradicional.

Há muitas barreiras a serem vencidas na apresentação das idéias de Lacan sobre a diferença sexual. Alguns autores de língua inglesa (ou cujo trabalho tem sido traduzido para o inglês) têm analisado as obras de Lacan sobre sexuação sem possuírem um domínio total de outros aspectos do seu pensamento; portanto, eles oferecem aos leitores interpretações patentes ou parcialmente falsas, e criticam opiniões que Lacan nunca advogou.[3] Não é uma tarefa difícil interpretar uma das máximas de Lacan que mais soa metafísica ("Uma carta sempre chega ao seu destino"), retirá-la de seu contexto e criticá-la pelo que ela não significa (como Derrida faz em *The Purveyor of Truth*; e qualquer um pode localizar a palavra "falo" nos textos de Lacan e acusá-lo de falocentrismo. É uma questão muito mais difícil peneirar suas volumosas explicações sobre a diferença sexual (Seminários

"Não existe a relação sexual"   125

18-21 e alhures), distinguir suas preocupações centrais, e isolar suas teses principais.

O que proponho que façamos aqui é (1) explicar o que Lacan quer dizer por castração, por falo e por função fálica; (2) explicar o que Lacan pretende dizer com a idéia de que não há a relação sexual; (3) expor suas "fórmulas de sexuação", em alguma, embora não toda, complexidade e colocar no centro da discussão o que Lacan realmente diz sobre a diferença sexual[4]; e (4) abordar determinadas questões mais amplas originadas por suas idéias. Lacan fornece-nos claramente os meios para olhar além dos termos freudianos usados em algumas de suas formulações: ao considerar a castração como alienação, o falo como o significante do desejo e o Nome-do-Pai como S(Ⱥ), é possível esboçar uma teoria da sexuação que vai além dos termos, específicos de uma certa cultura, usados por Freud.

A castração

No Seminário 14, Lacan pergunta:

> O que é a castração? Certamente não é como as formulações que o pequeno Hans apresenta, que alguém desatarraxa a pequena bica embora ela permaneça no lugar. O que está em jogo é que ele não pode tomar seu gozo dentro de si. (12 de abril de 1967)

A castração está relacionada com o fato de que, em um determinado ponto, somos forçados a renunciar a algum gozo. A implicação imediata dessa afirmação é que a noção de castração, como usada por Lacan, enfoca essencialmente a renúncia ao gozo e não ao pênis e, portanto, essa noção se aplica tanto aos homens quanto às mulheres na medida em que eles "alienam" (no sentido marxista do termo) uma parte de seu gozo.

Nas obras de Lacan, a castração está intimamente relacionada à alienação e à separação. Como vimos, na alienação o ser falante emerge e é forçado a renunciar a alguma coisa na medida em que ele vem a ser na linguagem.[5] A separação requer uma segunda renúncia: o prazer derivado do Outro como demanda, de moldar a demanda do Outro como o objeto na fantasia ($ ◊ D em vez de $ ◊ a), isto é, o prazer obtido das pulsões.

O que acontece com o gozo que é sacrificado? Para onde vai? Ele é simplesmente destruído? Simplesmente desaparece? Ou se desloca para um nível ou local diferente? A resposta parece clara: ele se desloca para o Outro; de certa forma, ele é transferido para a conta do Outro.[6] O que isso significaria na verdade? Um determinado gozo que é "expelido" do corpo é reencontrado na fala. O Outro como linguagem desfruta em nosso lugar. De outra forma, é somente na medida em que nos alienamos no Outro e

126 *O sujeito lacaniano*

nos oferecemos como suporte do discurso do Outro que podemos compartilhar alguma parte do gozo circulante no Outro.

Ao lermos *Finnegans Wake,* encontramos o sentimento de gozo acumulado no significante, no Outro como linguagem. Os ajuntamentos de letras e as "descobertas" da lingüística, aparentemente apenas aguardando na linguagem o momento certo para serem explorados, sugerem uma vida da linguagem independente da nossa. A rigor, a linguagem obviamente não existe por si mesma, mas é apenas na medida em que o Outro como linguagem está "dentro" de nós que podemos extrair um determinado gozo daí.

O sacrifício envolvido na castração é ceder um determinado gozo ao Outro e deixá-lo circular no Outro, isto é, deixá-lo circular de alguma forma "fora" de nós. Isso pode tomar a forma da escrita, por exemplo, ou do estabelecimento de um "corpo de conhecimento", conhecimento que adquire "vida própria", independente de seu criador, já que pode receber acréscimos ou modificações de terceiros.

A castração pode, portanto, ser associada a outros processos em outros campos: no registro econômico, o capitalismo exige do trabalhador a extração ou subtração de uma determinada quantia de valor, a "mais-valia". Esse valor (que, do ponto de vista do trabalhador, não é tanto um mais ou um excesso, mas um menos) é tirado do trabalhador — o trabalhador está assujeitado a uma experiência de perda — e transferido para o Outro, na forma do mercado "livre". A mais-valia, comparada no último capítulo ao mais-gozar (o *plus-de-jouir* de Lacan), circula em um mundo "estranho" de "forças de mercado abstratas". O capitalismo cria uma perda em seu campo, que permite que um enorme mecanismo de mercado se desenvolva. Da mesma forma, nosso advento como seres falantes cria uma perda, e essa perda está no centro da civilização e da cultura.

Freud fala a respeito dessa perda em termos da "renúncia pulsional" que considera necessária para qualquer realização cultural. Em geral, ele a associava ao complexo de Édipo e sua resolução (desistindo de um objeto de amor e tendo que buscar um outro alhures) e acreditava que a renúncia exigida das meninas é menor do que a exigida dos meninos — o que explica a contribuição supostamente menor das mulheres à cultura como um todo.

Nas obras de Lacan, o sacrifício de gozo — e a extensão do sacrifício não deve ser subestimada, pois ele deixa uma "mera bagatela de prazer" — é requisitado pela demanda do Outro de que falamos e é frustrado somente pelo autista. Essa demanda está obviamente vinculada a toda a cultura, todos os corpos de conhecimento, uma vez que sem a linguagem não poderíamos ter acesso a nenhum deles.

"Não existe a relação sexual"   127

É possível compreender Claude Lévi-Strauss como tendo sugerido que uma estrutura semelhante está em funcionamento nas regras de parentesco: a troca ou comunicação de mulheres está baseada em uma perda fundamental produzida pelo tabu do incesto.[7] Analise o que ele diz em *Antropologia estrutural:*

> Sem reduzir a sociedade ou a cultura à língua, podemos estimular esta "revolução copérnica" [...] que consistirá em interpretar a sociedade no seu todo, em função de uma teoria da comunicação. Já agora essa tentativa é possível em três níveis; pois as regras de parentesco e matrimônio servem para assegurar a comunicação de mulheres entre os grupos, como as regras econômicas garantem a comunicação de bens e serviços, e as regras lingüísticas, a circulação de mensagens*.[8]

Se fizermos uma ligeira alteração nessa citação, mudando a teoria de trocas para uma teoria de significantes, a troca de mulheres para a troca do significante do desejo, a troca de bens e serviços para a troca da mais-valia e a troca de mensagens para a troca da falta de gozo (e um mais-gozar correspondente), encontramos a mesma estrutura nos três "sistemas": uma falta ou perda é gerada, a qual então circula no Outro.

O próprio Lacan fornece um exemplo com base na política:

> Nenhum gozo me é dado ou poderia me ser dado a não ser aquele do meu corpo. Isso não está claro imediatamente, mas se suspeita, e as pessoas se estabelecem em torno desse gozo, que é bom, que é então meu único bem, uma cerca protetora de uma lei conhecida como universal chamada de direitos humanos: ninguém pode me impedir de usar meu corpo como eu quiser. O resultado do limite... é que o gozo cessa completamente para todos. (Seminário 14, 22 de fevereiro de 1967)

Cria-se uma limitação em forma de lei, que é inicialmente projetada para me dar o direito ao gozo exclusivo de meu corpo (proibindo os outros de usá-lo como *eles quiserem*), embora essa mesma limitação, entretanto, resulte na destruição de meu próprio gozo.

Tal idéia é fundamental para a leitura de Freud por Lacan no Seminário 7, por exemplo. O princípio da realidade coloca limites ao princípio do prazer que, em última análise, serve ao próprio princípio do prazer, mas vai muito além. A renúncia imposta pelo princípio da realidade é *desproporcional* à função à qual o princípio da realidade deve servir: a manutenção tortuosa ou postergada do princípio do prazer. Da mesma forma que o supereu definido por Freud ultrapassa suas fronteiras — de

---

* Esta citação encontra-se na página 103 da tradução da obra citada, edições Tempo Brasileiro, 1975, tradução de Chaim Samuel Katz e Eguinardo Pires. (N.R.)

128   *O sujeito lacaniano*

certa maneira impondo o castigo mais severo precisamente àqueles que agem mais eticamente[9] — inevitavelmente, a lei excede sua autoridade: a ordem simbólica mata o vivente ou o organismo que existe em nós, reescrevendo-o ou sobrescrevendo-o com significantes, de tal forma que esse ser morre ("a letra mata") e somente o significante sobrevive.

O limite, a falta, a perda: esses conceitos são centrais para a lógica lacaniana e Lacan se refere a eles enquanto castração. Eles podem, em casos históricos particulares e setores específicos e fases da cultura ocidental, muitas vezes, estar associados aos órgãos genitais, a tumescência e a não tumescência do órgão sexual masculino e as teorias sexuais infantis e de onde vêm os bebês. *Tais particularidades são, entretanto, contingentes comparados com a estrutura de falta/perda em si mesma.*

O falo e a função fálica

Em sua busca por amor e atenção, a criança é confrontada mais cedo ou mais tarde com o fato de que não é o único objeto de interesse dos pais. Seus múltiplos, e sem dúvida variados, objetos de interesse têm todos um traço em comum: desviam a atenção dada pelos pais à criança. A atenção dos pais é a coisa mais valiosa no universo da criança: é o padrão-ouro, a saber, aquele valor pelo qual todos os outros valores são medidos. Todos os objetos ou atividades que atraem a atenção deles para além da criança adquirem uma importância que de outra forma nunca teriam. Não surpreendentemente, um significante vem a significar aquela parte do desejo dos pais que vai além da criança (e por extensão, o desejo deles em geral). Lacan se refere a ele como o "significante do desejo", e — como "o desejo do homem é o desejo do Outro" — também como o "significante do desejo do Outro". É o significante daquele que é digno de desejo, daquilo que é desejável.

A prática psicanalítica propõe, como o fazem outras práticas, que na cultura ocidental em geral este significante é o falo. Embora muitos afirmem tratar-se tão-somente de uma noção preconceituosa, a psicanálise sustenta que se trata de uma observação clínica, e como tal contingente.[10] É possível comprová-lo, diversas vezes, na prática clínica e, portanto, constitui uma generalização, não uma regra necessária e universal. Não há razão teórica alguma para que seja outra coisa, e talvez existam (e tenham existido) sociedades nas quais algum outro significante exerça (ou tenha exercido) o papel de significante do desejo.

Por que o falo veio a assumir esse papel na nossa sociedade? Lacan propõe várias razões possíveis:

Uma poderia ser a de que esse significante é escolhido como aquele que é o mais notável (ou saliente [*salliant* significa ambos]) daquilo que pode ser apreendido na relação sexual como real [como uma atividade real, não imaginária ou simbólica], e, também, como aquilo que é o mais simbólico, no sentido literal (tipográfico) do termo, uma vez que ele é equivalente na relação sexual à (lógica) cópula. É possível dizer que, devido a sua turgescência (tumescência), ele é a imagem do fluxo vital como é transmitido na procriação. (*Écrits*, p.287; *Sexualidade feminina*, p.83)

Quaisquer que sejam as razões propostas para o status *de facto* do falo — e todas essas razões são "antropológicas" ou imaginárias por natureza, não estruturais — o fato é que, na nossa cultura, o falo em geral desempenha o papel de significante do desejo[11].

Porém, o significante do desejo não é a mesma coisa que a causa do desejo. A causa do desejo permanece além da significação, insignificável. Na teoria psicanalítica lacaniana, o termo "objeto *a*" é obviamente um significante que significa o desejo do Outro na medida em que ele serve de causa do desejo do sujeito; mas o objeto *a*, visto como exercendo um papel "fora da teoria", isto é, como real, não significa nada: ele *é* o desejo do Outro, ele é a capacidade de desejar como real, não significado.

O falo, por outro lado, nunca é nada exceto um significante: na teoria, assim como na linguagem cotidiana, ele é o significante do desejo. O objeto *a* é então a causa real e indizível do desejo, enquanto o falo é "o nome do desejo" e, portanto, pronunciável.

Na medida em que o desejo sempre está correlacionado com a falta, o falo é *o significante da falta*. Seus deslocamentos e suas mudanças indicam o movimento da falta dentro da estrutura como um todo. Enquanto a castração se refere a uma perda primordial que coloca a estrutura em movimento, o falo é o significante dessa perda. Como Lacan diz em seu ensaio de 1959, "Sobre a teoria do simbolismo de Ernest Jones", "o falo... é o significante da própria perda que o sujeito sofre devido ao esfacelamento acarretado pelo significante [*morcellement du signifiant*]" (*Écrits* 1966, p.715). Em outro trecho no mesmo artigo, Lacan diz que "o falo funciona como o significante da falta a ser [carência no ser ou carência a ser (*manque à être* sem os hifens de hábito)] que determina o sujeito na sua relação com o significante". Ele é, portanto, o significante dessa perda ou dessa ausência de ser que está por trás da própria relação do sujeito com o significante: não existe sujeito no início e o significante nomeia o espaço ainda vazio no qual o sujeito virá a ser. Em 1966, em seu posfácio a esse artigo, Lacan escreve "Um símbolo vem no lugar da falta constituído pelo 'não no seu lugar' [ou ausente de seu lugar; *manque à sa place*] que é

130   *O sujeito lacaniano*

necessário para a iniciação da dimensão do deslocamento do qual o desempenho do símbolo na sua totalidade se origina (*Écrits* 1966, p.722; ele usa a palavra "símbolo" aqui em lugar de "significante" já que está tecendo comentários sobre a teoria de simbolismo de Jones). Fica claro aqui que uma falta ou perda de algo é necessária para colocar o simbólico em movimento.[12]

Talvez a maneira mais simples de apresentar o exposto acima seja a seguinte: Por que uma criança se importaria em aprender a falar se todas as suas necessidades fossem antecipadas, se seus pais a alimentassem, trocassem as fraldas, a agasalhassem, e assim por diante antes mesmo que ela tivesse a oportunidade de sentir fome, as fraldas molhadas, frio ou qualquer outro desconforto? Ou se o peito ou a mamadeira sempre fossem imediatamente colocados em sua boca tão logo ela começasse a chorar? Se o alimento nunca falta, se o calor desejado nunca falta, por que a criança se daria ao trabalho de falar? Como Lacan diz no contexto de sua análise sobre a ansiedade, "O que gera mais ansiedade na criança é quando o relacionamento através do qual ela vem a ser — baseado na falta que a faz desejar — está mais perturbado: quando não há nenhuma possibilidade de falta, quando a mãe está constantemente à sua disposição (Seminário 10, 5 de dezembro de 1962). Sem a falta, o sujeito nunca pode vir a ser e a florescência da dialética do desejo é esmagada.[13]

A falta em questão no caso do falo é a "falta de ter [fracasso em ter ou possuir: *manque à avoir*] causada por qualquer *frustração de demanda específica ou global*" (*Écrits* 1966, p.730; *Sexualidade feminina*, p.91; minha ênfase) — a saber, precisamente aquela falta que faz com que o sujeito deseje, não demande simplesmente.

Portanto, a "função fálica" como Lacan a denomina, *é a função que institui a falta,* isto é, a função alienante da linguagem. Como veremos, a função fálica desempenha um papel crucial na definição de estrutura masculina e feminina usada por Lacan, pois os últimos são definidos de forma diferente em termos daquela perda, daquela falta instituída pela alienação, pela divisão causada por nosso uso da — ou ao contrário uso pela — linguagem.[14]

Como também veremos, a falta (como apresentada pela função fálica) e sua circulação não são, de forma alguma, a história toda: a economia de gozo mencionada por Lacan não é uma economia fechada governada pela lei da "Conservação de Gozo", de modo que o que é sacrificado em um momento é reencontrado em outro, nem mais, nem menos. Assim como na economia mencionada por Freud, a libido parece ser conservada *exceto* quando ele fala a respeito da repetição e da natureza excessiva e incomensurável do supereu. Na economia mencionada por Lacan, parece haver um deslocamento suave *apenas* da falta e do desejo, contanto que limitemos nossa atenção para o universo simbólico definido pelo significante na qualidade de significado. Tudo muda quando ampliamos nossa perspectiva para incluir o real e a significância do significante.[15]

"Não existe a relação sexual"

> *L'être sexué ne s'autorise que de lui-même.*
> Lacan, Seminário 21, 9 de abril de 1974[16]

Tendo dedicado metade de um século ao estudo do amor, do sexo e da linguagem, Lacan apareceu, no final da década de 1960, com uma dessas expressões-bomba pelas quais era tão bem conhecido: "não existe a relação sexual" (*"il n'y a pas de rapport sexuel"*).[17]

A redação em francês é ambígua na medida em que a expressão *rapports sexuels* pode ser usada para simplesmente se referir ao ato sexual. Entretanto, Lacan não estava afirmando que as pessoas não tinham relações sexuais — uma alegação no mínimo ridícula; o uso da palavra *rapport* aqui sugere uma esfera mais "abstrata" de idéias: relação, relacionamento, proporção, razão, fração e assim por diante.

De acordo com Lacan, não há *nenhuma relação direta* entre homens e mulheres uma vez que são homens e mulheres. Em outras palavras, eles não "interagem" uns com os outros como homem para mulher e mulher para homem. Alguma coisa impede tais relações; algo desvia essas interações.

Existem muitas maneiras diferentes de se refletir a respeito do que tal relação — se ela existisse — poderia envolver. É possível pensar que teríamos algo parecido com uma relação entre homens e mulheres se pudéssemos defini-los em termos um do outro, digamos, como opostos, *yin* e *yang*, ou em termos de uma inversão complementar simples como atividade/passividade (o modelo de Freud, se bem que insatisfatório até para ele). É possível até mesmo associar a masculinidade a uma curva seno e a feminilidade a uma curva co-seno, uma vez que isto nos permitiria formular algo que poderíamos tomar como uma relação sexual da seguinte forma: seno^2 x + co-seno^2 x = 1 (Figura 8.1)

Figura 8.1

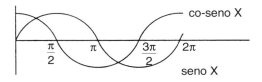

132   *O sujeito lacaniano*

A vantagem dessa fórmula específica é que ela parece explicar, de forma gráfica, a descrição de Freud dos diferentes tipos de coisas que os homens e as mulheres procuram um no outro: "Têm-se a impressão de que o amor do homem e o amor da mulher psicologicamente sofrem de uma diferença de fase" (vol. XXII, p.164). Aqui, apesar da heterogeneidade aparente das curvas masculina e feminina, apesar de seus tempos distintos, seria possível combiná-los de tal forma a torná-los um.

Mas, de acordo com Lacan, tal igualdade é impossível: nada que se pudesse qualificar como uma relação verdadeira entre os sexos pode ser falado ou escrito. Não existe nada complementar a respeito dessa relação, nem existe uma relação inversa simples ou algum tipo de paralelismo entre eles. Ao contrário, *cada sexo é definido separadamente com relação a um terceiro termo.* Conseqüentemente, só existe uma não-relação, uma ausência de qualquer relação direta imaginável entre os sexos.

Lacan procura mostrar (1) que os sexos são definidos separada e diferentemente, e (2) que seus "parceiros" não são simétricos nem sobrepostos. Os analisandos demonstram dia após dia que seus sexos biomédica/geneticamente determinados (órgãos genitais, cromossomos, etc.) podem estar em conflito com conceitos socialmente definidos de masculinidade e feminilidade e com suas escolhas de parceiros sexuais (ainda concebidas por muitas pessoas como estando baseadas nos instintos reprodutivos). Os analistas são, portanto, diariamente confrontados com a inadequação de definir a diferença sexual em termos biológicos. Lacan começa a explorar uma abordagem estritamente psicanalítica da definição de homens e mulheres no Seminário 18, e continua a fazê-lo até meados da década de 1970.

De início, sua tentativa pode parecer desnecessariamente complexa e incluir uma grande quantidade de "material extrínseco" à origem freudiana; entretanto, devemos lembrar que Lacan estava inventando enquanto desenvolvia essa nova maneira de distinguir os sexos e nem sempre tinha necessariamente uma idéia cristalina de onde iria chegar. Em primeiro lugar, tentarei resumir os aspectos principais de sua teoria, para só então prosseguir analisando os matemas que constituem um sério obstáculo a determinados leitores no início.[18]

A diferenciação entre os sexos

> A masculinidade e a feminilidade puras permanecem
> sendo construções teóricas de conteúdo incerto.
>
> Freud, vol. XIX, p.320

De acordo com Lacan, os homens e as mulheres são definidos de formas diferentes com relação à linguagem, isto é, com relação à ordem simbólica. Da mesma forma que a contribuição de Lacan para o entendimento da neurose e da psicose sugere que a última envolve uma parte do simbólico que é foracluído e que retorna no real enquanto a primeira não, a masculinidade e a feminilidade são definidas como tipos diferentes de relações com a ordem simbólica, diferentes formas de ser dividido pela linguagem. Suas fórmulas de sexuação, portanto, dizem respeito somente aos sujeitos falantes, e, eu proporia, somente aos sujeitos neuróticos: os homens e as mulheres definidos nessas fórmulas são neuróticos, do ponto de vista clínico; os homens neuróticos diferem das mulheres neuróticas pela forma com que são alienados pela/na ordem simbólica.

Os homens

Aqueles que, a partir de uma perspectiva psicanalítica, são considerados homens — independente da sua constituição biológica/genética — são totalmente determinados pela "função fálica". Um vez que a função fálica se refere à alienação causada pela linguagem, a questão principal de Lacan a respeito dos homens pode ser expressa de formas variadas:

- Os homens são totalmente alienados na linguagem.
- Os homens estão todos assujeitados à castração simbólica.
- Os homens são completamente determinados pela função fálica.

Apesar das infinitas permutações permitidas pela linguagem na constituição do desejo, o homem pode ser visto como limitado ou finito com relação ao registro simbólico. Traduzido em termos de desejo, o limite é o pai e o tabu do incesto: o desejo do homem nunca vai além do desejo incestuoso, impossível de realizar, uma vez que isto envolveria infringir os limites do pai, assim erradicando o próprio "ponto de ancoragem" da neurose: *le nom du père,* o nome-do-pai, mas também *le non du père*, o "Não!" do pai (*nom* e *non* sendo homófonos em francês). É aqui que aparece com nitidez a idéia de que a estrutura masculina é, em determinados aspectos, sinônimo da neurose obsessiva nas obras de Lacan.

Do ponto de vista lingüístico, o limite do homem é aquele que institui a própria ordem simbólica, aquele primeiro significante (S_1) — o "Não!" do pai — que é o ponto de origem da cadeia significante e que está envolvido no recalque originário: a instituição do inconsciente e de um lugar para o objeto neurótico.[19]

134　　*O sujeito lacaniano*

De forma semelhante, o prazer do homem é limitado, seus limites são determinados pela função fálica. Os prazeres do homem são limitados àqueles permitidos pela ação do significante em si — ao que Lacan chama de gozo fálico, e ao que poderia ser igualmente chamado de gozo simbólico.[20] Aqui, o pensamento em si é carregado gozo* (ver Seminário 20, p. 96), uma conclusão amplamente comprovada pelas obras de Freud sobre a dúvida obsessiva (considere o caso do *Homem dos Ratos*) e depois exitosamente refletida na expressão "masturbação mental". Na medida em que está relacionado com o corpo, o gozo fálico ou simbólico envolve somente o órgão designado pelo significante, que, portanto, serve como uma mera extensão ou instrumento do significante. Esta é a razão pela qual Lacan algumas vezes se refere ao gozo fálico como "prazer do órgão".**

As fantasias dos homens estão ligadas àquele aspecto do real que, digamos assim, subscreve a ordem simbólica: o objeto *a*. O objeto *a* mantém o simbólico em movimento nos mesmos caminhos tortuosos, em constante *evitação* do real.[21] Para aqueles que se enquadram na categoria de "Homens", existe um tipo de simbiose entre o sujeito e o objeto, o simbólico e o real, desde que a distância adequada seja mantida entre eles. O objeto aqui está apenas perifericamente relacionado a outra pessoa, e Lacan assim se refere ao gozo daí derivado como masturbatório por natureza (Seminário 20, p.109).

As mulheres

Enquanto os homens são definidos como totalmente circunscritos pela função fálica, totalmente sob o domínio do significante, as mulheres (isto é, aquelas que, a partir de uma perspectiva psicanalítica, são consideradas mulheres, independente de sua constituição biológica/genética) são definidas como *não* sendo totalmente circunscritos. A mulher não é dividida da mesma forma que o homem: embora alienada, ela não é toda assujeitada à ordem simbólica.[22] A função fálica, por mais operante que seja no caso dela, não reina de modo absoluto. Com relação à ordem simbólica, a mulher é não-toda, demarcada ou limitada.

Enquanto o prazer dos homens é determinado por completo pelo significante, o prazer das mulheres é determinado em parte pelo significante, mas não totalmente. Enquanto os homens estão limitados ao que Lacan denomina de gozo fálico, as mulheres podem experimentar tanto esse quanto um outro tipo de gozo, que ele chama de gozo do Outro. Isso

---

* No original: *jouissance-laden*. (N.R.)
** Em alemão: *Organlust*, termo empregado por Freud (cf. vol. XVI, 379) (N.R.)

não significa que todo sujeito passível de ser situado na categoria de "Mulheres" o experimente — longe disso, como muitas vezes se pode comprovar — mas, de acordo com Lacan, ele é uma potencialidade estrutural.

O que vem a ser esse gozo do Outro que aqueles classificados como mulheres, do ponto de vista psicanalítico, são capazes? O próprio fato de que Lacan escreve "Outro" com O maiúsculo indica a conexão do gozo do Outro com o significante, mas ele está ligado ao S_1 não ao S_2 — não com "simplesmente qualquer" significante, mas com o "Outro significante" (para cunhar uma sentença): o significante unário, o significante que permanece radicalmente Outro, radicalmente diferente de todos os outros significantes. Enquanto S_1 (o "Não!" do pai) funciona para o homem como um limite à sua gama de movimentos e prazeres, o S_1 é um "parceiro" eletivo para a mulher, sua relação com ele permite-lhe ultrapassar as fronteiras estabelecidas pela linguagem e a insignificância de prazer que a linguagem permite. Um ponto final para os homens, o S_1 serve como uma porta aberta para as mulheres.[23]

A estrutura feminina prova que a função fálica tem seus limites e que o significante não é tudo. A estrutura feminina, portanto, possui relações estreitas com a histeria conforme definida no discurso da histérica (ver Seminário 17 e capítulo 9 deste livro).

Além da biologia

A forma como Lacan define o homem e a mulher não tem relação alguma com a biologia, e pode ser entendida como uma explicação para a existência de histéricos (geneticamente) masculinos e obsessivas-compulsivas (geneticamente) femininas. O histérico é, se é que a minha interpretação de Lacan está correta neste ponto, caracterizado por uma estrutura feminina: ele pode experimentar potencialmente tanto o gozo fálico quanto o gozo do Outro. A obsessiva-compulsiva é caracterizada por uma estrutura masculina, seu gozo sendo exclusivamente simbólico por natureza.

A partir de um ponto de vista clínico, uma grande quantidade de seres biologicamente femininos apresentam uma estrutura masculina, e uma grande quantidade de seres biologicamente masculinos revelam uma estrutura feminina.[24] Parte do treinamento analítico deve, portanto, consistir na ruptura com os hábitos arraigados de pensamento através dos quais o analista imediatamente presume que uma mulher é histérica e, desta forma, pode ser definida como possuidora de uma estrutura feminina. A relação de cada pessoa com o significante e o modo de gozo precisa ser examinada

136   *O sujeito lacaniano*

com muito cuidado: não se pode tirar conclusões precipitadas com base no sexo biológico.[25]

O fato de que muitas pessoas passam por cima das diferenças estritamente biológicas talvez explique, em parte, o uso muito comum na América da categoria de "limítrofe". Com freqüência, os pacientes que ultrapassam tais limites são aqueles diagnosticados por psiquiatras, psicanalistas e psicólogos como limítrofes. (Lacan rejeita por completo a categoria de limítrofe.)

A maneira distinta de Lacan de definir masculinidade e feminilidade mostra por que não há a relação entre os sexos, porém este tema deve aguardar por esclarecimentos mais detalhados até que a parceira do homem e os parceiros da mulher sejam articulados a seguir. Aqueles totalmente avessos às divagações lógicas de Lacan podem dirigir-se à seção intitulada "Uma dissimetria de parceiros".

As fórmulas de sexuação

No Seminário 20, Lacan propõe um esquema (Figura 8.2), que em parte foi elaborado através dos anos e a outra parte ele alega ter inventado às pressas naquela mesma manhã quando o desenhou no quadro-negro durante seu seminário.

Figura 8.2

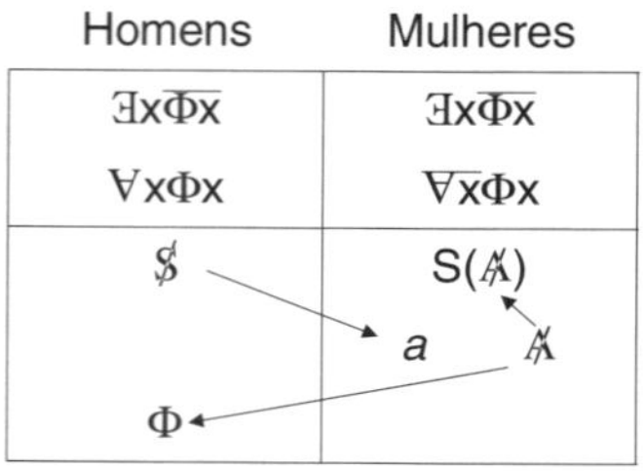

Começarei a minha interpretação desse esquema com comentários sobre diversos trechos do Seminário 20.

A estrutura masculina

Primeiro, as quatro fórmulas proposicionais, em cima, duas à esquerda, duas à direita. Quem quer que seja ser falante se inscreve de um lado ou de outro. À esquerda, a linha inferior, $\forall x \Phi x$, indica que é pela função fálica que o homem como *todo* toma inscrição. (p.107, grifo meu).

A fórmula ∀xΦx, portanto, significa que *o todo de um homem recai sob a função fálica* (x significando qualquer sujeito determinado ou parte deste, Φx para a função fálica como aplicável àquele sujeito ou parte dele, e ∀x para o todo de x).[26] Parafraseando essa fórmula, o homem é completamente determinado pela castração simbólica, isto é, cada pedaço dele recai sob o domínio do significante. Voltando à citação, vemos que, no entanto, há uma exceção:

> [O] homem *como todo* toma inscrição, [conforme determinado pela função fálica], exceto que essa função encontra seu limite na existência de um x pelo qual a função Φx é negada, ∃x$\overline{Φx}$. Aí está o que chamamos função do pai. [...] O todo repousa portanto, aqui, na exceção colocada, como termo, sobre aquilo que nega esse Φx (p.107, grifo meu).

O homem pode ser considerado como um todo, porque existe algo que o delimita (∃x: lá existe algum x [algum sujeito ou parte deste] tal que $\overline{Φx}$, a função fálica é foracluída). Ele pode ser tomado como um todo porque existe uma fronteira definível para seu conjunto (Figura 8.3).

Figura 8.3

Devemos lembrar que as obras de Lacan sobre a diferença sexual estão baseadas e são co-extensivas à sua reelaboração da lógica tradicional em termos de sua própria lógica do significante. Um significante nunca está só. Nunca falaríamos sobre o preto se só houvesse escuridão a nossa volta, isto é, nenhum caso em que o preto não fosse encontrado. É porque às vezes aparece alguma outra coisa diferente do preto que este adquire significado. É na oposição com o "branco" e com todas as outras cores que a palavra "preto" ganha sentido.

Embora usando a linguagem da teoria das classes no início da década de 1960, Lacan continua desenvolvendo a mesma idéia no início da década de 1970 relativa ao uso singular dos símbolos da lógica clássica. Em *L'Étourdit*, por exemplo, diz que "não há declaração universal que possa senão ser controlada através da existência que a nega".[27] Em outras palavras, *toda declaração universal está baseada na ex-sistência de uma exceção que confirma a regra,* parafraseando uma famosa máxima francesa.[28] A essência do homem (como totalidade, universalmente definido pela

138   *O sujeito lacaniano*

função fálica) implica portanto necessariamente a existência do pai. Sem o pai, o homem não seria nada, sem forma (*informe*). Portanto, o pai como fronteira (para continuar com a comparação) não ocupa nenhuma área: ele define uma superfície de duas dimensões dentro de suas fronteiras, mas não preenche nenhum espaço. Esse pai que marca o limite da masculinidade do homem não é qualquer pai: Lacan o associa com o pai originário apresentado em *Totem e tabu* de Freud, o pai originário da horda, que não sucumbiu à castração e supostamente controla cada mulher solteira na horda. Embora todos os homens sejam marcados pela castração simbólica, existe ou persiste entretanto um homem a quem a função fálica não se aplica, um homem que nunca foi colocado no lugar que ocupa pela rendição à castração simbólica. Ele não está sujeito à lei: *ele é a sua própria lei.*

Existe no sentido comum esse pai originário, aparentemente afirmado existir na fórmula lacaniana, acima, da estrutura masculina ($\exists x \Phi x$)? Não, ele ex-siste: a função fálica não é simplesmente e moderadamente negada em seu caso; ela é foracluída (Lacan indica que a barra de negação sobre o quantificador representa a discordância, enquanto a barra de negação sobre a função fálica representa a foraclusão)[29] e a foraclusão implica a exclusão absoluta e completa de algo do registro simbólico. É apenas aquilo que *não está foracluído* da ordem simbólica que pode ser considerado como existindo, a existência está estreitamente ligada à linguagem, o pai originário — sugerindo tal foraclusão — deve ex-sistir, localizando-se fora da castração simbólica. Obviamente temos um nome para ele e, portanto, de certa forma ele existe dentro de nossa ordem simbólica; por outro lado, sua própria definição implica uma rejeição dessa ordem, e então por definição ele ex-siste. Seu status é problemático; ele é o que Lacan, na década de 1950, teria qualificado como "extimo": excluído de dentro. Ele pode, entretanto, ser considerado ex-sistindo, porque, da mesma forma que o objeto *a*, o pai originário pode ser escrito: $\overline{\exists x \Phi x}$.

Porém o pai mítico da horda primitiva não é considerado como tendo sucumbido à castração, e o que é a castração simbólica senão um limite ou uma limitação? Ele portanto não conhece nenhum limite. De acordo com Lacan, o pai originário engloba todas as mulheres na mesma categoria: acessíveis. O conjunto de *todas* as mulheres existe para ele e para ele apenas (Figura 8.4). A mãe e as irmãs são alvos tanto quanto as vizinhas e primas em segundo grau. O efeito da castração (o tabu do incesto, nesse caso) é dividir esse conjunto mítico em pelo menos duas categorias: acessíveis e inacessíveis. A castração causa uma exclusão: mães e irmãs estão interditadas (Figura 8.5).

Entretanto, a castração também muda a relação do homem até mesmo com aquelas mulheres que permanecem acessíveis: elas passam a ser definidas, de certa forma, como simplesmente *não* interditadas.

Figura 8.4

Figura 8.5

No Seminário 20, Lacan diz que um homem apenas poderia realmente *jouir d'une femme* a partir da posição de não-castração. *Jouir d'une femme* significa gozar de uma mulher, realmente tirar satisfação dela, tirar vantagem dela, implicando que o prazer dele realmente vem dela, não de algo que ele imagina que ela seja, deseja que ela seja, acredita que ela é ou tem, ou seja lá o que for. Apenas o pai originário pode realmente gozar das mulheres em si. Os mortais masculinos normais devem se resignar a gozar de seus parceiros, o objeto *a*.

Portanto, apenas o pai mítico originário pode ter uma relação sexual verdadeira *com* uma mulher. Para ele existe a relação sexual. Todos os outros homens têm uma "relação" com o objeto *a* — a saber, a fantasia — não com uma mulher em si.

O fato de que cada homem é, entretanto, definido por ambas as fórmulas — uma que estipula que ele é completamente castrado e a outra que alguma instância (*Instanz*) nega ou recusa a castração — demonstra que os desejos incestuosos mantêm-se para sempre no inconsciente. Cada homem, apesar da castração (essa divisão da categoria das mulheres em dois grupos distintos), continua a ter sonhos incestuosos nos quais concede a si mesmo os privilégios do pai imaginário que encontra prazer e desconhece limites.

Falando em termos *quantitativos* por um momento, também é possível ver Lacan dizendo aqui que embora tenha existido, uma vez, uma exceção à regra da castração, pode-se estar absolutamente certo agora, que sempre que se encontra um homem, ele é castrado. Então, é possível afirmar com segurança que todos os indivíduos que são homens, não em termos biológicos mas em termos psicanalíticos, são castrados. Porém, embora os homens sejam totalmente castrados há, entretanto, uma contradição: aquele ideal de não-castração — de não conhecer quaisquer limites, nenhuma limitação — subsiste alhures, de alguma forma, em todo e qualquer homem.

Figura 8.6

Modificando a Figura 8.3, a estrutura masculina pode ser representada como na Figura 8.6, S_2 corresponde a $\forall x \Phi x$ e aqui representa o filho, enquanto S_1 corresponde a $\exists x \overline{\Phi x}$ e representa o pai.

Pai $\exists x \overline{\Phi x}$ S_1
Filho $\forall x \Phi x$ S_2

Essa representação parcial das fórmulas da sexuação já deveria ter esclarecido até que ponto a análise de Lacan destas fórmulas é sobredeterminada, e envolve material derivado da lógica e da lingüística, assim como de Freud.

A estrutura feminina

Quanto às duas fórmulas que definem a feminilidade, encontramos em primeiro lugar que *nem toda* pessoa que, independente da anatomia, enquadra-se na categoria psicanalítica de "Mulheres", é definida pela função fálica ($\overline{\forall x} \Phi x$): nem tudo de uma mulher está sujeito à lei do significante[30] ($\overline{\forall x}$, a não totalidade de x [um determinado sujeito], ou não toda parte de x, tal que Φx, isto é, tal que a função fálica se aplica ao x). Lacan não elabora essa idéia em termos positivos, afirmando, por exemplo, que *alguma parte de cada mulher* escapa ao domínio do falo. Ele admite essa idéia como uma possibilidade, não uma necessidade; entretanto, essa possibilidade é decisiva na determinação da estrutura sexual.

A segunda fórmula ($\overline{\exists x} \ \overline{\Phi x}$) afirma que não é possível encontrar nem mesmo uma mulher para quem a função fálica seja totalmente inoperante: cada mulher é *pelo menos em parte* determinada pela função fálica $\overline{\exists x}$ não existe nem mesmo um x [um sujeito ou parte deste] tal que $\overline{\Phi x}$ isto é, tal que a função fálica é inaplicável a ele). Fosse a função fálica *totalmente* inoperante para um sujeito, ele seria psicótico, a barra sobre a função fálica designaria a foraclusão.[31]

O tipo de imagem que considero útil como uma ilustração preliminar das duas fórmulas para a estrutura feminina é a curva tangente (Figura 8.7), onde, em π/2, a curva sai do quadro e depois misteriosamente reaparece do outro lado. Não é possível atribuir nenhum valor a ela em π/2, e somos forçados a lançar mão de expressões como "O valor de y se aproxima da infinidade positiva à medida que x vai de π/2 a 0 e se aproxima da infinidade negativa à medida que x vai de π para π/2". Na realidade, ninguém sabe como os dois lados da curva se encontram, mas adotamos um sistema de símbolos com o qual é possível falar a respeito de seu valor nesse ponto. O status do gozo do Outro, associado com a fórmula da estrutura feminina, abaixo ($\nabla x \Phi x$, ver Figura 8.2), potencialmente experimentável por aqueles que se enquadram na categoria de "Mulheres", é semelhante àquele do valor da curva tangente em π/2. Ela sai da escala, para fora do mapa da representação. Seu status é semelhante àquele de uma exceção lógica, um caso que coloca o todo em questão.

Figura 8.7

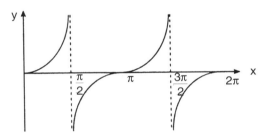

A fórmula $\overline{\exists x}\ \overline{\Phi x}$ resume, em certo sentido, o fato de que enquanto nem tudo de uma mulher é determinado pela função fálica, afirmar a *existência* de alguma parte dela que rejeita a função fálica significaria sustentar que alguma coisa que diz não à função fálica está, entretanto, sujeita a ela, situada dentro da ordem simbólica — pois existir é ter um lugar dentro do registro simbólico. Por essa razão, Lacan nunca afirma que a instância feminina postulada como indo além do falo *existe*: ele mantém a alteridade radical do falo na relação com o logos, com a ordem simbólica conforme estruturada pelo significante do desejo. Embora negue a *existência* desse "reino além do falo", $\overline{\exists x}\ \overline{\Phi x}$ de forma alguma nega sua *ex-sistência*[32], como veremos adiante.

A mulher não é, portanto, de alguma forma menos "completa" do que o homem, pois *o homem é todo somente com relação à função fálica*.[33] As mulheres não são menos "todas" do que os homens exceto quando consideradas em termos da função fálica; as mulheres não são mais "não definidas" ou "indefinidas" do que os homens exceto em relação à função fálica.

Uma dissimetria de parceiros

O falo: um dos parceiros da mulher

Considere agora os símbolos, ou matemas, como Lacan os chama, localizados entre as fórmulas de sexuação. Na Figura 8.8, vemos que o A̸ — simbolizando, de certa forma, que a mulher não é toda — ao mesmo tempo que, por um lado, está ligado (por setas indicando os parceiros da mulher) ao Φ (phi, o falo como significante), por outro, está ligado ao S(A̸), o significante da falta no Outro.

Abordei com detalhes o falo como significante do desejo no início deste capítulo. O que Lacan acrescenta aqui é a noção de que uma mulher geralmente ganha acesso ao significante do desejo na nossa cultura através de um homem ou uma "instância masculina", isto é, alguém enquadrado na categoria psicanalítica de "Homens".

Figura 8.8

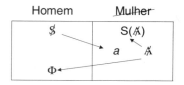

S(A̸) o outro parceiro dA̸ mulher

> Si quelque chose ex-siste à quelque chose, c'est très précisément de n'y être pas couplé, d'en être "troisé", si vous me permettez ce néologisme.
> Lacan, Seminário 21, 19 de março de 1974[34]

Voltando à nossa tabela, vemos que as mulheres, enquanto "formam um par" por um lado, com o falo, também formam inextricavelmente "um trio" (*troisées*) com o significante da falta ou do furo no Outro.

Essa falta não é simplesmente a falta — diretamente correlacionada com o desejo — que mostra que a linguagem está repleta de desejo e que a mãe ou o pai, como um avatar do Outro, não é completo e, portanto, anseia (por) algo mais. Pois o significante dessa falta que implica desejo (ou desejo-implicando falta) é o próprio significante fálico. Na década de 1970, Lacan não aborda em detalhes o S(A̸) e, portanto, oferecerei minha interpretação dessa função aqui.[35]

No capítulo 5, falei do S(A̸) como "o significante do desejo do Outro", no contexto da abordagem de Lacan sobre Hamlet no Seminário 6. Nesse ponto da obra de Lacan, o S($\cancel{A}$) parece ser o termo lacaniano para o falo como significante, e portanto, de certa forma, ele é o que permite a Lacan separar primeiro o falo como imaginário ($-\phi$) do falo como simbólico (Φ). Os sentidos dos símbolos muitas vezes mudam de forma significativa no curso dos textos de Lacan, e eu proporia que o S($\cancel{A}$) muda, entre os Seminários 6 e 20, da designação do significante da falta ou do desejo do Outro para a designação do significante da "primeira" perda.[36] (Essa mudança corresponde a uma alteração no registro, como acontece várias vezes na obra de Lacan: do simbólico para o real. Observe que todos os elementos encontrados na categoria "Homens" estão relacionados ao simbólico, enquanto todos aqueles na categoria "Mulheres" estão relacionados com o real.)

Essa primeira perda pode ser compreendida de muitas formas diferentes. Pode ser entendida na fronteira do simbólico com o real como a perda de um significante "primeiro" (S_1, o desejo do Outro materno), quando o recalque originário ocorre. O "desaparecimento" desse primeiro significante é necessário para a instituição da ordem significante como tal: *uma exclusão precisa ocorrer para que alguma outra coisa venha a ser*. O status desse primeiro significante excluído é obviamente muito diferente do de outros significantes — sendo mais um fenômeno de limite (entre o simbólico e o real) — e possui afinidades muito grandes com aquele status da perda primordial ou falta na origem do sujeito. Eu sugeriria que a primeira exclusão ou perda de alguma forma *encontra* um representante ou significante: S($\cancel{A}$).

Então, o que significa algo real (uma perda ou exclusão real) encontrar um significante? Pois que o real é em geral considerado como insignificável. Se o real encontrar um significante, esse significante deve estar operando de uma forma que é muito incomum. Pois o significante geralmente substitui, barra e anula o real; ele significa um sujeito para outro significante, mas não significa o real como tal.

Minha opinião aqui é que o S($\cancel{A}$) na Figura 8.8, que Lacan associa no Seminário 20 com o gozo especificamente feminino, designa um tipo de sublimação freudiana das pulsões na qual estas são completamente satisfeitas (esse *outro* tipo de satisfação é o que está por trás da expressão lacaniana "gozo do Outro"), e um tipo de sublimação lacaniana onde um objeto comum é elevado ao status da Coisa (ver Seminário 7).[37] A Coisa freudiana encontra um significante, exemplos simples dos quais podem incluir "Deus", "Jesus", "Maria", "a Virgem", "arte", "música", e assim por diante, e a *descoberta* do significante deve ser compreendida como um encontro (τυχή), isto é, como fortuito em certo sentido.

À parte a satisfação imaginária que talvez possamos associar ao êxtase ou enlevo religioso ou à obra de um artista ou músico, existe, entretanto,

144   *O sujeito lacaniano*

uma satisfação *real* obtida, e isso me parece com o "além da neurose" de Lacan para aqueles com uma estrutura feminina. Nos capítulos 5 e 6, descrevi a primeira conceitualização de Lacan de um além da neurose como uma subjetivação da causa, tornando-se a própria causa da pessoa, por mais paradoxal que possa parecer a princípio. Na época do Seminário 20, Lacan parece ver isso como *um* caminho além da neurose, o caminho daqueles caracterizados pela estrutura masculina. *O outro caminho — o da sublimação — é específico daqueles caracterizados pela estrutura feminina.*[38]

O caminho masculino poderia então ser classificado como aquele do desejo (tornando-se a própria causa do desejo), enquanto o caminho feminino seria aquele do amor. E como veremos, a subjetivação masculina poderia então ser considerada como envolvendo a produção/criação de sua própria alteridade na qualidade de causa eficiente (o significante)[39], enquanto a subjetivação feminina envolveria a produção/criação de sua própria alteridade na qualidade de causa material (a letra).[40] Ambos, então, exigiriam a subjetivação da causa ou da alteridade, porém em diferentes facetas. Retornarei a esse assunto em seguida.

A̶ mulher não existe

O A̶ na tabela das fórmulas de sexuação é a abreviação usada por Lacan para a noção de que a "Mulher não existe": não há significante algum ou essência da Mulher como tal. A Mulher, então, pode ser escrita somente sob rasura: A̶ Mulher. Se, como Lacan sugere, não existe tal significante — a idéia subjacente presumível é aquela de que o falo é, de alguma forma, o significante ou a essência do Homem, uma vez que a função fálica é o que o define — o fato de S(A̶) ser um dos parceiros dA̶ Mulher sugere que um significante pode ser encontrado e adotado, de alguma forma vindo a ocupar o lugar daquela definição ou essência que falta. O S(A̶) substitui um significante que não está pronto nem é *prêt à porter,* e representa o forjamento de *um novo significante* (S$_1$), *embora uma mulher não esteja assujeitada a ele.* Enquanto o homem está sempre assujeitado a um significante mestre, a relação da mulher com este significante parece radicalmente diferente. Um significante mestre serve como um limite para o homem; o S(A̶) não desempenha esta mesma função em relação a uma mulher.

Do ponto de vista social, a afirmação de Lacan de que não há nenhum significante de/para a Mulher está, sem dúvida, relacionada com o fato de que a posição da mulher na nossa cultura é definida automaticamente pelo homem que ela adota como parceiro ou é definida somente com grande dificuldade. Em outras palavras, a busca por um outro caminho para a mulher definir-se é longa e repleta de obstáculos.[41] O Outro social ocidental jamais vê tais tentativas de modo muito favorável e, assim, a satisfação que poderia ser derivada daí é muitas vezes frustrada. A música, a arte, a ópera, o teatro, a dança e outras "artes refinadas" são provavelmente aceitas por aquele Outro, entretanto, são menos aceitas quando a relação com um homem não é prioritária. E enquanto no passado aceitávamos que as mulheres se dedicassem à vida religiosa em conventos, evitando a relação definidora com um homem, hoje até mesmo esse recurso é malvisto, o que significa dizer que o Outro está tornando determinados significantes religiosos cada vez mais difíceis de serem adotados. Pois, enquanto a relação com o S($\cancel{A}$) pode ser estabelecida pelo encontro, este pode ser facilitado ou frustrado pela cultura e pela(s) subcultura(s) nas quais a mulher se insere.

Isto de forma alguma implica que nunca haverá um significado "automático" ou pronto para as mulheres. Se aceitarmos o diagnóstico de Lacan neste ponto, esse estado de coisas é contingente, não necessário.

Da mesma forma, Lacan de maneira alguma sugere que as mulheres não têm identidade sexual própria; ele não define as mulheres, como algumas vezes se diz em literatura, simplesmente como homens em que falta algo.[42] A identidade sexual, nos termos lacanianos, constitui-se de pelo menos dois níveis diferentes: (1) as identificações sucessivas que constituem o eu (em geral identificações com um ou ambos os pais), respondendo por um nível de identidade sexual *imaginário*, um nível rígido que muitas vezes entra em sério conflito com (2) estruturas masculina ou feminina conforme definidas anteriormente, conforme relacionadas com os diferentes lados das fórmulas da sexuação inventadas por Lacan, dado um *sujeito* qualquer capaz de situar-se em ambos os lados. Portanto, esses dois lados, que muitas vezes entram em conflito[43], correspondem ao eu e ao sujeito. Ao nível das identificações do eu, é possível uma mulher identificar-se com o pai (ou uma figura que seja socialmente considerada "masculina"), enquanto ao nível do desejo e de sua capacidade subjetiva para o gozo, ela pode ser caracterizada pela estrutura feminina.

A identidade sexual de uma mulher pode, de fato, envolver uma grande quantidade possível de combinações diferentes, pois, ao contrário da estrutura masculina e feminina, que na opinião de Lacan constitui um ou/ou, (ou isto ou aquilo), não existindo um terreno comum entre eles, as identificações do eu podem incluir elementos de várias pessoas diferentes, tanto masculinas quanto femininas. Em outras palavras, o nível imaginário de identidade sexual pode ser em si e de si extremamente autocontraditório.

A própria existência da identidade sexual (sexuação, para usar o termo de Lacan) a um nível *outro* que não aquele do eu, ao nível da subjetividade,

146   *O sujeito lacaniano*

deveria eliminar a noção equivocada que prevalece nos países de língua inglesa de que uma mulher não é considerada, de forma alguma, um sujeito na teoria lacaniana. *A estrutura feminina significa a subjetividade feminina.* Na medida em que uma mulher estabelece uma relação com um homem, é provável que ela seja reduzida a um objeto — o objeto (a) — na fantasia dele; e na medida em que ela é vista a partir da perspectiva da cultura masculina, é provável que ela seja reduzida a nada além de uma mera coleção de objetos na fantasia masculina culturalmente estereotipada: i(a), isto é, uma imagem que contém e, no entanto, dissimula o objeto (a). Isso pode muito bem implicar em uma perda de subjetividade no sentido comum e cotidiano da palavra — "de estar no controle de sua vida", "ser um fator a ser levado consideração", e assim por diante[44] — porém, de forma alguma implica em uma perda de subjetividade no sentido lacaniano do termo. *A própria adoção de uma posição ou postura com relação ao (*uma experiência de*) gozo envolve e implica subjetividade.* Uma vez adotada essa posição, um sujeito feminino terá vindo a ser. Até que ponto esse sujeito específico subjetiva seu mundo é uma outra questão.

É possível entender algumas obras contemporâneas de determinadas feministas como envolvendo uma tentativa de apresentar, representar, simbolizar, e, desse modo, subjetivar um determinado real nas suas experiências que antes nunca havia sido representado, simbolizado ou subjetivado. Talvez esse real anteriormente não dito e não escrito esteja relacionado com o que Lacan denomina o gozo do Outro e o Outro sexo (a Mulher constituindo o Outro sexo, mesmo para uma mulher; este ponto é analisado em mais detalhes a seguir). Estes últimos são Outro (estrangeiros ou estranhos para alguém) somente na medida em que eles não foram falados, escritos, representados ou subjetivados. Embora muitas feministas vejam suas obras em outros termos — como relacionadas a um imaginário especificamente feminino ou a um nível de experiência pré-tético/semiótico — estas poderiam, em termos mais estritamente lacanianos, e correndo o risco de sermos reducionistas, ser entendidas como uma tentativa de subjetivar o real (o Outro real ou o Outro como gozo)[45].

Masculino/Feminino — Significante/Significação

Permitam-me prosseguir na minha interpretação fornecendo mais alguns detalhes. Embora Lacan nunca diga com clareza que o Homem é *definido* pelo significante do desejo (Φ), suponhamos, por um momento, que ele seja assim definido. Isso implica necessariamente que a Mulher nunca pode ser definida antes do Homem ser definido? E, por sua vez, isso implica que se a Mulher fosse identificada com o significante do desejo, o Homem não poderia ser definido? Há alguma razão estrutural pela qual o significante do desejo possa ser identificado com apenas um sexo por vez, mesmo teoricamente sendo um dos dois? Se isso é verdade, o sexo oposto está então necessariamente associado com o objeto como causa do desejo? Há alguma razão teórica para que um sexo deva ser definido como um significante e o outro como um objeto?

Talvez haja. Na medida em que a separação conduz à divisão do Outro em Outro barrado e objeto *a*, o Outro (por exemplo, o Outro genitor: na família nuclear, a mãe e o pai) divide-se em duas "partes", uma das quais (Ⱥ) pode certamente ser associada com o significante e a outra com um objeto (Figura 8.9). Nos termos da dialética lacaniana do desejo, como ela opera nas sociedades organizadas como a nossa, talvez *haja* uma razão teórica para que os papéis do significante e do objeto sejam corporificados em sexos diferentes.

Figura 8.9

O trabalho de Lacan sobre a sexuação parece implicar que a subjetivação ocorre em vários níveis em seres sexuados de forma diferente: aqueles com estrutura masculina devem subjetivar ou encontrar uma nova relação com o objeto, enquanto aqueles com estrutura feminina devem subjetivar ou encontrar uma nova relação com o significante. Ambos os sexos subjetivam aquilo que é o Outro no princípio, embora suas abordagens desse Outro, o aspecto do Outro com o qual lidam, difira. É como se o Outro fosse instalado por completo nos homens, seus "problemas" são com relação ao objeto; ao passo que nas mulheres o Outro nunca está completamente instalado como tal. O "problema" da Mulher então não seria fazer o Outro existir ou completá-lo — o que é, afinal, o projeto do perverso — mas ao contrário subjetivá-lo, constituí-lo dentro dela. A subjetivação para aqueles caracterizados pela estrutura feminina seria então bastante diferente daquela descrita nos capítulos 5 e 6, e requereria um encontro com um significante[46].

Os homens e as mulheres são alienados na e pela linguagem de formas radicalmente diferentes, como comprovado por suas relações distintas com o Outro, e com o S_1 e S_2. Como sujeitos, eles estão divididos de formas diferentes e *essa diferença na divisão é responsável pela diferença sexual*. A diferença sexual então se origina das relações divergentes dos homens e das mulheres com o significante.

148   *O sujeito lacaniano*

Cada sexo parece ser chamado a desempenhar uma parte relacionada com os próprios fundamentos da linguagem: os homens desempenham a parte do significante, enquanto as mulheres representam a parte de *"l'être de la signifiance"*, como Lacan coloca (Seminário 20, p.103). Até o momento, nenhum outro falante inglês tentou, até onde eu sei, traduzir *signifiance*,[47] embora esteja bastante claro o que Lacan está tentando dizer quando usa esse termo extraído da lingüística. (É extraído no sentido de que, na lingüística, ele se refere meramente ao "fato de ter significado", enquanto Lacan o vira de cabeça para baixo). Sugeri traduzi-lo como "signific*ância*", isto é, o fato de ser um significante, o fato de que os significantes ex-sistem, a subsistência de significantes, a natureza significante dos significantes[48]. Quando Lacan usa o termo é para enfatizar a natureza absurda do significante, a própria existência de significantes à parte e separada de qualquer sentido possível ou significação que porventura tenham; é para ressaltar o fato de que a própria existência do significante ultrapassa seu papel significativo, que sua substância ultrapassa sua função simbólica. O ser do significante vai além de seu "papel designado", seu papel no logos, que é o de significar. Portanto, em vez de se referir ao "fato de ter significado", Lacan o usa para se referir ao "fato de ter efeitos Outros que não os efeitos de significado".

Deveríamos sentir um ar de *rebeldia* na "significância" usada por Lacan! O significante desafia o papel que lhe é atribuído, recusando ser inteiramente relegado à tarefa de significação. Ele tem uma ex-sistência além e fora do fazer-sentido, fazer-senso/sentido.

O ser, nas obras de Lacan, está associado com a letra — a letra, na década de 1970, era a face material e não significante do significante, a parte que tem efeitos sem significar: efeitos de gozo. A letra está relacionada com a *materialidade da linguagem,* a *"substance jouissant"*, como Lacan a postula no Seminário 20 (p.35)[49]: a substância gozante ou "gozando", a substância que goza ou desfruta. Associar o masculino com o significante e o feminino com a letra pode parecer equivalente a um retorno à antiga metáfora da forma e da substância datada pelo menos dos tempos de Platão, mas nas obras de Lacan sempre há uma torção no retorno: a substância vence a forma e lhe ensina um ou dois truques.

Outro para ela mesma, gozo do Outro

Em que sentido pode uma mulher ser considerada um Outro para ela mesma, como Lacan sugere? Na medida em que ela se define em termos de um homem (em termos do falo, através de um homem), esse outro aspecto — a relação potencial com o $S(\cancel{A})$ — permanece opaco, estrangeiro, Outro.

Considere o que Lacan diz em 1958/1962: "O homem funciona aqui [em relação à castração] como uma ponte para que a mulher se torne um Outro para ela mesma, exatamente como ela é para ele" (*Écrits* 1966, p.732). Ao se ver apenas em termos do falo, isto é, em termos de sua posição tal como definida na relação com um homem, outras mulheres que não parecem ser definidas desse modo são consideradas como Outro. Se, entretanto, esse Outro potencial for realizado, isto é, uma relação com S($\cancel{A}$) for estabelecida, a mulher não será mais um Outro para si mesma. E se não for realizada, ela permanecerá uma *hommosexuelle*, como Lacan assim escreve, uma fusão de homem (*homme)* e homossexual: ela amará homens, ela amará como um homem e seu desejo será estruturado, na fantasia, como o dele.

Para aqueles caracterizados pela estrutura masculina, uma mulher é vista como Outro — como radicalmente Outro, como o Outro do/como gozo — na medida em que ela corporifica ou é vista como um representante do gozo do Outro que Lacan chama indecente. Por que "indecente"? Porque ele não necessita de nenhuma relação com o falo e salienta a exigüidade do gozo fálico, que é a mera insignificância de prazer remanescente após as pulsões terem sido totalmente assujeitadas (no caso da estrutura masculina) ao simbólico. Essa sujeição das pulsões corresponde a uma determinada forma freudiana de sublimação, aquela onde o real é sugado pelo simbólico[50], o gozo é transferido para o Outro.

O gozo do Outro envolve uma forma de sublimação através do amor que proporciona satisfação total das pulsões. O gozo do Outro é um gozo de amor[51], e Lacan o associa ao êxtase religioso e ao tipo de gozo material, corporal que não está localizado nos órgãos genitais como o gozo fálico (o primeiro não é, ele afirma claramente, o assim chamado orgasmo vaginal definido como oposto ao do clitóris). De acordo com Lacan, o gozo do Outro é *as*sexual (enquanto o gozo fálico é sexual), porém ele é *do* e *no* corpo[52] (o gozo fálico envolve apenas o orgasmo como instrumento do significante).

O pouco que Lacan afirma diretamente a respeito do S($\cancel{A}$) propõe que o gozo do Outro, simbolizado por este, tem a ver com a radicalidade ou *alteridade* absoluta do Outro: não há nenhum Outro (isto é, nenhum exterior) do Outro. O Outro não é apenas um exterior *relativo a* um interior específico, determinado; ele é sempre e inescapavelmente Outro, "exterior" a todo e qualquer sistema[53].

Deixarei uma explicação mais detalhada do gozo do Outro para uma outra ocasião[54], proponho apenas que ele está relacionado à idéia de Freud de que a satisfação completa das pulsões proporcionada por uma forma de sublimação é "dessexualizada"[55]. A "libido dessexualizada" parece estreitamente relacionada ao gozo assexual proposto por Lacan, o gozo do Outro. A sublimação está, acidentalmente, situada por Lacan (em um contexto de certa forma diferente) no canto inferior esquerdo do quadrado lógico que apresentei nos capítulos 4 e 6 (ver Figura 8.10).

Figura 8.10

Meus comentários aqui se limitam apenas ao começo de uma interpretação, mas isso me parece uma interpretação geral da maneira como a Figura 8.8 poderia ser compreendida.

Como assinalei anteriormente, Lacan procura demonstrar (1) que os sexos são definidos de formas separadas e diferentes, e (2) que seus parceiros não são simétricos nem sobrepostos. O parceiro do homem, como visto na Figura 8.8, é o objeto a, não uma mulher como tal. Um homem pode então derivar algum prazer de alguma coisa que ele recebe de uma mulher: a forma dela falar, uma determinada maneira de olhar para ele, e assim por diante, mas é somente na medida em que ele a investiu com aquele precioso objeto que desperta seu desejo. Ele então pode necessitar de uma mulher (biologicamente definida) como o substrato, suporte ou meio do objeto a, mas ela nunca será sua parceira.

Tampouco será o parceiro dela também. Ela pode necessitar de um homem (biologicamente definido) para corporificar, encarnar ou servir como suporte do falo para ela, mas é o falo e não o homem que será seu parceiro. A quebra ou dissimetria é ainda mais radical no caso do Outro parceiro dela, S($\cancel{A}$), já que aquele parceiro não está na categoria "Homem" de forma alguma, e, portanto, a mulher não necessita recorrer a um homem para "relacionar-se" ou "concordar" com esse parceiro.

Se os parceiros sexuais dos homens e das mulheres fossem idênticos — tivessem, digamos, o objeto a funcionado como o único parceiro para ambos — ao menos o desejo deles como seres sexuados seria estruturado de alguma forma paralela (*hommosexuelle*), e poderíamos imaginar uma relação sexual entre eles nessa base. Mas a dissimetria de seus parceiros é absoluta e completa, e nenhuma relação concebível entre os sexos pode então ser postulada, articulada, ou escrita de qualquer forma que seja.

A verdade da psicanálise

Isso é o que Lacan em geral qualifica como *a* verdade da psicanálise. É certo que ele algumas vezes propõe que toda a verdade é matematizável: "Não há verdade que não seja 'matematizada', isto é, escrita, isto é, que não esteja baseada, na qualidade de Verdade, somente sobre axiomas. O que equivale a dizer que existe verdade mas daquilo que não tem sentido, isto é, daquilo relativo ao qual não há outras conseqüências a serem elaboradas senão dentro [do registro] da dedução matemática" (Seminário 21, 11 de dezembro de 1973).

Porém, esse comentário se aplica apenas à verdade (*le vrai*) que vemos, por exemplo, nas "tabelas de verdade" e na lógica simbólica (ver capítulo 10). A única *verdade* da psicanálise, de acordo com Lacan, é que não há relação sexual, a questão é induzir o sujeito a encontrar-se com essa verdade.

Existência e ex-sistência

> *N'existe que ce qui peut se dire.*
> *N'ex-siste que ce qui peut s'écrire.*

Segundo as muitas declarações aparentemente paradoxais de Lacan acerca da existência — a "Mulher não existe", "O gozo do Outro não existe" — e envolvendo *il y a* e *il n'y a pas* — "Não há a relação sexual", "*Il y a de l'Un, Il n'y a pas d'Autre de l'Autre*"* — gostaria de acrescentar umas palavras aqui a respeito da noção de Lacan de ex-sistência.

Ao que me é dado saber, a palavra "ex-sistência" foi pela primeira vez apresentada no francês nas traduções de Heidegger (por exemplo, de *Ser e tempo*), como uma tradução para o grego *ekstasis* e o alemão *Ekstase*. A raiz do significado do termo em grego é "ficar do lado de fora de" ou "ficar a parte de" alguma coisa. Em grego, esse termo era usado, de maneira geral, para a remoção ou deslocamento de alguma coisa, mas também veio a ser aplicado aos estados mentais que chamaríamos hoje em dia de "extáticos". Assim, um sentido derivado da palavra é "êxtase", daí sua relação com o gozo do Outro. Heidegger muitas vezes fez jogos de palavras com o sentido da raiz da palavra, "ficando do lado de fora" ou "saindo para fora" de si mesmo, mas também com sua ligação próxima em grego com a raiz da palavra para "existência", Lacan a usa para falar a respeito de que "uma existência separada de", que insiste, digamos assim, do lado de fora; alguma coisa não incluída no interior, algo que, ao contrário de ser íntimo, é "extimo".

---

* "Há o Um, não há o Outro do Outro". (N.R.)

152 *O sujeito lacaniano*

O gozo do Outro está além do simbólico, colocando-se à parte da castração simbólica. Ele ex-siste. Podemos vislumbrar um lugar para ele dentro de nossa ordem simbólica, e até nomeá-lo, mas ele entretanto permanece inefável, indizível. Podemos considerá-lo como ex-sistindo porque ele pode ser escrito: $\nabla x \Phi x$.

As relações sexuais, entretanto, diferem a esse respeito: elas não podem ser escritas e, portanto, nem existem nem ex-sistem. Simplesmente, não há relação sexual.

A própria noção de ex-sistência e de gozo do Outro como ex-sistindo, faz da "economia de gozo" ou da "economia libidinal" de Lacan uma economia aberta, incomensurável. Não há nenhuma conservação de gozo, nenhuma relação proporcional entre gozo sacrificado e gozo ganho, nenhum sentido no qual o gozo do Outro compense a exigüidade do gozo fálico — em uma palavra, nenhum complemento ou medida. O gozo do Outro é fundamentalmente incomensurável, não quantificável, desproporcional e indecente para a "sociedade educada". Nunca poderá ser recuperado dentro de uma "economia fálica" ou estruturalismo simples. Da mesma forma que o objeto *a* como ex-sistência, o gozo do Outro tem um efeito irremediável sobre o "funcionamento ordeiro da estrutura".

Uma nova metáfora para a diferença sexual

> O significante… deve ser estruturado em termos topológicos.
> Lacan, Seminário 20, p.29

O que devemos entender das opiniões de Lacan sobre a diferença sexual conforme tentei mostrar aqui? Devem ser levadas a sério? São úteis para nós?

Lacan fornece explicitamente uma nova metáfora da diferença sexual, uma que vai além da dialética de ativo e passivo (com a qual o próprio Freud ficou insatisfeito), de ter e ser (muito mais interessante, ao menos do ponto de vista gramatical/lingüístico), e assim por diante[56]. Um ponto no qual os críticos e psicanalistas contemporâneos concordariam é que as diferenciações biológicas são inadequadas, diversas pessoas parecem atravessar, a nível psíquico, as linhas "rígidas e invariáveis" da diferença sexual determinada pela biologia. Assim, começamos com a hipótese de que há homens com estrutura feminina (definida de alguma forma) e mulheres com estrutura masculina (definida de uma outra forma).

O que nos interessa na forma lacaniana de definir a estrutura masculina e feminina? Em primeiro lugar, ela envolve uma nova topologia: ela rompe com a antiga concepção ocidental do mundo como uma série de círculos ou esferas concêntricas, e por sua vez toma como modelo tais superfícies topológicas paradoxais como a banda de Moebius, a garrafa de Klein, e o *cross-cap*. O último, em especial, é uma superfície fértil para revolucionar a forma com que pensamos. Se há uma "estrita equivalência de topologia e estrutura" (Seminário 20, p. 17), então novos modelos topológicos podem ser úteis no pensamento a respeito dos sistemas.

Em essência, o *cross-cap* é uma semi-esfera com uma torção: *a torção lacaniana*, como se diz. Aquela pequena volta muda todas as propriedades topológicas da esfera, nada retorna sobre si mesmo como na antiga e familiar concepção das coisas. É talvez a mesma torção lacaniana que, no fim das décadas de 1950 e 1960, mudou muitos dos termos lacanianos de simbólico para real. (Esse processo finalmente acaba, de certa forma, quando Lacan descobre o nó borromeano que engloba os três resgistros — o imaginário, o simbólico e o real — como igualmente importantes). A volta lacaniana é, talvez, a capacidade de ver alguma coisa além do simbólico onde a filosofia e o estruturalismo não enxergam nada exceto a mesma coisa de sempre.

Ao contrário da banda de Moebius, o *cross-cap* é uma superfície *impossível*. O primeiro pode ser construído; portanto, ele é imaginável (ou "imaginarizável") — ele pode ser retratado na mente. O *cross-cap*, por outro lado, é uma superfície que pode ser descrita da mesma forma como o são várias outras superfícies na topologia, com pequenos retângulos com setas ao longo das margens indicando como os lados opostos se encaixam, embora seja impossível de ser construído. Considere as superfícies representadas na Figura 8.11, com suas representações simbólicas:

Todas essas superfícies, exceto o *cross-cap*, são passíveis de representação visual correta. Enquanto o *cross-cap* pode ser expresso simbolicamente em termos topológicos (ver o retângulo acima da palavra), ele não pode ser visualizado nem construído de maneira correta. Para tentar imaginá-lo, você deve visualizar uma esfera que é cortada em um lugar determinado, cada ponto de ambos os lados do corte é religado, não com

Figura 8.11

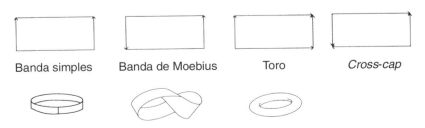

o ponto diretamente oposto, como na sutura de uma ferida, mas com o ponto *simétrico* do lado oposto, como na Figura 8.12, onde a' seria ligada a b' e a" a b".

Figura 8.12

O *cross-cap* é, nesse sentido, impossível. Contudo, ele pode ser escrito; ele é susceptível de inscrição simbólica. O simbólico pode ser usado aqui para descrever alguma coisa real, alguma coisa extra-simbólica.

Se é que a velha noção de círculos ou esferas concêntricas pode ser aplicada a alguma coisa, Lacan parece sugerir que ela se aplica à estrutura masculina, limitada como é pela função paterna (Figura 8.13). Freud sugere

Figura 8.13

que as mulheres têm uma relação diferente com a lei, a qual ele relaciona com um ideal de eu ou supereu menos desenvolvido, mas isto talvez possa ser melhor entendido como uma sugestão de que as relações com os limites dos sujeitos, caracterizados pela estrutura, são fundamentalmente diferentes: a oposição entre interior e exterior não se aplica. Dessa forma, a superfície do *cross-cap* não constitui um limite hermético e existe apenas uma noção localmente válida de interior e exterior, não uma noção definitiva. Esse pequeno rasgo anômalo em sua "superfície" muda todas as suas propriedades. Uma outra maneira de formular a nova metáfora de Lacan é com os termos "aberto" e "fechado", conforme derivados da teoria dos conjuntos e da topologia. De maneira semelhante ao conjunto constituído pelo Homem, um "conjunto fechado" inclui seus próprios limites ou fronteiras; da mesma forma que A̸ Mulher, um "conjunto aberto", não inclui seus próprios limites ou barreiras. Pode-se dizer que é, ao menos em parte, graças ao trabalho de Lacan com a teoria dos conjuntos, a lógica e a topologia — campos de estudo bastante incomuns para a maioria dos psicanalistas — que ele é capaz de formular a diferença sexual de uma nova maneira[57].

A nova metáfora de Lacan para a diferença sexual constitui um novo sintoma: uma nova forma sintomática de ver a diferença sexual que não é mais nem menos sintomática do que as formas anteriores. Um sintoma sempre permite que certa pessoa veja determinadas coisas e a impede de ver outras.

Se a mim coubesse qualificar essa forma sintomática de ver, seria tentado a chamá-la de "estruturalismo gödeliano", na medida em que mantém a importância da estrutura, enquanto continua a apontar para uma incompletude necessária nela e para a fundamental indecodibilidade de determinadas afirmações feitas dentro dela. Lacan adota claramente as noções de Gödel de que todo sistema formal significativo contém algumas declarações que não são passíveis de decisão e que é impossível definir a verdade de uma linguagem naquela mesma linguagem. Nas obras de Lacan não é apenas a exceção que prova a regra, porém mais radicalmente, a exceção que nos força a redefinir as regras. Seus trabalhos corporificam a própria estrutura da histeria: quanto mais próximo ele chega de formular um sistema, mais vigorosamente o reexamina e o questiona. Se é "um sistema para acabar com todos os sistemas", é Lacan que nos ensina a ler essa expressão de uma forma nova.

PARTE QUATRO

O Estatuto do Discurso Psicanalítico

capítulo nove

Os quatro discursos

> Não existe o todo. Nada é todo.
> Lacan, *Scilicet* 2/3 (1970): 93

> Não há universo do discurso.
> Lacan, Seminário 14,
> 16 de novembro de 1966

> Não há metalinguagem.
> Lacan, Seminário 14,
> 23 de novembro de 1966

A psicanálise lacaniana constitui uma teoria muito poderosa e uma prática socialmente significativa. No entanto, ela não é uma *Weltanschauung,* uma visão de mundo totalizada ou totalizante[1], embora muitos gostassem de transformá-la em tal. É um discurso e, portanto, tem efeitos no mundo. É apenas um discurso entre muitos, não *o* discurso final, essencial.

O discurso dominante no mundo atual é, sem dúvida, o discurso do poder: o poder como meio de alcançar x, y e z, mas em última instância, o poder pelo poder. A psicanálise lacaniana não é, em si e de si mesma, um discurso de poder. Ela utiliza um determinado tipo de poder na situação analítica, um poder que é injustificável de acordo com muitas escolas de psicologia americanas onde a autonomia (leia-se: eu) do "cliente" é sacrossanta e deve permanecer desimpedida e incontestada. A psicanálise utiliza o poder da causa do desejo para provocar uma reconfiguração do desejo do analisando. Como tal, o discurso analítico é estruturado de forma diferente do discurso do poder. A teoria dos "quatro discursos" de Lacan procura explicar as diferenças estruturais entre os discursos e voltarei a esse assunto em breve.

Primeiramente, permitam-me levantar a questão do relativismo. Se a psicanálise não é de alguma forma o discurso essencial, sendo apenas um discurso entre outros, por que razão ela atrai nossa atenção? Por que deveríamos nos preocupar com o discurso analítico se ele é apenas um

160 *O sujeito lacaniano*

entre vários ou um entre muitos discursos? Darei apenas uma resposta simples: porque *ele nos permite compreender o funcionamento dos diferentes discursos de um modo singular.*[2]

Antes de abordar os pontos específicos dos quatro discursos de Lacan, salientarei que embora Lacan denomine um de seus discursos de o "discurso da histérica", com isso ele não sugere que uma determinada histérica sempre e indubitavelmente adote ou funcione dentro desse discurso. Tal como um analista, a histérica pode funcionar no discurso do analista; tal como um acadêmico, a histérica pode funcionar no discurso da universidade. A estrutura psíquica da histérica não se altera quando ela troca de discursos, mas a sua eficácia muda. Ao situar-se no discurso do analista, o efeito dela sobre os outros corresponde ao efeito permitido por aquele discurso, e sofre dos obstáculos e falhas endêmicas daquele discurso. Um discurso específico facilita determinadas coisas e dificulta outras, permite que se veja determinadas coisas enquanto impede que se vejam outras.

Os discursos, por outro lado, não são como chapéus que podem ser colocados e retirados à vontade. A mudança de discursos, em geral, requer que determinadas condições sejam atendidas. O analista nem sempre funciona no discurso analítico; por exemplo, na medida em que ensina, o analista pode muito bem adotar o discurso da universidade ou o discurso do mestre ou até o discurso da histérica (o próprio ensinamento de Lacan muitas vezes parece passível de classificação sob esse último cabeçalho).

O que é possível notar imediatamente é que, embora Lacan construa o discurso da histérica, não existe o discurso do neurótico obsessivo, fóbico, perverso, ou psicótico. Seus discursos podem ser, sem dúvida, formalizados até certo ponto, e Lacan dedicou-se a definir a estrutura da fantasia na fobia, na perversão, e assim por diante.[3] Entretanto, eles não são focos primários dos quatro principais discursos que esboçou. Não examinarei todas as complexidades dos quatro discursos, especialmente no que diz respeito ao seu desenvolvimento ao longo do tempo, desde o Seminário 17, onde são apresentados, até o Seminário 20 e além, onde são, de alguma forma, reelaborados. Prefiro apresentar as características básicas de cada um dos quatro discursos e, no próximo capítulo, analisarei uma *segunda* forma de falar a respeito dos diferentes tipos de discursos que Lacan apresenta no Seminário 21.

O discurso do mestre

De certa forma, os discursos de Lacan começam com o do mestre, tanto por razões históricas quanto pelo fato de que esse discurso incorpora a função alienadora do significante ao qual estamos todos assujeitados. Como tal, ele ocupa um lugar privilegiado nos quatro discursos, constituindo um tipo de discurso primário (tanto filogenética quanto ontogeneticamente). É a matriz fundamental do vir a ser do sujeito através da alienação (como vimos nos capítulos 4-6), porém Lacan atribui a ele uma função de certa forma diferente no contexto dos seus quatro discursos:

$$\frac{S_1}{\$} \to \frac{S_2}{a}$$

No discurso do mestre, a posição predominante ou dominante (no canto esquerdo superior) é preenchida por S_1, o significante não-senso, o significante sem nexo ou razão, em outras palavras, o significante mestre. O mestre deve ser obedecido — não porque nos beneficiaremos com isso ou por alguma outra razão desse tipo — mas porque ele assim o diz.[4] Não há razão para que ele tenha poder: ele simplesmente tem.

O mestre (representado aqui por S_1) dirige-se (essa direção é representada por setas) ao escravo (S_2), que está situado na posição do trabalhador (no canto direito superior, também denominado por Lacan como a posição do outro). O escravo, ao trabalhar duro para o mestre, aprende algo: ele vem encarnar o saber (saber entendido como algo produtivo), representado aqui por S_2. O mestre não se preocupa com o saber: contanto que tudo funcione, contanto que seu poder seja mantido ou aumente, tudo está bem. Ele não tem interesse algum em saber como ou por que as coisas funcionam. Considerando o capitalista como mestre e o trabalhador como escravo, o objeto (a) que aparece no canto direito inferior representa o excedente produzido: a mais-valia. Esse excedente, derivado da atividade do trabalhador, é apropriado pelo capitalista e poderíamos presumir que ele, direta ou indiretamente, proporciona algum tipo de prazer a este último: o mais-gozar.

O mestre não pode mostrar nenhuma fraqueza e, conseqüentemente, oculta com cuidado o fato de que ele, como qualquer um, é um ser da linguagem que sucumbiu à castração simbólica: a divisão entre o consciente e o inconsciente ($\$$) acarretada pelo significante é velada no discurso do mestre e aparece na posição de verdade: a verdade dissimulada.

As diversas posições em cada um dos quatro discursos podem ser designadas agora da seguinte forma:

$$\frac{\text{agente}}{\text{verdade}} \to \frac{\text{outro}}{\text{produto/perda}}$$

Seja qual for o matema que Lacan coloca em uma dessas quatro posições, ele assume o papel atribuído a essa posição.

162 *O sujeito lacaniano*

Os outros três discursos são gerados a partir do primeiro pela rotação, em seqüência, de cada elemento no sentido contrário aos ponteiros do relógio, um quarto de giro ou "rotação".[5] É possível supor que esses discursos adicionais ou "derivados" surgiram, ou pelo menos foram entendidos, posteriormente; isso parece verdadeiro com relação a, pelo menos, os dois últimos dos quatro discursos, uma vez que o discurso do analista somente apareceu no final do século dezenove e foi o discurso do analista que finalmente permitiu o entendimento do discurso da histérica. (O discurso do mestre havia sido, há muito, reconhecido por Hegel.)

O discurso da universidade

> Há séculos, o saber vem sendo perseguido
> como uma defesa contra a verdade.
> Lacan, Seminário 13, 19 de janeiro de 1966

No discurso da universidade,

$$\frac{S_2}{S_1} \rightarrow \frac{a}{\$}$$

o "saber" substitui o significante mestre não-senso na posição predominante dominadora. O saber sistemático é a autoridade máxima, reinando no lugar da vontade cega, e tudo tem sua razão. Lacan chega ao ponto de sugerir um tipo de movimento histórico desde o discurso do mestre até o discurso da universidade que fornece uma forma de legitimidade ou racionalização da vontade do mestre. Nesse sentido, ele parece concordar com a alegação apresentada nas décadas de 1960 e de 1970 de que a universidade é um braço da produção capitalista (ou do "complexo industrial-militar", como era chamado naquele tempo), sugerindo que a verdade oculta atrás do discurso da universidade é, afinal de contas, o significante mestre.

O saber aqui interroga a mais-valia (o produto das economias capitalistas, que assume a forma de uma perda ou subtração do valor do trabalhador) e a racionaliza ou a justifica. O produto ou perda significa o sujeito dividido e alienado. Uma vez que o agente no discurso da universidade é o sujeito sapiente, o sujeito desconhecido ou sujeito do inconsciente é produzido, mas ao mesmo tempo excluído. A filosofia, diz Lacan, sempre *serviu* ao mestre, sempre se colocou a serviço da racionalização e do apoio ao discurso do mestre da mesma forma que o pior tipo de ciência.

Observe que embora Lacan, a princípio, associe o discurso da universidade à formalização científica, com a matematização cada vez maior da ciência, mais tarde ele dissocia a verdadeira obra científica do discurso da universidade, associando-a, ao contrário, ao discurso da histérica. Por mais surpreendente que possa parecer a princípio, a visão de Lacan sobre a atividade científica genuína (explicada em "Ciência e Verdade", por exemplo)[6] realmente corresponde à estrutura do discurso da histérica, como tentarei explicar mais adiante.

Essa mudança é apresentada em *Televisão* através de uma associação entre o discurso científico e o da histérica, e uma igualdade total entre eles em "Propos sur l'hystérie", uma palestra proferida na Bélgica em 1975. Ela sugere que o tipo de saber envolvido no discurso da universidade significa uma mera racionalização, no sentido freudiano mais pejorativo do termo. Podemos imaginá-la, não como o tipo de pensamento que procura lidar com o real para manter as dificuldades apresentadas por aparentes contradições lógicas e/ou físicas, mas como um tipo de esforço enciclopédico para esgotar um campo (considerem-se os 810 tipos de personalidades de Charles Fourier[7] e a meta de Auguste Comte de chegar a uma sociologia total).

Trabalhando a serviço do significante mestre, mais ou menos qualquer tipo de argumentação servirá, contanto que ela assuma o disfarce da razão e da racionalidade.

O discurso da histérica

No discurso da histérica (que é, na verdade, o quarto gerado pela sucessão de giros, e não o terceiro, como estou apresentando aqui),

$$\frac{\$}{a} \rightarrow \frac{S_1}{S_2}$$

o sujeito dividido ocupa a posição dominante e se dirige ao S_1, colocando-o em questão. Enquanto o discurso da universidade segue o exemplo do significante mestre, disfarçando-o com algum tipo de sistema fabricado, a histérica vai ao mestre e demanda que ele mostre sua substância, prove sua índole através da produção de alguma coisa séria em termos de saber.[8] O discurso da histérica é exatamente o oposto do discurso da universidade, todas as posições são invertidas. A histérica mantém a primazia da divisão subjetiva, a contradição entre o consciente e o inconsciente e, portanto, a natureza conflitante ou autocontraditória do desejo em si.

No canto direito inferior, encontramos o saber (S_2). Essa posição também é aquela em que Lacan situa o gozo, o prazer produzido por um discurso e, portanto, propõe que a histérica obtém prazer do saber. O saber

164   *O sujeito lacaniano*

talvez seja muito mais erotizado no discurso da histérica do que em qualquer outro lugar. No discurso do mestre, o saber é valorizado apenas na medida em que pode produzir algo diferente, somente enquanto puder ser colocado para funcionar a serviço do mestre; no entanto, o saber em si permanece inacessível ao mestre. No discurso da universidade, o saber não é tanto um fim em si mesmo, como aquele que justifica a própria existência e atividade da academia.[9] A histeria, fornece, assim, uma configuração singular com relação ao saber, e acredito que essa seja a razão pela qual Lacan finalmente identifica o discurso da ciência com aquele da histeria.

Em 1970, no Seminário 17, Lacan pensa a ciência como possuidora da mesma estrutura do discurso do mestre.[10] Ele parece pensá-la a serviço do mestre, como o faz a filosofia clássica. Em 1973, em *Televisão*, Lacan afirma que o discurso da ciência e o discurso da histérica são *quase* idênticos (p.40), e em 1975 ele os equipara sem reservas.[11] O que o leva a fazê-lo?

Analisemos o princípio da incerteza de Heisenberg. Em termos simples, esse princípio afirma que não é possível conhecer precisamente a posição de uma partícula e o seu momento* ao mesmo tempo. Se conseguirmos verificar um parâmetro, o outro deve necessariamente permanecer desconhecido. Em si mesmo, é surpreendente que tal proposição tenha sido formulada por um cientista. Inocentemente, muitas vezes pensamos que os cientistas são pessoas que, de forma inexorável, aferem seus instrumentos até que possam medir tudo, independente de tamanhos minúsculos ou velocidades ofuscantes. Heisenberg, entretanto, postula um limite para nossa capacidade de medir e, conseqüentemente, um limite verdadeiro para o conhecimento científico.

Se, por um momento, consideramos o conhecimento científico como um todo ou um conjunto, embora em expansão (poderíamos imaginá-lo como o conjunto ideal de todo o conhecimento científico, presente e futuro), então é possível inferir que Heisenberg afirmou que o conjunto é incompleto, o todo não é todo, pois existe um buraco "impreenchível" no conjunto (Figura 9.1).[12]

Isto é similar ao que Lacan disse a respeito da histérica: a histérica instiga o mestre — personificado em um parceiro, professor, ou quem quer que seja — até ao ponto em que ela passa a considerar que falta saber ao mestre. Ou o mestre não tem a explicação para tudo, ou seu raciocínio não é lógico. Ao dirigir-se ao mestre, a histérica demanda que ele produza saber e depois tenta invalidar suas teorias. Do ponto de vista histórico, as

---

* No original: "momentum", que significa impulso, ímpeto, e também momento (mec.) no sentido de quantidade de movimento. (N.R.)

Figura 9.1

histéricas representam uma verdadeira força motriz por trás da elaboração médica, psiquiátrica e psicanalítica das teorias relativas à histeria. As histéricas levaram Freud a desenvolver a teoria e a prática psicanalítica, ao mesmo tempo provando a ele, em seu consultório, a inadequabilidade de seu saber e *know-how*.

As histéricas, como os bons cientistas, não partem para explicar tudo, desesperadamente, com o saber que já possuem — este é o trabalho do sistematizador ou até do compilador de enciclopédias — tampouco dão por certas que todas as soluções serão alcançadas algum dia. Heisenberg chocou a comunidade de físicos quando afirmou que havia algo, do ponto de vista estrutural, que não poderia ser conhecido: algo que é impossível conhecermos, um tipo de anomalia conceitual.

Problemas e paradoxos semelhantes surgiram na lógica e na matemática, como vimos nos capítulos 3 e 7. Na terminologia usada por Lacan, essas impossibilidades estão relacionadas ao real que é conhecido pelo nome de objeto *a*.

Portanto, no discurso da histérica, o objeto *a* aparece na posição de verdade. Isso significa que a verdade do discurso da histérica, sua força motriz oculta, é o real. A física, quando praticada com o verdadeiro espírito científico, também é ordenada e comandada pelo real, isto é, por aquilo que não funciona, por aquilo que não se encaixa. Ela não busca cuidadosamente reconciliar os paradoxos e as contradições, numa tentativa de provar que a teoria não tem lacunas — que funciona em todas as instâncias — mas procura levar esses paradoxos e contradições o mais longe possível.

O discurso do analista

Analisemos o discurso analítico:

$$\frac{a}{S_2} \rightarrow \frac{\$}{S_1}$$

Aqui, o objeto *a*, como causa do desejo, é o agente que ocupa a posição predominante ou dominadora. O analista desempenha a função de pura

166   *O sujeito lacaniano*

condição desejante (puro sujeito desejante), e interroga o sujeito na sua divisão, precisamente naqueles pontos onde a clivagem entre o consciente e o inconsciente aparece: lapsos de língua, atos falhos e involuntários, fala ininteligível, sonhos, etc. Dessa forma, o analista leva o paciente a trabalhar, a associar, e o produto dessa associação árdua é um novo significante mestre. O paciente, de certa forma, "expele" um significante mestre que ainda não se relacionou com qualquer outro significante.

Na análise do discurso do mestre, referi-me ao S_1 como o significante sem nenhum nexo ou razão. Quando aparece concretamente na situação analítica, um significante mestre apresenta-se como um beco sem saída, um ponto de entrave, um termo, uma palavra ou uma frase que coloca um fim à associação, que gera uma interrupção do discurso do paciente. Como vimos no capítulo 6, pode ser um nome próprio (o nome do paciente ou do analista), uma referência à morte de uma pessoa amada, o nome de uma doença (AIDS, câncer, psoríase, cegueira) ou várias outras coisas. A tarefa da análise é levar tais significantes mestres a se relacionarem com outros significantes, isto é, a dialetizar os significantes mestres que ela produz.

Isso envolve confiança no discurso do mestre, ou como é possível visualizá-lo aqui, o recurso à estrutura fundamental da significação: um vínculo precisa ser estabelecido entre cada significante mestre e um significante binário de tal forma que a subjetivação ocorra. O sintoma em si pode apresentar-se como um significante mestre; de fato, à medida que a análise continua e quantos mais aspectos da vida de uma pessoa vão sendo vistos como sintomas, cada atividade ou dor sintomática pode apresentar-se no trabalho analítico como uma palavra ou frase que simplesmente é, que parece não significar nada para o sujeito. No Seminário 20, Lacan se refere ao S_1 no discurso analítico como *la bêtise* (estupidez ou "besteira"), uma referência ao caso do pequeno Hans, que fala de sua fobia por cavalos como *la bêtise*, como Lacan a traduz (p.21). É um pedaço de não-senso produzido pelo processo analítico em si.[13]

O S_2 aparece no discurso analítico no lugar da verdade (posição esquerda inferior). O S_2 representa aqui o saber, mas obviamente não o tipo de saber que ocupa a posição predominante no discurso da universidade. O saber em questão aqui é o saber inconsciente, aquele saber que está imbricado na cadeia significante e que ainda precisa ser subjetivado. Onde esse saber estava, o sujeito deve vir a ser.

Contudo, de acordo com Lacan, enquanto o analista adota o discurso analítico, o analisando é inevitavelmente histericizado, no decorrer da análise. O analisando, independente de sua estrutura clínica — seja fóbica, perversa, ou obsessivo-compulsiva — é empurrado de volta para o discurso da histérica.

$$\frac{\$}{a} \to \frac{S_1}{S_2}$$

Por que isso acontece? Porque o analista coloca o sujeito como dividido, como contraditório, na linha de fogo, digamos assim. O analista não questiona as teorias do neurótico obsessivo a respeito da poética de Dostoievski, por exemplo, tentando mostrar ao neurótico onde suas opiniões intelectuais são inconsistentes. Esse tipo de obsessivo pode tentar falar durante suas sessões de análise a partir da posição de S_2 no discurso da universidade (acadêmico), porém engajar o analisando a esse nível permite que ele permaneça nessa postura específica. Em lugar disso, é possível imaginarmos que o analista ignore uma crítica de meia hora sobre as opiniões de Bakhtin a respeito do estilo dialógico de Dostoievski e concentre-se no lapso de língua ou na ambigüidade por menor que seja, da fala do analisando. Por exemplo, uma analisanda usa a metáfora gráfica "near misses"* para descrever momentos difíceis durante a publicação de seu artigo sobre Bakhtin, e o analista sabe que ela fugira de seu país de origem logo após ter rejeitado uma proposta de casamento inesperada e indesejada ("near Mrs").

Portanto, o analista, apontando para o fato de que o analisando não é o mestre de seu próprio discurso, instala-o como dividido entre sujeito falante consciente e algum outro (sujeito) falante ao mesmo tempo, através do mesmo porta-voz, como agente de um discurso onde os S_1 produzidos durante a análise são interrogados e forçados a revelar seus vínculos com S_2 (como no discurso da histérica). Está claro que a força motriz do processo é o objeto a — o analista operando como pura capacidade desejante.[14]

A situação social da psicanálise

Referi-me anteriormente ao fato de que a psicanálise não é, em si mesma, um discurso de poder: ela não se integra ao discurso do mestre. Contudo, a opinião dos americanos sobre a cena psicanalítica lacaniana — na França ou alhures — muitas vezes engloba pouco mais do que as lutas de poder em que se engajam analistas individualmente e escolas de psicanálise contra outros analistas e escolas.[15] Uma vez que a psicanálise é uma prática social, ela obviamente opera em ambientes sociais e políticos que contêm discursos rivais e muitas vezes antagônicos: o discurso médico que pro-

---

* Significa "erros pequenos". O autor faz um trocadilho com "near Mrs" [quase senhora] no final do parágrafo. (N.T.)

168 *O sujeito lacaniano*

move as bases e os tratamentos fisiológicos de "desordens" mentais, os discursos "científicos" e filosóficos que procuram minar as fundações teóricas e clínicas da psicanálise, os discursos políticos e econômicos que buscam reduzir a extensão e o custo da terapia psicanalítica, o discurso psicológico que busca atrair pacientes como adeptos e assim por diante. Em tais circunstâncias, a psicanálise torna-se mais uma política lobista entre tantas outras e não pode fazer mais do que tentar defender seu direito de existir nos contextos políticos em constante evolução.

Em Paris e outras cidades onde a psicanálise lacaniana tornou-se um movimento significativo, as pessoas e as escolas competem pelo domínio teórico e/ou clínico, pela influência política, pelo apoio universitário, pelos cargos em hospitais, pelos pacientes, e pela popularidade pura e simples. Será esse um produto necessário do discurso psicanalítico como o vemos operando na situação analítica? Não acredito. Ele pode certamente ter um impacto negativo sobre a capacidade de um analista de aderir completamente ao discurso analítico na situação de análise, mas não parece ser inerente ao discurso analítico como tal. Essa alegação será, sem dúvida, questionada por muitos, devido à longa história de dissidências e disputas na psicanálise. Porém, eu sustentaria que estas últimas resultam da adoção de outros discursos por parte dos analistas, tão logo começa a institucionalização (a formação das escolas, a consolidação da doutrina, o treinamento de novos analistas, a estipulação de exigências de licenciamento, etc.), não do discurso analítico em si. Há limites quando se trata de poder e dever aderir ao discurso analítico em contextos diferentes da situação de análise!

Não há metalinguagem

Não há uma metalinguagem ou metadiscurso que de alguma forma consiga escapar às limitações dos discursos abordados acima, uma vez que o indivíduo está sempre operando dentro de um discurso específico, mesmo quando fala sobre o discurso em termos gerais. O ponto forte da psicanálise não reside no fornecimento de um ponto arquimediano *fora do discurso*, mas simplesmente na elucidação da estrutura do discurso em si. Todo discurso requer uma perda de gozo[16] (ver capítulo 8) e tem sua própria mola mestra ou verdade (com freqüência, cuidadosamente dissimulada). Cada discurso define essa perda de formas diferentes, começando a partir de uma mola mestra diferente. Marx elucidou determinadas características do discurso capitalista, e Lacan também elucida as características de outros discursos. É somente após identificarmos as características específicas de um discurso que podemos saber como ele funciona.

A primeira vez que Lacan apresenta os quatro discursos, parece sugerir que não existem outros. Isso significa que toda forma de atividade discursiva concebível se enquadra em um desses quatro discursos? Deixarei essa pergunta sem resposta até o próximo capítulo, no qual examinarei a questão da ciência.

capítulo dez

Psicanálise e ciência

O status da psicanálise com relação à ciência é, em geral, tratado nos Estados Unidos da América de maneira ingênua. Presume-se que a Ciência (com C maiúsculo) é um conjunto auto-evidente de "corpos de conhecimento" (em contraste com um grupo variado de práticas sociais contestadas calorosamente), um conjunto fixo de procedimentos de verificação e refutação, métodos de construção de modelos, processos de formulação de conceitos, e assim por diante — isto é, quando aqueles que debatem a ciência conhecem algo do trabalho científico.

Entretanto, a ciência não é o edifício monolítico que os positivistas e o senso comum americano entendem ser. Pesquisas em história e filosofia da ciência, na última parte do século vinte, assim como nas ciências individuais em si[1], têm refutado decisivamente a noção de que cada ciência está baseada em um conjunto de proposições axiomáticas "matematizáveis", entidades empíricas mensuráveis e conceitos puros. Não existe, potencialmente, *nenhum* consenso entre cientistas, filósofos e historiadores com relação ao que constitui ou não uma ciência. No entanto isso não tem, de forma alguma, desencorajado o respeito à ciência nos Estados Unidos, onde toda afirmação deve buscar a aprovação das Autoridades Científicas reconhecidas, e onde espera-se que a solução para todos os problemas seja fornecida pela "ciência exata".

A ciência como discurso

O fato é que *a ciência é um discurso*. Embora possa parecer banal, essa afirmação implica o destronamento da Ciência e sua reavaliação em termos de *um* discurso entre muitos. Freud pode ser interpretado como tendo traduzido "racionalidade" como "racionalização", e a teoria do discurso de Lacan sugere que existem tantas definições com relação à racionalidade quanto há discursos diferentes. Cada discurso, ao buscar seus próprios fins e suas próprias molas mestras, tenta fazer com que sua forma de racionalidade prevaleça.

Sem dúvida, há muitas formas de discurso científico na atualidade, algumas das quais (as piores) podem ser incluídas no discurso da universidade, analisado no último capítulo (a ciência como uma justificativa e como um meio de aumentar cada vez mais o poder do mestre), outras podem ser incluídas no discurso da histérica, e assim por diante.

Parece-me que uma maneira útil de compreender a relação entre o discurso psicanalítico e o discurso científico, em termos da contribuição de Lacan para a teoria do discurso na década de 1970, começa no Seminário 21. Entretanto, antes de nos dirigirmos a esta relação, resumirei a abordagem de Lacan sobre a relação entre psicanálise e ciência em meados da década de 1960.

Suturando o sujeito

Lacan, muito interessado, naquela época, em estabelecer a psicanálise como uma ciência, coloca a seguinte questão: Todos os discursos científicos atualmente existentes têm alguma coisa em comum? Já discuti sua resposta a essa pergunta em outro lugar, em um ensaio sobre "Ciência e verdade"[2], e a resumirei bastante aqui: a ciência "sutura" o sujeito, isto é, despreza o sujeito, excluindo-o de seu campo. Pelo menos ela tenta fazê-lo ao máximo, nunca conseguindo completamente.[3] Isto é verdade no que se refere à escola estruturalista de Lévi-Strauss assim como à física de Newton; o sujeito falante é considerado irrelevante para o campo. Enquanto estava, a princípio, animado pela perspectiva de fundar a psicanálise como uma ciência em bases semelhantes àquelas da lingüística e da antropologia estrutural, mais tarde Lacan diferencia a psicanálise das últimas duas disciplinas na medida em que elas não levam em consideração a *verdade*: a *causa* e, portanto, o sujeito que resulta dessa causa.

Se podemos afirmar que a ciência lida com a verdade, é somente porque ela a reduz a um tipo de valor. Nas tabelas de verdade, as letras V (verdadeiro) e F (falso) são atribuídas a diversas combinações possíveis de proposições, como na Tabela 10.1. Se eu declaro que Lacan foi francês (proposição A) e que ele nunca pôs os pés fora da França (proposição B), para que a minha afirmação como um todo seja verdade, ambos, A e B, devem ser verdadeiros individualmente.

As quatro linhas na tabela da verdade representam todas as quatro combinações possíveis consideradas por esse tipo de lógica proposicional. A pode ser tanto verdadeiro quanto falso, e B pode ser tanto verdadeiro

Tabela 10.1

A	B	A e B	
V	V	V	linha 1
V	F	F	linha 2
F	V	F	linha 3
F	F	F	linha 4

quanto falso; portanto qualquer combinação desses *valores de verdade* é teoricamente possível. Se apenas um deles for verdade, minha afirmação como um todo é falsa. É somente quando ambos são verdadeiros que minha afirmação como um todo é verdadeira (linha superior).

A ciência confia nas denominações de "verdadeiro" e "falso", mas estas assumem um sentido somente dentro de uma lógica proposicional ou simbólica: elas são valores compreensíveis dentro do campo definido por aquela ciência e não pretendem uma validade independente.[4]

"Verdadeiro" e "falso" são, portanto, valores simples no discurso científico, como mais e menos, 0 e 1: eles são opostos binários que representam um papel em um contexto específico. A Verdade com V maiúsculo, por outro lado, é colocada de lado, relegada a outras disciplinas, como poesia e literatura ou religião e filosofia.

A psicanálise, ao contrário, dá precedência àquilo que coloca em questão a natureza autoconfirmadora de seus próprios axiomas: o real, o impossível, aquilo que não funciona. Essa é a Verdade pela qual a psicanálise se responsabiliza. A principal forma que ela toma é a impossibilidade da relação sexual.

Se a ciência lida com um sujeito, este é apenas o sujeito cartesiano consciente, senhor de seus próprios pensamentos, os quais são um correlato de seu ser. As ciências existentes certamente não consideram o sujeito dividido de afirmações como: "Eu *sou* onde não penso" e "Eu penso onde não sou".

A ciência, a principal metalinguagem da América, sutura o sujeito lacaniano, suturando sua causa (como Verdade) no mesmo gesto.[5] Na medida em que ela exclui o sujeito e o objeto psicanalítico, a opinião de Lacan na década de 1960 é de que a ciência terá que sofrer algumas mudanças significativas antes que a psicanálise possa ser incluída em seu escopo. Em outras palavras, a formalização da psicanálise em matemas e estruturas clínicas rigorosamente definidas — tão característica das obras de Lacan nesse estágio — não é suficiente para tornar a psicanálise uma ciência, pois esta ainda não é capaz de abrangê-la. A ciência deve primeiro conseguir lidar com a especificidade do objeto psicanalítico.[6] Naquele momento, então, a opinião de Lacan é que a *ciência ainda não está à altura da tarefa de acomodar a psicanálise.*

No Seminário 10, Lacan associa o suposto progresso da ciência com a nossa incapacidade crescente de pensar a categoria de "causa". Ao preencher continuamente a "lacuna" entre causa e efeito, a ciência, de forma progressiva, elimina o conteúdo do conceito de "causa", e os acontecimentos são entendidos evoluindo harmoniosamente para outros acontecimentos, de acordo com "leis" de conhecimento geral. Lacan compreende a causa em um sentido mais radical, como aquilo que rompe o suave funcionamento das interações do tipo legais. A causalidade na ciência é absorvida no que é possível chamar de estrutura — a causa leva ao efeito dentro de um conjunto de leis cada vez mais completo. A causa como algo que não obedece às leis e que permanece inexplicável do ponto de vista do conhecimento científico, tornou-se inconcebível. A tendência geral é presumir que será apenas uma questão de tempo até que a ciência possa explicá-la.

O que diferencia a psicanálise das ciências é que ela considera a causa, e o sujeito em sua relação libidinal com a causa, enquanto a lingüística, por exemplo, considera o sujeito somente como determinado pela ordem simbólica, a saber, pelo significante. A psicanálise, portanto, trabalha com as duas faces do sujeito: (1) o "sujeito puro" da combinatória ou da matriz — o sujeito sem causa, digamos assim, e (2) o "sujeito saturado", como Lacan o chama[7] — isto é, o sujeito em relação a um objeto de gozo (um objeto libidinal), o sujeito enquanto uma postura adotada com relação ao gozo.

Na década de 1960, o projeto da psicanálise lacaniana é manter e explorar em profundidade esses dois conceitos primordiais — a causa e o sujeito — por mais paradoxal que pareçam. Nesse ponto da obra de Lacan, as diferenças entre a ciência e a psicanálise parecem completamente intransponíveis.

A ciência, o discurso da histérica e a teoria psicanalítica

Essa situação muda, até certo ponto, quando Lacan identifica o verdadeiro discurso científico com o discurso da histérica, como mencionei no último capítulo. A obra científica genuína não exclui a causa como aquilo que interrompe o funcionamento normal da atividade regida por leis, mas tenta considerá-la, de alguma forma, como no caso do princípio de incerteza de Heisenberg. O real que a ciência confronta não é precisamente contornado

174   *O sujeito lacaniano*

mas trazido para dentro da teoria que ele contraria. A verdade, enquanto encontro com o real, não é eliminada, mas confrontada. Neste caso, é possível considerar o físico como permitindo-se ser ludibriado, funcionando como algo que não o diferencia do sujeito do conhecimento.[8] Nesse sentido, o discurso científico e o discurso da histérica coincidem.

Mas qual é o lugar da psicanálise? O discurso psicanalítico, *da maneira como opera na situação analítica,* é claramente distinto do discurso da histérica e não está envolvido no edifício teórico, mas em uma práxis definida por fins psicanalíticos específicos; baseada no desejo enigmático do analista, a psicanálise tem como objetivo a subjetivação, a separação, a travessia da fantasia, etc. Não é uma prática baseada na *compreensão,* nem para o analista nem para o analisando, mas está baseada em uma determinada eficiência (no sentido da palavra usada por Aristóteles).

O discurso psicanalítico, *da maneira como opera no edifício teórico,* por outro lado, na medida em que trata com seriedade a Verdade — ao tentar formular o encontro com a causa real — funciona de forma semelhante ao discurso da histérica e, portanto, como o discurso científico. Parece-me que, assim como é importante — embora envolva uma extrema simplificação — diferenciar a "ciência básica" da "ciência aplicada" (isto é, a ciência orientada para um objetivo), é também importante diferenciar os aspectos estritamente teóricos dos aspectos clínicos da psicanálise.

A psicanálise como um todo é uma práxis. No entanto, suas diferentes facetas podem ser examinadas separadamente em termos da teoria do discurso. *A prática psicanalítica,* em outras palavras, no enquadre analítico, adota o discurso analítico — na melhor das hipóteses, pois muitos analistas possuem um discurso bastante parecido com o discurso da universidade. *A teoria e o ensinamento da psicanálise* adotam o discurso da histérica — mais uma vez, na melhor das hipóteses, pois muitas vezes se tornam nada mais do que empreendimentos doutrinais projetados para abordar, de maneira superficial, todas as perguntas sem respostas.[9] *As associações psicanalíticas,* como instituições sociais-políticas, podem adotar vários discursos (o discurso da histérica, do mestre, ou da universidade), e embora Lacan acreditasse que elas devessem funcionar de uma maneira específica, deixarei para um outro momento a análise do discurso que deveriam idealmente adotar, de acordo com Lacan, e o(s) discurso(s) que de fato adotam.

Essa multiplicidade de discursos adotados pelos analistas não deveria surpreender-nos, pois isto é verdadeiro também em outras práxis:

- Na prática clínica, o médico pode fazer sugestões, ameaças, utilizar placebos, cobrar honorários caros, dizer mentiras "brancas", e o que for necessário para fazer com que seus pacientes recuperem a saúde.

Em suas investidas mais teóricas, o médico pode adotar o discurso científico aceito em um momento histórico específico. E em sua busca de poder, prestígio, ou mera sobrevivência, o médico pode converter-se em um lobista politiqueiro, adotando o discurso do oportunismo (o discurso do mestre).

- O político adota o discurso do poder (o discurso do mestre) na "sala de guerra", o discurso da democracia e da justiça (o discurso da universidade) diante dos olhos do público, e talvez até o discurso da histérica em suas discussões investigativas com conselheiros.
- Até mesmo os físicos mais teóricos, cujo campo não é constituído como uma práxis no meu sentido da palavra (uma práxis que objetive mudar o real, não estudá-lo simplesmente)[10], adotam discursos diferentes dependendo se estão no laboratório, na sala de aula, em uma reunião de departamento, discutindo com uma fonte de financiamento, como a Fundação Nacional de Ciência, ou em uma entrevista com agentes oficiais do Pentágono.

Em qualquer práxis e praticamente em qualquer campo, discursos diferentes são ajustados para momentos diferentes, e em contextos históricos, sociais, políticos, econômicos e religiosos diferentes.

Os três registros e os discursos "polarizados" diferentemente

> O real é o que não depende da minha idéia sobre ele.
> Lacan, Seminário 21, 23 de abril de 1974

> Você não pode fazer tudo o que deseja com ele.
> Lacan, Seminário 13, 5 de janeiro de 1966

Como mencionei antes, uma outra forma útil de compreender a relação entre o discurso da psicanálise e o discurso científico é a contribuição feita por Lacan na década de 1970 à teoria do discurso. No Seminário 21, Lacan sugere uma maneira de pensar os discursos que é ligeiramente diferente daquela proposta nos "quatro discursos" e que convive com a última, embora talvez apenas no começo desse seminário.

Essa nova forma de pensar os diferentes discursos define cada discurso de acordo com a *ordem* na qual os três registros — imaginário, simbólico e real — são incluídos nela (Figura 10.1). Os discursos que giram em torno do círculo na direção horária (RSI, SIR e IRS) devem ser diferenciados daqueles que giram em torno dele na direção anti-horária (RIS, ISR e SRI). Lacan adota o termo "polarização à direita" (*dextrogyre*) para as direções horárias e "polarização à esquerda" para as direções anti-horárias (*lévo-*

gyre), termos usados para descrever a "orientação" dos nós como o nó borromeano (ver Seminário 21, 3 de novembro de 1973).

Figura 10.1

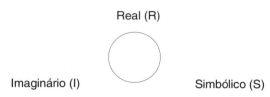

Real (R)

Imaginário (I)　　　　　　　　　Simbólico (S)

Ao que me é dado saber, Lacan nunca apresentou uma exposição detalhada de *todos* os discursos abrangidos por essa combinatória específica. Ele menciona apenas dois: o discurso religioso, que realiza o simbólico do imaginário (RSI), e o discurso psicanalítico, que imagina o real do simbólico (IRS). De acordo com Lacan, esses dois discursos têm um traço em comum, uma vez que ambos são "polarizados à direita". Mas em vez de analisar suas possíveis semelhanças, o que eu gostaria de fazer aqui é esclarecer o que Lacan quer dizer por "imaginando o real do simbólico", e sugerir como a ciência poderia ser situada em termos dessa nova combinatória.

A matemática, de acordo com Lacan, foi o primeiro discurso a imaginar — isto é, vislumbrar, perceber, conceber — que a ordem simbólica em si contém elementos do real. Existem ressaltos na ordem simbólica que constituem aporias ou paradoxos lógicos, e que são inextirpáveis: um sistema simbólico mais "puro" e melhor não os elimina. Há impossibilidades na ordem simbólica — tais como aquelas reveladas por Gödel (sucintamente analisado nos capítulos 3 e 7) — e os matemáticos foram uns dos primeiros a imaginá-las e a tentar conceitualizá-las.

A psicanálise segue os passos da matemática — a primeira, portanto, também constituindo um discurso IRS — ao "expandir o processo matemático" (Seminário 21, 13 de novembro de 1973). Através do reconhecimento do objeto (a), a psicanálise imagina, ou conhece o real do/no simbólico.

Esta é uma outra forma de dizer que o *edifício teórico* da psicanálise se enquadra idealmente no discurso da histérica, como eu disse antes. Porém, ela também nos permite falar ao mesmo tempo a respeito do *processo* psicanalítico: o analista, na situação analítica, procura ouvir o real (impossibilidades) no simbólico do analisando e tenta atingir esse real com interpretação.[11] A classificação de IRS, portanto, permite-nos falar a respeito da teoria *e* da prática psicanalítica nos mesmos termos; ela caracteriza a psicanálise como uma *práxis*.

Lacan nunca disse como ele classificaria a ciência em termos dessa nova combinatória, mas eu me aventuraria a propor que a ciência da mais alta qualidade, como a lógica matemática *à la* Gödel, poderia ser considerada um discurso IRS.[12] O princípio de incerteza de Heisenberg certamente reconhece e lida com o real da ordem simbólica constituída pela física moderna, como o fazem outras obras científicas.

A física nunca será uma práxis como a psicanálise. Enquanto os psicanalistas objetivam não o bem do analisando (como entendido pela maioria dos discursos sociais e políticos atuais) mas o seu Eros maior[13], a física não procura mudar o real que estuda: ela não tem nenhuma meta para espaço, tempo e substância. No entanto, ambos constituem discursos IRS e, portanto, têm uma certa *orientação* em comum.

A formalização e a transmissibilidade da psicanálise

No final da década de 1950 e da de 1960, Lacan esforça-se de maneira notável para formular e abreviar os conceitos psicanalíticos na forma de símbolos ou "matemas", como ele os chama. O termo "matema" tem como modelo o fonema, o semantema e o mitema, as menores unidades da fala, significado e mito, respectivamente, e os símbolos que Lacan cria são por natureza semelhantes aos da matemática, gerando expressões semelhantes a fórmulas.

Na década de 1960, Lacan toma a formalização/matematização como uma das principais características da ciência; esta é uma chave para a plena transmissibilidade, a capacidade de transmitir integralmente *algo* de uma pessoa para outra. Cada matema condensa e corporifica, em um certo sentido, uma quantidade considerável de conceitualizações, embora cada um seja também altamente polivalente, como o leitor terá observado ao longo deste livro. Embora os matemas ou as fórmulas não possam, em si e de si mesmos, garantir a transmissão integral de uma idéia ou conceito de uma pessoa para outra — um tipo de comunicação ideal ("Percebo o que você quer dizer") que Lacan critica de maneira decisiva, pois a essência de toda "comunicação" é um mal-entendido — *o que é transmitido é o próprio matema.* Como um pedaço de escrita, como um traço escrito, os matemas podem ser transmitidos de geração a geração ou até enterrados na areia, desenterrados de novo milênios mais tarde, e interpretados como significando um sujeito para um outro significante.

No começo, o interesse de Lacan com relação à transmissibilidade da psicanálise estava baseado apenas nas interpretações equivocadas, por parte dos ingleses e americanos, das obras de Freud. Sua esperança era que tais equívocos pudessem ser evitados através de formulações e formali-

178 *O sujeito lacaniano*

zações afins às das "ciências exatas". Ao mesmo tempo, entretanto, ele tentava evitar dizer coisas de forma simples e desestimulava seus estudantes a concluírem precipitadamente que haviam entendido os textos de Freud, a fala de seus analisandos ou suas (dele, Lacan) próprias palavras.

Se, por um lado, Lacan se vangloria de ter reduzido a psicanálise à teoria dos conjuntos, isto é, um discurso integralmente transmissível, a psicanálise lacaniana continua sendo tudo menos um sistema finito de definições e axiomas. No entanto, ela realmente caminha na direção de uma "literalização" crescente[14] — as formulações envolvem letras e símbolos, em outras palavras, matemas — um processo de simbolização que inscreve relações qualitativas, não quantitativas. Como as figuras que analisamos no fim do capítulo 8, cujas dimensões podem variar indefinidamente sem nunca mudar suas propriedades topológicas fundamentais, as relações escritas ou cifradas que usam a álgebra de Lacan são qualitativas e estruturais.

A procura de Lacan por um tipo de formalização não quantitativa pode ser vista no que ele denomina o "passe". O passe é um processo onde alguém que já fez análise fala a respeito de sua análise em detalhes com duas outras pessoas (passadores) que, por sua vez, relatam o que ouviram para um comitê (*Cartel do passe*). O processo foi criado, em parte, para reunir informações sobre o processo analítico independentes daquelas fornecidas pelo próprio analista e, então, confirmar ou purificar as idéias sobre o que realmente ocorre na análise. É possível compreender o passe como uma forma de estabelecer a psicanálise como uma prática que envolve uma quantidade de "procedimentos genéricos", como Alain Badiou os chamou[15], procedimentos que são repetidos renovadamente com analisandos diferentes. Assim entendido, o passe poderia ser considerado parte de uma tentativa maior de estabelecer um tipo de cientificidade específica à psicanálise.

O estatuto da psicanálise

> A psicanálise deve ser levada a sério,
> embora não seja uma ciência.
> Lacan, Seminário 25, 15 de novembro de 1977

A análise de Lacan dos discursos polarizados à direita e à esquerda sugere que "os quatro discursos" não são os únicos imagináveis. Estes, entretanto, cobrem uma vasta gama e são extremamente úteis ao exame das molas mestras e dos objetivos dos diversos discursos. Para nossos propósitos aqui, o mais importante é que eles permitem-nos situar o esforço científico "verdadeiro" como parte essencial do discurso da histérica.

Embora a ciência e o edifício teórico da psicanálise tenham muito em comum, e embora ambos sejam discursos IRS, a psicanálise não é uma ciência, mas um discurso que permite-nos compreender a estrutura e a operação do discurso científico em um determinado nível fundamental. Portanto, enquanto a psicanálise, em sua versão lacaniana, busca suas próprias formas de cientificidade — formalização ("matematização"), procedimentos genéricos, diferenciações clínicas rigorosas, e assim por diante — ela é, no entanto, um discurso independente que não requer nenhuma validação da ciência. Afinal, a Ciência com C maiúsculo não existe: "é apenas uma fantasia".[16] A ciência é apenas um discurso entre outros.

A ética da psicanálise lacaniana

> Os limites éticos da análise coincidem
> com os limites de sua práxis.
> Lacan, Seminário 7, p. 32

Lacan faz uma tentativa constante de examinar em detalhes os objetivos da análise com base nos avanços da teoria, e desenvolve uma teorização baseada em opiniões revisadas dos objetivos da análise. A análise não é pragmática em seus objetivos, se pragmatismo significa estar de acordo com as normas e realidades sociais, econômicas e políticas. É uma práxis de gozo, e o gozo é tudo menos prático. Ele ignora as necessidades do capital, das companhias de seguro-saúde, assistência médica pública, ordem pública, e "as relações maduras entre adultos". As técnicas que os psicanalistas devem usar para lidar com o gozo destroem o princípio de que tempo é dinheiro e as idéias dominantes de "conduta profissional". Enquanto espera-se que os terapeutas em nossa sociedade interajam com seus pacientes nas formas que são consideradas pelos discursos sociais, políticos e psicológicos contemporâneos dominantes como sendo para o próprio *bem*[17] dos analisandos, ao invés disso, os analistas agem para desenvolver melhor o *Eros* de seus analisandos. Esse é o objetivo da práxis que é a psicanálise.

Posfácio

Ao falar do sistema capitalista, Marx nos diz que é possível começar a analisá-lo a partir de qualquer ponto, sem perder nenhuma de suas características. A ordem que o estudo segue não tem importância; pode-se pegar o fio da meada do capitalismo em qualquer lugar. O mesmo é, sem dúvida, válido a respeito da psicanálise lacaniana e a lógica de minha apresentação dela aqui é certamente contingente e se baseia apenas na ordem que determinadas noções de Lacan possuem em minha mente.

Este livro nunca foi concebido como um *todo*. Ele representa, ao contrário, uma compilação de ensaios ou palestras sobre temas específicos preparados para um público muito variado, que foram reunidos após esses eventos para estabelecer uma unidade. Essa unidade permanece de certa maneira *ad hoc*, mas precisava existir para satisfazer os requisitos do Outro (nesse caso, a indústria editorial americana)[1]. Os melhores momentos do livro são, assim me parece, inseridos em determinadas subseções e notas onde fiz algumas associações extensas sem considerar se tais ponderações seriam adequadas nos pontos específicos no corpo do livro onde elas aparecem.

A natureza sem unidade do todo pode, entretanto, ser problemática para alguns leitores em determinados aspectos. Nas minhas primeiras obras sobre Lacan, eu estava bastante preocupado em compreender as "verdadeiras distinções" entre o Nome-do-Pai, S($\cancel{A}$), Φ, S_1, e assim por diante, e seus sentidos e usos múltiplos me incomodavam. A introdução constante de homônimos (*le non du père,* o "Não" do Pai, como um homônimo para *le nom du père,* o Nome-do-Pai), as ambiguidades gramaticais que aparecem em toda a obra lacaniana (*le désir de la mère,* o desejo da mãe ou o desejo para a mãe). Aqui, por outro lado, refleti livremente sobre muitos desses termos, interpretando-os como me pareciam adequados em cada contexto diferente. Isso permite uma certa fluidez no uso dos conceitos, mas, por outro lado, posso ser acusado talvez de uma falta de rigor. Se os matemáticos usam símbolos que não significam nada, a psicanálise usa símbolos que podem significar muitas coisas diferentes, e os positivistas tentam, sem sucesso, atribuir um simples significado não ambíguo para cada termo, o que deve ser feito?

Uma observação mais apurada da obra dos matemáticos, entretanto, sugere que, como o conhecido provérbio dos três rabinos com quatro opiniões diferentes, há quase tantas teorias diferentes das fundações da matemática quanto para o *Big Bang*, a origem da vida na Terra, e assim por diante. Talvez os símbolos usados pelos matemáticos, que nada significam, estejam abertos para quaisquer e todas as interpretações.

Isto certamente não é o que acontece com os símbolos de Lacan. Seus significados podem ser múltiplos, mas há uma lógica clara em suas transformações ou mudanças de significado. O objeto *a* começa como imaginário e se desloca para dentro do real no final da década de 1950 e início da de 1960; o S($\mathring{A}$) começa no simbólico e se desloca na direção do real. A mudança é sempre na direção do real. Cada símbolo, portanto, tem seu próprio contexto histórico/conceitual e sofre transformações perceptíveis.

Em última análise, ninguém vai ficar satisfeito com este livro, uma vez que todos pensarão que não tratei adequadamente as questões teóricas mais importantes em seus respectivos campos. O crítico literário achará que não explorei o estilo e a retórica de Lacan e sua noção de metáfora; o filósofo, que abordei superficialmente questões tremendas na lógica e na teoria dos conjuntos, apresentando formulações antigas como se fossem os últimos avanços; o psicanalista, que a atenção que dedico aos sistemas especulativos e lógicos é maior do que a dedicada a assuntos clínicos, e que assuntos tais como a morte e o gozo receberam pouco espaço; a feminista, que não desenvolvi suficientemente as opiniões de Lacan sobre a diferença sexual e, portanto, não expus as deficiências a esse respeito; o estudante, que forneci comentários desnecessários sobre as origens, muitas vezes abstratas, das noções de Lacan em vez de apresentar uma versão mais clara e mais direta delas; o acadêmico, que dediquei um espaço por demais exíguo para situar minhas opiniões comparadas às apresentadas por outros que escrevem sobre Lacan na atualidade.

A essas críticas, que sem dúvida são em parte justificadas, posso somente responder que Lacan interessa a estudiosos e profissionais em muitos mais campos do que eu poderia esperar familiarizar-me. Como analista, somente compreendo o que Lacan quis dizer na minha experiência, quando sou inevitavelmente levado a entender determinadas noções através de meus analisandos. Muitas vezes é a minha prática clínica que

182   *O sujeito lacaniano*

me permite vislumbrar uma interpretação de um trecho especialmente notável, porém obscuro, nas obras de Lacan. Espero retificar, em obras futuras, algumas das inadequações e desequilíbrios óbvios da presente. Entretanto, suspeito que determinados leitores ainda sentirão que estou abordando, de forma superficial, as questões mais importantes. Mas é tarefa dos mais instruídos em um determinado campo tecer as implicações que as obras de Lacan tiveram para esse campo (ou as obras de quaisquer outros).

A própria idéia de um *livro* era bastante estranha para Lacan. Os escritos de sua lavra eram, muitas vezes, publicados com relutância, a pedido de outros. Ele estava simplesmente "fazendo charme"? Em parte, talvez; mas, no fundo, ele parece ter desejado que seu "sistema" permanecesse aberto, quase um anti-sistema. Publicar significa estabilidade, a formação da doutrina e, essencialmente, uma abordagem da psicanálise que começa com nada além de idéias preconcebidas, noções estabelecidas sobre o que se encontraria na análise e o que deveria ocorrer no processo — em uma palavra, padronização. Exatamente como Freud, em seus ensaios sobre a "Técnica", recomendava aos profissionais não encher suas mentes com idéias sobre seus analisandos e com objetivos para eles, mas estarem abertos a tudo que eles dizem e fazem — dedicando uma atenção flutuante ou igualmente vacilante ao analisando — Lacan lembra aos seus alunos repetidas vezes que parem de tentar compreender tudo, porque compreender é basicamente uma forma de defesa, de trazer tudo de volta ao que já é conhecido. Quanto mais se tenta compreender, menos se ouve — menos se consegue ouvir alguma coisa nova e diferente.

Fica explícito em suas obras que Freud e Lacan fizeram experiências com a prática e a teoria psicanalíticas durante suas vidas. Lacan é, na realidade, um dos poucos analistas que seguiu o espírito da obra de Freud, ao mesmo tempo que dedicou enorme atenção à letra dela também. Esse espírito exige uma determinada abertura — não incompatível com a crítica mordaz às obras de outros que voltaram a noções *pré-analíticas* — que poderíamos associar com o próprio estilo de ensino de Lacan: atacar a ortodoxia, explodir sua própria ortodoxia emergente, desafiar os significantes mestres de seu próprio campo, alguns dos quais criados por ele mesmo.[2] O discurso de Lacan como professor parece estar contido no discurso da histérica, um discurso que nunca aceita autoridade pela simples autoridade. Lacan toma Freud muito seriamente, no entanto, por vezes o contradiz após estudá-lo com cuidado. A questão não é meramente evitar a crítica sem reflexões prévias com base em noções preconcebidas, mas também não estar obcecado com a formulação de um sistema que explica tudo (como é exigido pelo discurso da universidade). O melhor discurso de ensino é o discurso da histérica, que Lacan associa com a melhor atividade científica. Nem sempre é um discurso fácil de ser mantido para aqueles que não o adotam espontaneamente, nem para aqueles que fazem parte do mundo altamente competitivo da academia americana.

> Ler não nos obriga de modo algum a compreender.
> É preciso ler primeiro.
> Lacan, Seminário 20, p.88

Minha leitura das obras de Lacan parece exigir algumas explicações no contexto das tendências intelectuais americanas contemporâneas. Enquanto este livro ainda era um manuscrito, quase todas as pessoas selecionadas pelos editores para lê-lo comentaram que eu não havia sido crítico o suficiente com relação a Lacan, sugerindo que não era suficiente fornecer uma leitura rigorosa de suas obras, ou uma explicação detalhada delas, sem imediatamente criticá-las. Por fim, comecei a ver a situação como bastante cômica, por mais irritante que fosse: tornava-se muito evidente que, no mundo editorial da academia americana, fora-se o tempo em que alguém podia estudar seriamente um pensador (ao menos um pensador contemporâneo) sem simultaneamente "corrigir" suas opiniões. Entretanto, esse privilégio específico está acima de tudo indisponível para os estudiosos que escrevem sobre Lacan, não tanto para aqueles que estão escrevendo sobre Derrida, Kristeva, Foucault, e outros personagens contemporâneos. Por quê?

Ler Lacan é uma experiência exasperante! Quase nunca ele diz de forma direta o que pretende, e há uma gama de explicações para isso: "O homem não sabia escrever, muito menos pensar direito", "Ele nunca quer ser obrigado a assumir um compromisso ou estabelecer uma posição teórica específica", "Ele o fez de propósito, deliberado, tornando difícil, senão claramente impossível, entender o que estava querendo dizer", "Seus escritos operam em tantos níveis ao mesmo tempo e exigem conhecimento de tantas áreas da filosofia, literatura, religião, matemática, etc., que somente se pode compreender o que ele está dizendo após ter lido todo o material de base", e assim por diante.

Todas essas afirmações são verdadeiras e falsas ao mesmo tempo. Tendo traduzido cinco de seus *Écrits*, considero-o um escritor insuportável de ser traduzido, mas prazeroso de ser lido em francês. O que não significa dizer que ele não me deixa exasperado, algumas vezes, com suas ambiguidades e formulações vagas, mas que suas obras são tão evocativas e provocativas que há poucos textos que me dão tanto prazer de ler. É possível que ele fosse incapaz de expressar seus pensamentos com clareza em certos momentos, mas não é verdade que isso não se estendia a todos

184 *O sujeito lacaniano*

os momentos. O que é desmentido pela magnífica clareza de algumas formulações suas? Suas múltiplas alusões e referências podem atrapalhar determinados leitores, mas a chave para compreendê-lo não é ler todo o material de base antes; isto apenas gera mais confusão.

Não, o problema é a *lógica temporal peculiar envolvida na leitura de Lacan*; você não pode ler seus *escritos* (especialmente os *Écrits*) a menos que já conheça mais ou menos o que ele quis dizer (isso não é tão válido a respeito de seus seminários). Em outras palavras, para absorver qualquer parte de seus escritos, tem-se que ter entendido uma boa parte do que ele discute. E nem assim!

Conseqüentemente, há que se aprender Lacan com outra pessoa — com todos os preconceitos implícitos — e depois tentar verificar ou desmentir o que se aprendeu ao examinar seus textos. Ou suas obras terão que ser lidas, e relidas e relidas até que se possa começar a formular as próprias hipóteses, e depois reler mais uma vez com aquelas hipóteses em mente, e assim por diante. Isso é um problema em termos da realidade do "publicar ou morrer" da maioria dos acadêmicos — levando a tensões temporais sérias com relação à compreensão e à "produção" — mas essa realidade também está na contramão de um determinado pragmatismo e independência americanos. Se não consigo aproveitar as obras de alguma pessoa em um espaço de tempo relativamente curto, qual seria a serventia? Acima de tudo, preciso provar que sou um pensador independente e em seguida criticar, tão logo acredite que comecei a entender. Conseqüentemente, devo ler com intenção de criticar, abreviando assim o "tempo de compreensão" e indo diretamente para o "momento de concluir."

Na década de 1960, Lacan ridicularizou aqueles que falavam sobre compreender Freud *antes* de traduzir suas obras (o que é apenas senso comum, afinal) — como se se pudesse compreender tudo a respeito de Freud antes de se envolver na complicada tarefa de traduzi-lo. O mesmo se aplica a Lacan: a tradução tem que vir primeiro, em certo sentido, para entendê-lo, mas não se pode nem mesmo começar a traduzi-lo sem determinados pontos e referências-chave. Acreditamos que começamos a compreender enquanto traduzimos, e à medida que a compreensão aumenta, a tradução evolui — embora, inevitavelmente, nem sempre na direção correta. Precisamos tirar conclusões precipitadas a respeito das obras e formular hipóteses para extrair sentido dos textos, embora, ao mesmo tempo "o que [você] compreende é um pouco precipitado" (Seminário 20, p.93). Toda a compreensão envolve precipitação, tirar conclusões, porém isso não torna todas as conclusões corretas!

A reação nos Estados Unidos para com um autor como Lacan é:

Posfácio 185

1. Se não consigo entendê-lo, então não vale a pena pensar a respeito dele.
2. Se ele não consegue se expressar claramente, então seu pensamento deve ser confuso.
3. Nunca dei muito valor à "teoria" francesa de qualquer forma.

Esta reação lembra as três negações inventadas pelo homem acusado por seu vizinho de ter devolvido uma chaleira danificada:

1. Eu a devolvi em perfeito estado.
2. A chaleira já tinha um furo quando eu a peguei.
3. Em primeiro lugar eu nunca pedi emprestado a chaleira.[3]

Se vale a pena ler um autor seriamente, tem-se que assumir a princípio que embora determinadas idéias possam parecer malucas, quando examinadas em profundidade podem se tornar mais convincentes, ou ao menos levar a compreender as aporias que as originaram. Poucas pessoas estão dispostas a dar tanto crédito a um autor e uma ambivalência de amor e ódio se desenvolve com relação à leitura. Presumir que isso não seja tão louco quanto parece é amar o autor ("Aquele a quem eu suponho o saber, eu o amo", Seminário 20, p.91), enquanto lê-lo criticamente parece que se o odeia. (Você está contra ou a favor dele?) Talvez o ódio seja uma condição para uma leitura séria: "Talvez eu lesse [Aristóteles] melhor na medida em que, esse saber, eu lhe supusesse menos" (ibid.). Se isso na realidade é uma condição, seria melhor ser precedida por um período prolongado no qual o leitor ama o autor e presume que ele tenha conhecimento!

Esse amor é difícil de se sustentar nos Estados Unidos. As obras de Lacan publicadas até hoje em inglês têm, na maioria das vezes, sido mal traduzidas. Não existe qualquer contexto psicanalítico no qual os clínicos possam observar profissionais lacanianos trabalhando e ver os benefícios imediatos, a nível clínico, das distinções e formulações de Lacan. E aprender sobre Lacan com outra pessoa nos Estados Unidos em geral significa aprender com alguém que começou a ler esses textos herméticos poucos anos antes de você.

O homem ou a mulher francesa comuns não entendem nada sobre Lacan e não podem explicar sequer uma de suas formulações. Lacan pode ser tipicamente francês, e mais próximo em espírito à "mente francesa" do que à americana, mas quase ninguém na França entende Lacan através da leitura dos *Écrits*! Como diz Lacan, "Eles não eram para ser lidos" (Seminário 20, p. 38). Os franceses aprendem sobre Lacan em contextos acadêmicos e/ou clínicos, onde são ensinados por um dos milhares de lacanianos que trabalharam com Lacan e seus associados, compareceram

186   *O sujeito lacaniano*

a palestras, assistiram a apresentações de casos em hospitais, passaram anos no divã, e assim por diante. Eles aprenderam a obra de Lacan em primeira mão — como uma práxis.

Nos Estados Unidos, a psicanálise lacaniana é apenas um conjunto de textos, um discurso morto desenterrado, como os textos antigos em descobertas arqueológicas, o contexto do qual já foi desgastado ou corroído. Poucas publicações podem alterar isso. Para o discurso de Lacan ter vida aqui, sua *abordagem clínica* terá que ser introduzida juntamente com seus textos, através da análise, supervisão e trabalho clínico, isto é, através da experiência subjetiva.

apêndice 1

A linguagem do inconsciente

Neste apêndice, examino a elaborada "linguagem" de quatro símbolos apresentada no posfácio de Lacan ao "Seminário sobre 'A carta roubada'" (*Écrits* 1966, pp.41-61). Um modelo muito mais simples dessa linguagem foi fornecido no capítulo 2, que me permitiu levantar uma série de características essenciais de tais linguagens. A análise do modelo mais complexo de Lacan, elaborada neste apêndice, é um pré-requisito para a exploração do *caput mortuum* mencionado no Apêndice 2, sendo o *caput mortuum* um avatar (um dos mais difíceis de revelar, ousaria dizer) do objeto *a*.

A obra incluída nestes dois apêndices deveria ser vista como uma tentativa de ler Lacan literalmente, em outras palavras, prestar-se uma tão grande, se não até maior, atenção à *letra* desse posfácio quanto já se prestou ao "Seminário sobre 'A carta roubada'".[1] De fato, quase ninguém nunca leu o posfácio de Lacan a esse seminário.[2] Porém, ao apresentar um modelo relativamente simples de linguagem que inclui símbolos *sobredeterminados*, Lacan é capaz de mostrar como e onde o real se manifesta dentro do simbólico e, portanto, apontar os limites da "literalização".

"Matemática recreacional"

A exposição de Lacan aqui (*Écrits* 1966, pp.41-61) é lacônica a ponto de ser confusa, mas seus passos podem, no entanto, ser apresentados de forma simples:

Primeiro passo: as jogadas da moeda são agrupadas em três, cada grupo caindo em uma das categorias representadas na Tabela A1.1.

Lacan se refere às trincas enquadradas na categoria 1 e 3 como "simétricas", e àquelas enquadradas na categoria 2 como "assimétricas" (portanto,

Tabela A1.1

1	2	3
(idêntico)	(ímpar)	(alternado)
+++	++ − − − +	+ − +
− − −	+ − − − ++	− + −

a denominação de "ímpar" para a última). Essas designações serão importantes mais tarde.

Tomando como base uma seqüência de resultados de jogadas, as agrupamos e rotulamos como indicado na figura A1.1.

Figura A1.1

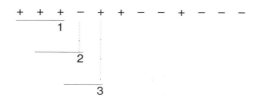

O resultado das primeiras três jogadas (+ + +) se enquadra na categoria 1; o próximo grupo *sobreposto* de três (+ + −) se enquadra no grupo 2; o terceiro (+ − +) é do tipo 3; e assim por diante. Abreviarei isso conforme abaixo:

```
+ + + − + + − − + − − − −
1 2 3 2 2 2 2 3 2 1 1 1...
```

O leitor observa claramente que não é possível se deslocar diretamente de um 1 para um 3 (ou de um 3 para um 1) sem que um 2 intervenha para iniciar (ou remover) a alternância de sinais. Todas as outras sucessões combinatórias diretas são possíveis. Lacan fornece um grafo na Figura A1.2 (chamado de "Rede 1-3", *Écrits* 1996, p.48) para visualizar todas os movimentos permitidos:

(Observe que esse mesmo grafo se aplica em todos os sentidos à matriz simplificada de grupos de jogadas de dois sinais descrita no capítulo 2).

Segundo passo: Agora colocamos uma matriz simbólica sobre essa matriz numérica (Tabela A1.2).

Aqui o espaço em branco entre os pares de números deve ser preenchido por um terceiro número. Cada letra grega então reagrupa os grupos de

Figura A1.2: Rede 1-3

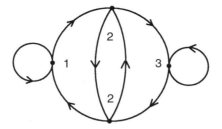

Tabela A1.2: Matriz 1 de Letras Gregas

α	β	γ	δ
1_1, 1_3	1_2	2_2	2_1
3_3, 3_1	3_2		2_3

primeiro nível em *três*. Por exemplo, α cobre os casos onde encontramos dois 1s (sob a linha mais/menos) *separados por outro número*.

$$+ + + + + - - - + - - - - -$$
$$\underline{1\ 1\ 1}\ 2\ 2\ 1\ 2\ 3\ 2\ 1\ 1\ 1...$$
$$\quad\ \ \alpha$$

Nesse caso, o número do meio deve ser um 1, já que, como vimos acima, não pode ser um 3, sendo impossível ir diretamente de uma configuração 1 para uma configuração 3 (deve haver um 2 no meio); também não pode ser um 2, já que necessitamos dois 2s em seguida para ser possível retornar a um 1 (um único 2 não é suficiente). Se preenchermos os espaços em branco corretamente, podemos agora fornecer uma tabela mais detalhada (Tabela A1.3). Para o momento, no entanto, as coisas mais importantes a seguir são os primeiros e terceiros números de cada trinca.

Tabela A1.3: Matriz II de Letras Gregas

α	β	γ	δ
111, 123	112, 122	212, 232	221, 211
333, 321	332, 322	222	223, 233

Lacan não diz isso em muitas palavras (ou não é suficientemente explícito, de alguma forma, para ser facilmente entendido)[3], mas qualquer outro meio de reagrupar esses símbolos de primeira ordem reduz o resto do que se segue para total não-senso. As seqüências de números devem ser reagrupadas como se segue. Considerando, mais uma vez, nossa linha de resultados de jogada (isto é, a linha +/–) e a linha dos números de código (segunda linha), primeiro agrupamos o primeiro e o terceiro número, depois o segundo e o quarto, depois o terceiro e o quinto, e assim por diante, acrescentando um símbolo abaixo de cada par ligado para representá-lo, como na Tabela A1.4.

Tabela A1.4
Números...

				1	2	3	4	5...
+	+	+	–	+	+	–	–	+...
1	2	3	2	2	2	2...		
		α						
	2	3	2					
		γ						
	3	2	2					
		β						
		2	2	2				
			γ					

Abreviarei esse esquema como segue:

$$+ \ + \ + \ - \ + \ + \ - \ - \ + \ - \ - \ - \ - \ -$$
$$1 \ \ 2 \ \ 3 \ \ 2 \ \ 2 \ \ 2 \ \ 2 \ \ 3 \ \ 2 \ \ 1 \ \ 1 \ \ 1$$
$$\alpha \ \ \gamma \ \ \beta \ \ \gamma \ \ \gamma \ \ \delta \ \ \gamma \ \ \alpha \ \ \delta \ \ \alpha$$

Observe que ao definir a Matriz de Letras Gregas, Lacan diz que um α abrange desde um grupo de três jogadas simétricas (isto é, categoria 1 ou 3) a outro grupo simétrico; um β abrange de um simétrico a um assimétrico (isto é, categoria 2); um γ abrange de um assimétrico a outro assimétrico; e um δ abrange de um assimétrico a um simétrico. Voltarei a esse ponto mais tarde.

O que precisa ser destacado a seguir é que enquanto qualquer letra pode seguir *diretamente* uma outra (isso pode ser verificado pela inspeção da Tabela A1.3, Matriz II de Letras Gregas), nem toda letra pode seguir *indiretamente* qualquer outra. O caso que veremos aqui, para começar, é a determinação ou limitação imposta sobre a *terceira* posição.

Suponhamos que comecemos com a letra α; a próxima letra pode ser α, β, γ ou δ mas, sempre temos um α ou um β na terceira vaga. Por quê?

As quatro combinações α possíveis (a saber, 111, 123, 333, 321) terminam em 1 ou 3. Como o último número dessas trincas se tornará o primeiro número das trincas da terceira vaga, e como α e β são as únicas letras que abrangem combinações começando com 1 e 3, apenas α e β podem preencher a terceira vaga.

Todo esse processo de raciocínio pode ser repetido se, em lugar de α, começarmos com a letra δ, porque todas as combinações δ também terminam em 1 ou 3.

Por outro lado, todas as combinações β e γ *terminam* em 2, e como apenas as combinações δ e γ começam com 2, estas só podem preencher a vaga três se um β ou um γ estiver na vaga um.

Isso explica a fórmula emblematicamente lacônica que aparece em *Écrits* (1966, p. 49) e que reproduzo na Tabela A1.5. Vemos na linha superior que no caso de α e δ, não obstante qual seja a letra que colocarmos na etapa 2, ainda temos α ou β na etapa 3; e a linha inferior mostra que, no caso de γ e β, qualquer letra que tentarmos encaixar na etapa 2 nos dá γ ou δ na etapa 3.

Tabela A1.5: Uma distribuição δ

$$\frac{\alpha,\delta}{\gamma,\beta} \quad \rightarrow \quad \alpha,\beta,\gamma,\delta \quad \rightarrow \quad \frac{\alpha,\beta}{\gamma,\delta}$$

Etapas	1	2	3

O que significa dizer que a terceira vaga já é, até certo ponto, determinada pela primeira — a primeira "carregando dentro de si" a "semente" da terceira. Antes de desenvolver com mais profundidade essa noção, examinemos o esquema *quatro-etapas* de Lacan na página 50 do *Écrits* 1966.

Observemos a Tabela O, onde as vagas estão numeradas na linha superior e uma linha de números de amostragem (codificando os resultados de jogadas de moeda) é apresentada na segunda linha embaixo (Tabela A1.6). Lacan *não* afirma que o único caminho para ir de δ na vaga um até β na vaga quatro é inserir dois αs entre eles. Existe, na verdade, uma variedade de caminhos para se deslocar de δ até β; a questão de Lacan aqui é que *nenhum deles* inclui a letra γ (letra grega linha 2), um fato que pode se verificar ao tentar todas as variadas combinações possíveis (uma tarefa cansativa na melhor das hipóteses), ou simplesmente observar que, como todos os δs terminam em 1 ou 3, um γ não é possível na terceira vaga (vimos acima, na Tabela A1.5, a distribuição Aδ, que apenas α e β podem seguir δ na terceira vaga), e que um γ na segunda vaga automaticamente significa

192   *O sujeito lacaniano*

que a trinca da vaga 4 começará com um 2, enquanto nenhum β começa com um 2.

Tabela A1.6: Tabela O de Lacan

Nº de vaga

1	2	3	4				
Exemplo de linhas de números					Linha de letras gregas		
2	1	1	1	1	2		
δ	α	α	β	γ	γ	δ	1
	γ				α		2
β	δ		δ	β			3

A linha 3 de letras gregas da tabela mostra que se for colocado um β na vaga 2, nunca se consegue um β na vaga 4 (pois um β coloca um 2 no começo da trinca da vaga 4, e nenhum β começa com um 2); e que se formos tolos ao ponto de tentar colocar um δ na vaga 3, deparamo-nos com o que já vimos no exemplo de três etapas: um δ nunca pode ser encontrado na vaga 3 se existe um δ na vaga 1.

O resto da linha 1 de letras gregas à direita de δααβ nos mostra os termos excluídos para a série βγγδ, que funciona exatamente como o lado esquerdo.[4]

Nas páginas após a Tabela O, Lacan menciona outras características sintáticas da sobreposição de letras gregas. Por exemplo, se alguém se depara com dois βs seguindo um ao outro sem um δ no meio, ou eles seguiram um após o outro imediatamente (isto é, ββ) ou estão separados por um ou mais pares αγ (por exemplo, βαγβ, βαγαγβ, βαγα... γβ). O que observamos de imediato aqui é que embora seja teoricamente possível para uma série aleatória de jogadas de moeda reproduzir indefinidamente αs ou γs, como nos dois exemplos a seguir —

+	+	+	+	+	+	+	+	+	+	+	+	+
1	1	1	1	1	1	1	1	1	1	1		
	α	α	α	α	α	α	α	α	α			

−	−	+	+	−	−	+	+	−	−	+	+	−
2	2	2	2	2	2	2	2	2	2	2		
	γ	γ	γ	γ	γ	γ	γ	γ				

— nenhuma série aleatória conseguiria produzir sem fim δs ou βs dessa forma, pois os δs sempre vão de números pares no começo das trincas para números ímpares no final (por exemplo, 223) e, portanto, esgotam-se após apenas duas repetições, e βs fazem exatamente o oposto (indo de ímpar para par) e, portanto, esgotam-se da mesma forma. Em outras palavras, eles podem apenas reabastecer-se através da interpolação de outras letras e, na verdade, cada par β exige pelo menos duas outras letras sucessivas antes de poder aparecer novamente. O mesmo se aplica ao par δ.

Probabilidade e Possibilidade

Uma das conclusões que podem ser tiradas da matriz de segunda ordem de Lacan é que, por mais que se tente, independente da moeda usada estar viciada ou de quanto se trapaceie, algumas das letras definidas, a saber β e δ, *nunca* podem acontecer em mais de 50% das vezes. Contrariamente, com uma grande dose de sorte ou com uma moeda viciada, α, assim como γ, *poderia* ser o resultado em mais da metade das vezes. Embora esta matriz simbólica de duas camadas fosse projetada de tal modo a dar a cada letra grega *exatamente* a mesma probabilidade de aparecer quanto as outras[5], surgiu uma restrição nos termos de possibilidade e impossibilidade, digamos assim, *ex nihilo*.

Probabilidade e possibilidade não são uma e a mesma coisa. Portanto, a afirmativa de Lacan de que combinações prodigiosamente favoráveis de jogadas de moeda *poderiam* levar α ou γ a tomar conta da série, enquanto mesmo as combinações mais absurdamente favoráveis *nunca poderiam* levar β ou δ a fazê-lo, refere-se a um resultado significativo da combinatória, superando todas as considerações de probabilidade.

Porém, o resultado mais importante, a meu ver, é a *sintaxe* produzida, que permite certas combinações e proíbe outras. Vemos aqui que as leis geradas por nossa sobreposição numérica (barrando movimentos diretos de 1 a 3 e de 3 a 1) florescem num aparelho complexo com a introdução da matriz alfabética. No capítulo 2, nota 6, exploro algumas semelhanças entre esse tipo de aparelho e a linguagem. A gramática gerada aqui pode ser representada em um grafo semelhante à Rede 1-3 de Lacan, como demonstrado na próxima subseção.

Mapeamentos de redes

No resto deste apêndice e no Apêndice 2, examino o "Parêntese de parênteses" acrescentado por Lacan em 1966, que divide esta introdução/posfácio ao "Seminário sobre 'A carta roubada'", em duas partes. Começarei minha análise desta seção com a nota de rodapé que a termina, na qual vemos a Rede 1-3 transformada, e a Rede α, β, γ, δ elaborada pela primeira e única vez. A nova rede é mostrada na Figura A1.3.

Nesta retranscrição da Rede 1-3, todas as setas mudaram de direção e, em vez de encontrar os números 1, 2 e 3, encontramos as quatro seguintes combinações: 00, 01, 10 e 11. O diagrama foi, portanto, invertido, e o sistema de codificação mais uma vez alterado — ao ponto de ser irreconhecível!

Figura A1.3: Rede 1-3 (ligeiramente modificada)

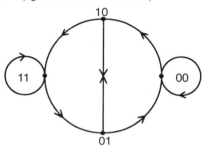

Somos obrigados a retornar à tabela mostrando quais combinações de resultados de jogada são agrupadas sob cada número (Tabela A1.7) para descobrir a lógica por trás do novo código.

Tabela A1.7

1	2	3
(idêntico)	(ímpar)	(alternante)
+ + +	+ + – – – +	+ – +
– – –	+ – – – + +	– + –

Lacan *não* simplificou esse diagrama para uma matriz de dois sinais (isto é, + +, + –, – +, e – –) como se poderia pensar à primeira vista (embora, como mencionado anteriormente, a Rede 1-3 seja uma esquematização perfeitamente adequada desta matriz simplificada de dois sinais). A combinação 11 se refere, evidentemente, à antiga categoria um, enquadrando + + + e – – –. Como isso é possível? Suponhamos que 1 denote "o mesmo", em outras palavras, que os resultados das duas primeiras jogadas são, ambos, mais ou menos; 11 então implica que os resultados do segundo par sobreposto de jogadas são também os mesmos; dessa forma podemos representar ambas as combinações que previamente se enquadravam sob a categoria um. Dessa mesma maneira, o símbolo 0 denotará, é obvio, "o diferente", e 00 representará então ambos + – + e – + –, os resultados das duas jogadas aí incluídos, ambos envolvendo sinais diferentes. E embora

10 enquadre + + − e − − + (igual e, posteriormente, diferente), 01 cobrirá + − − e − + + (diferente e posteriormente igual).[6]

Se esse novo código funciona no modo que sugeri, há um erro tipográfico no grafo apresentado na página 56 dos *Écrits*. Pois presumindo que o resultado da cadeia de jogadas caminha da esquerda para a direita (e esse é o caminho que ela toma no próprio exemplo de Lacan na nota de rodapé da página 47), cada novo termo será acrescentado à direita e, portanto, + + + e − − − se transformará em + + − e − − +, respectivamente, à medida que se deslocam em direção à parte superior do círculo, ambos devendo ser codificados como 10. As combinações 01 e 10 estão, então, invertidas equivocadamente na página 56 e, portanto, fiz as modificações necessárias na Figura A1.3.[7]

Em seguida, Lacan estabelece um grafo-de-alta-ordem que ele alegremente afirma que todos os matemáticos sabem como calcular — como se seu texto, agora aparecendo na coleção de seus escritos "psicanalíticos" conhecidos como *Écrits*, tivesse que ser primeiramente lido com cuidado por matemáticos de alto nível! Tentemos "decifrar" esse grafo por partes.

Ao cortar pela metade os quatro arcos que compõem os quadrantes do círculo principal na Rede 1-3 e colocar um ponto (ou vértice) em cada um dos cortes, obtemos um quadrado definido por esses quatro novos pontos (Figura A1.4).

Figura A1.4

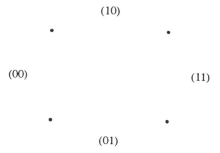

Então, definimos dois pontos adicionais cortando os *loops* da direita e da esquerda ao redor de 00 e de 11 no meio, e dois pontos a mais cortando a linha reta central entre 10 e 01 (o qual, como lembramos ao consultar a antiga Rede 1-3, na verdade consistia em duas setas). Depois voltamos a conectar esses pontos entre si com novas setas, orientadas como na Rede 1-3 (Figura A1.5). Portanto, explicamos a *forma* do grafo *dividindo cada passo da Rede 1-3 em duas etapas separadas.*

Figura A1.5

Os números com os quais Lacan em seguida designa cada um dos novos pontos, embora pareçam semelhantes àqueles encontrados na Rede 1-3, derivam de mais um código, ainda que tenham relação com a Rede! Tivesse Lacan mantido o mesmo código, sua nova Rede α, β, γ, δ corresponderia a seqüências de quatro sinais (isto é, sinais mais e menos) e não a seqüências de cinco, como é, na verdade, o caso.

O grafo de ordem-superior, entendido como dividindo cada passo da Rede 1-3 em dois passos separados, representa duas vezes mais combinações de sinais. No caso de uma combinação binária de três casas — uma que toma três sinais de mais ou de menos consecutivos como seu bloco ou unidade básica de construção — existem 2^3 (a saber, 8) combinações possíveis mas, se acrescentarmos uma casa adicional, temos 2^4 (a saber, 16) combinações possíveis. Contudo, como vimos antes, ao usar a superposição 1/0 (igual/diferente), cada ponto na Rede 1-3 corresponde a duas combinações diferentes: por exemplo, 10 corresponde a + + − e − − +, os primeiros dois sinais sendo iguais, os dois segundos diferentes. Portanto, no caso de uma combinatória de três casas (tal como a Rede 1-3), existem 8 combinações possíveis correspondendo a quatro pontos ou vértices (numerados 11, 10, 01 e 00). No caso de uma combinatória de quatro casas, temos 16 combinações possíveis associadas com 8 vértices: e na combinatória de cinco casas temos 32 combinações possíveis e 16 vértices (cuja melhor visualização seria através de um grafo de três dimensões).

Logo, *a Rede α, β, γ, δ de Lacan tem 8 vértices e assim corresponderia normalmente a seqüências de sinais de quatro casas*. E o fato de que ele numera esses vértices com seqüências 1/0 com três casas cada (isto é, 000, 001, 010, 011, 100, 101, 110 e 111) parece confirmar a idéia de que a Rede mapeia seqüências de quatro sinais de mais/menos. Mas então como explicar o fato de que α, β, γ, δ todos se referem a seqüências de cinco sinais?

Isso pode ser feito de três maneiras:

1. Enquanto na Rede 1-3, o 1 e o 0 se referem ao *igual e diferente*, respectivamente, aqui eles se referem a *ímpar e par*.[8] Em outras palavras, em vez de seqüências em código de resultados de quatro jogadas (por exemplo, 111 denotando ++++ e − − − −, 000 denotando + − + − + − + −, e assim por diante), eles recodificam nossa matriz numérica antiga: 1 substituiria nossas categorias de matriz numérica um e três (as categorias *números ímpares* na Tabela A1.7) e 0 substituiria a categoria dois da matriz numérica (a categoria *número par*).

2. Alternativamente, poderíamos dizer que o 1 se refere a todas as configurações *simétricas* (agrupadas sob categorias de matriz numérica um e três na Tabela A1.7) e 0 para todas as configurações *assimétricas* (agrupadas sob a categoria dois na Tabela A1.7). Isto é, 0 se referiria a todas as categorias que Lacan denomina como "ímpar" (aqui no sentido de "bizarro"). Portanto, ao recodificar a matriz numérica, também simplifica-se o código de seqüências de resultados de três jogadas.[9]

Mencionei acima que ao definir sua Matriz de Letras Gregas Lacan estipula que um α vai de uma seqüência simétrica de três jogadas (isto é, categoria um ou três) para outra simétrica; um β vai de uma simétrica para uma assimétrica (isto é, categoria dois); um γ de uma assimétrica para outra assimétrica; e um δ de uma assimétrica para uma simétrica. A Rede α, β, γ, δ pode ser reescrita preenchendo as trincas diferentes designadas por cada uma das novas trincas empregando apenas 0s e 1s (Figura A1.6).

De qualquer ponto no grafo pode-se seguir a cadeia nas duas direções diferentes apontadas pelo acréscimo de um número ímpar ou par (e, portanto, um 0 ou um 1) ao final da trinca, ou, em última hipótese (se tivermos entusiasmo bastante para resolver todas as combinações), um mais ou um menos no final de uma seqüência de cinco sinais. O grafo tem a vantagem de apontar todos os caminhos permitidos (e portanto, implicitamente, todos os proibidos), e o código 1/0 utilizado reduz todas as combinações de mais/menos e trincas a uma combinatória 1/0 de três casas.

Observe aqui que as anotações para α, β, γ e δ fornecidas por Lacan com essa Tabela (p. 57) são mais uma vez lacônicas ao ponto de serem crípticas. Os períodos funcionam como espaços em branco a serem preenchidos por um dos símbolos, 1 ou 0: 1.1 deve, portanto, ser lido como 111 ou 101, 1.0 como 110 ou 100, e assim por diante. Aqui vemos muito claramente que cada letra grega é definida em termos de sua configuração simétrica-assimétrica. Observe também que embora pareça, agora, possível que a antiga Rede 1-3, incluindo 11, 10, 01 e 00 como seus vértices, pudesse representar de forma adequada o sistema α, β, γ, δ, esta Rede seria incapaz de representar os movimentos proibidos e os circuitos de memória.

Lacan parece ter chegado à *forma* final dessa rede complexa colocando, primeiro as oito possíveis trincas 1/0 nos cantos de um cubo (ou paralelepípedo). Como um cubo tem exatamente oito cantos, sem dúvida Lacan o pensou como um provável meio de representação (ver Seminário 4, 20 de março de 1957). Se colocarmos 000 numa extremidade e 111 na outra, acrescentando sucessivamente 0s circulando em uma direção e 1s circulando na outra (Figura A1.7), precisamos apenas preencher as setas, achatando o cubo em duas direções, e arredondar as terminações quadradas para encontrar o grafo final de Lacan (Figura A1.6).[10]

Figura A1.6

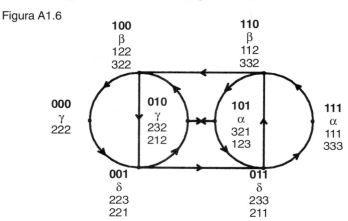

Observe para futuras referências que as trincas numéricas situadas nos níveis superior e inferior da Rede α, β, γ, δ são *imagens especulares*: 322/223, 122/221, 233/332, 211/112. O mesmo acontece com as novas trincas binárias 1-0: 100/001, 110/011. Todas essas imagens especulares incluem a necessária *inversão da direita para a esquerda* implicada pelo estádio do espelho de Lacan. β *e* δ *são, portanto, imagens especulares uma da outra*. (Elas são, sobretudo, definidas como indo de simétrica para

Figura A1.7

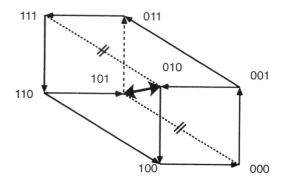

assimétrica e de assimétrica para simétrica, respectivamente.) Isso será importante na análise do "Esquema L" de Lacan no Apêndice 2.

3. Existe, ainda, outra maneira de explicar como a Rede α, β, γ, δ cobre as seqüências de cinco sinais de mais e menos: primeiro codificamos essas seqüências usando o código de Rede 1-3, e depois *recodificamos* o código usando o mesmo código! Explico:
O código 1/0 mesmo/diferente pode ser aplicado duas vezes: primeiro para uma seqüência de cinco sinais (por exemplo: ++ – ++) e depois para o código 1/0 correspondente (por exemplo: 1001). Pois, tomando pares de sobrepostos na seqüência de números, podemos recodificá-los caso identifiquemos dois *números* idênticos, que serão codificados como 1, ou dois números diferentes que serão codificados como 0. No exemplo acima (++ – ++, para o qual 1001 corresponde), recodificamos 1001 como diferente-igual-diferente, em outras palavras, como 010. Isso nos permite reduzir as seqüências de cinco sinais mais/menos para três seqüências 1/0 de três sinais e, mais estranho ainda, cada seqüência então codificada se enquadra com precisão no esquema α, β, γ, δ: cada seqüência +/– que é agrupada (pelo código igual/diferente aplicado duas vezes) sob 111 e 101, por exemplo, é, na verdade, uma seqüência α (indo de 1 para 1, 1 para 3, 3 para 3 ou 3 para 1).[11]
Isso se explica com facilidade observando-se que um 1 na segunda aplicação do código representa *todas as combinações simétricas* mais/menos de três sinais (isto é, cobre 00 e 11 na primeira aplicação, que por sua vez cobriu + – + e – + –, e + + + e – – – respectivamente). Um 0 na segunda aplicação designa *todas as combinações assimétricas* de três sinais (designado por 10 e 01 na primeira aplicação, eles por sua vez designam ++ – e – – +, e + – – e – ++ respectivamente).

Portanto, uma aplicação dupla do código igual/diferente tem exatamente o mesmo efeito que o código simétrico/assimétrico, designando como o faz um 1 ou um 0 para cada conjunto sucessivo de trincas simétricas ou assimétricas.

O mesmo tipo de diagrama pode ser construído com a ajuda de um fluxograma. Começa-se com um +++ e mapeia-se as diferentes direções na qual se é levado a acrescentar um + ou um – no final da série. Isso divide o fluxograma em dois ramos com cada acréscimo, como vemos na Tabela A1.8. Aqui, observamos que a linha 2 do fluxograma fornece o círculo à direita da Figura A1.6, a conexão entre as linhas 14 e 15 (211 → 112) fornecendo o diâmetro orientado desse mesmo círculo; a linha 10 fornece o círculo da esquerda, a linha 8 fornece seu diâmetro; a linha 6 apresenta a pulsação que une os dois círculos; as linhas 1 e 8 nos fornecem os *loops* ααα e γγγ; e assim por diante.

Para construir, de fato, esse grafo, devemos seguir todos os passos da Tabela 1.8, recodificar as trincas numéricas em ímpares (1s) e pares (0s), e depois ligar todas as entradas idênticas (novas trincas), desenhando todos os passos possíveis. Dado que, em uma combinatória de três casas com

Tabela A1.8

Linha de números

#					(spine)	
1	++++ → +++++ (111)					*Loop* α
2	→ ++++- (112)	→ +++-+ (123)	→ ++-+- (233)	→ +-+-+ (333)	→ -+-+- (333)	círculo da direita
3					→ -+-++ (332)	
4				→ +-+-- (332)	→ -+--+ (332)	linha superior
5					→ -+--- (321)	
6			→ ++-++ (232)	→ +-+++ (321)	→ -+++- (212)	conecta os dois círculos
7					→ -++++ (211)	
8				→ +-++- (322)	→ -++-+ (223)	diâmetro esquerdo
9					→ -++-- (222)	
10		→ +++-- (122)	→ ++--+ (222)	→ +--+- (223)	→ --+-- (232)	círculo da esquerda
11					→ --+-+ (233)	
12				→ +--++ (222)	→ --++- (222)	*loop* γ
13					→ --+++ (221)	
14			→ ++--- (221)	→ +---- (211)	→ ----- (111)	linha inferior
15					→ ----+ (112)	
16				→ +---+ (212)	→ ---+- (123)	conecta os dois círculos
17					→ ---++ (122)	

apenas duas escolhas para cada casa, sabemos que existem oito pontos a serem ligados (000, 001, 010, 011, 100, 101, 110 e 111), ainda que exista uma variedade enorme de modos de desenhar esse tipo de "Rede", o de Lacan é um dos mais elegantes. Como J.-A. Miller salientou, essa Rede está intimamente relacionada com o "grafo do desejo" de Lacan (*Écrits*, p.315).

apêndice 2

Em busca da Causa

Lacan começa uma parte do posfácio ao "Seminário sobre 'A carta roubada'", o "Parêntese dos parênteses" (acrescentado em 1966), com um comentário um tanto dissimulado de que estava "perplexo" com o fato de que nenhuma das pessoas que tentaram decifrar suas matrizes alfabética e numérica "claramente enunciadas" sequer haviam "sonhado" em traduzi-las em termos de parênteses — como se isso fosse a primeira coisa que lhes ocorreria.

Sua intenção parece ser a de retranscrever seu conhecido Esquema L[1], ao mesmo tempo atualizando-o para ressaltar o papel do objeto *a,* um conceito que levou um bom tempo para ser elaborado, entre 1956 e 1966. Sigamos sua retradução passo a passo; só depois será possível ver como o objeto *a,* enquanto causa, é introduzido.

Mencionei no Apêndice 1 que para se deslocar de β a um β, pode-se prosseguir diretamente ou, a não ser que apareça um δ, através da interpolação de pares de $\alpha\gamma$. O exemplo fornecido por Lacan na página 51 dos *Écrits,* 1966, ($\beta\alpha\gamma\alpha$ ... $\gamma\beta$), é totalmente recodificado no curso desta retranscrição. Tomemos a seguinte estrutura parentética, que não foi modificada teoricamente pelo texto de Lacan, mas simplesmente estipulada, (( ) ( )), onde β e δ foram transformados em parênteses (β sendo um parêntese de abertura, δ um parêntese de fechamento, como demonstrarei a seguir), e prossigamos preenchendo os vários espaços em branco. Numerando os espaços em branco como abaixo,

$$(1\ (3)\ 2\ (3)\ 1a)$$

vemos que Lacan coloca um número indefinido de pares $\alpha\gamma$ no espaço em branco 1, e de pares $\gamma\alpha$ no espaço em branco 1a. Lacan se refere a essas primeiras seqüências como o *forro* de um casaco, mas o francês *doublure* sugere um tipo de duplicação também; parece claro que é essa estrutura

202   O sujeito lacaniano

dupla — em outras palavras, os parênteses duplos de abertura e fechamento, (( )) — que é crucial aqui, já que o recheio (os pares $\alpha\gamma$ e $\gamma\alpha$) podem, de acordo com Lacan, ser reduzidos a nada. Lacan também se refere a esses parênteses duplos como aspas ou citações, uma nomenclatura, no mínimo, sugestiva.

Na posição 2 colocamos um número indefinido de pares $\gamma\alpha$, com um γ adicional no fim com o intuito de fazer com que o número total de sinais seja ímpar (também pode não haver sequer signo que seja). Nas duas posições-3, colocamos zero ou mais γs; em outras palavras, tantos quantos quisermos. Portanto, temos

$$(\alpha\gamma\alpha\gamma... (\gamma\gamma... \gamma) \gamma\alpha\gamma\alpha... \gamma (\gamma\gamma... \gamma)... \gamma\alpha\gamma\alpha)$$

que, se não escolhermos sinal algum quando possível, pode ser reduzido para (( ) ( )).

No próximo passo, do lado de fora do primeiro e do último parênteses colocamos uma série de αs, mais uma vez quantos quisermos, engolfando zero ou mais parênteses vazios ou preenchidos com seqüências $\alpha\gamma$ terminando em α para produzir um número ímpar de sinais. Essas seqüências podem ser situadas num lado ou nos dois lados da seqüência principal mostrada acima. Por exemplo:

$$(\alpha\gamma\alpha\gamma... (\gamma\gamma... \gamma) \gamma\alpha\gamma\alpha... \gamma (\gamma\gamma... \gamma)... \gamma\alpha\gamma\alpha) \alpha\alpha\alpha\alpha (\alpha\gamma\alpha\gamma... \alpha) \alpha\alpha\alpha...$$

Agora, substituímos os αs e γs com 1s e 0s respectivamente:

$$(1010...(00...0) 010101 (00...0) ...0101) 11111 (1010... 1) 111$$

Na Cadeia L (correspondente ao "Esquema L"), Lacan escreve isso um pouco diferente:

Cadeia L: (10...(00...0) 0101...0 (00...0) ...01) 11111... (1010...1) 111...

De acordo com Lacan, uma condição a mais é necessária para fazer a Cadeia L corresponder ao Esquema L: as seqüências 000 em parênteses deverão ser interpretadas como momentos de silêncio, enquanto que os 0s encontrados nas seqüências alternantes deverão ser vistos como escanções ou cortes; pois o 0 não assume o mesmo papel nessas duas posições.

Causa perplexidade, *de fato*, que nós nem por um instante tenhamos sonhado em reescrever a cadeia de Lacan α, β, γ, δ nesse modo! Antes de prosseguir atribuindo uma parte do Esquema L lacaniano a cada parte da Cadeia L, tentemos dissecar, um pouco, a Cadeia como está.

Fora do principal conjunto duplo de parênteses (ou aspas: " ") encontramos uma seqüência que podemos simplificar da seguinte forma: 111(101)111. Sabendo (pois Lacan estipula pelo menos esse tanto) que 1 = α e 0 = γ, podemos unilateralmente determinar que o sinal para a abertura dos parênteses é β e que o de fechamento é δ. Pois a primeira parte da seqüência, $\alpha\alpha\alpha$, só é possível baseada em uma seqüência onde sejam todos mais, todos menos, ou uma seqüência uniformemente alternante (correspondendo a todos os 1s ou todos os 3s em nossa primeira matriz numérica). Uma vez que a próxima parte, ($\alpha\gamma\alpha$), mostra um γ na segunda posição após a abertura dos parênteses, e como um γ designa passos 2 a 2, o parêntese começa necessariamente uma alternância (+ para –, ou vice versa), indo de um 1 a um 2, ou interrompe a alternância uniforme (colocando dois mais e dois menos em seqüência), levando-nos de um 3 a um 2, ambos sendo configurações β. Por exemplo[2]:

+	+	+	+	+	+	+	–	+	+
	1	1	1	1	1	2	3	2	
		α	α	α	β	α	γ		
		1	1	1	(	1	0		

O fechamento do parêntese pode ser determinado do mesmo modo, pois sabemos que um γ sempre termina com um 2 e que, se duas posições depois, tivermos um outro sinal que não um γ, deverá ser um δ, já dois espaços após um γ só pode ser um γ ou δ (cf. Distribuição A δ no apêndice 1). Isso pode ser visto ao prosseguir com a seqüência abaixo:

+	+	+	+	+	+	+	–	+	+	+	+	+	+
	1	1	1	1	1	2	3	2	1	1	1	1	1
		α	α	α	β	α	γ	α	δ	α	α	α	
		1	1	1	(	1	0	1	)	1	1	1	

A equação de β e δ com os parênteses de abertura "(" e de fechamento ")" é mais tarde confirmada pelo fato de que, descoberto durante a discussão da Rede α, β, γ, δ no apêndice 1, β e δ são imagens especulares uma da outra.

Observe-se aqui que as seqüências $\alpha\gamma$ de números ímpares sempre resultam em padrões cíclicos 12321. Considere, por exemplo, a seqüência abaixo:

```
+ + + + + + + − + + + − + + + − + + + + + +
1 1 1 1 1 2 3 2 1 2 3 2 1 2 3 2 1 1 1 1 1
α α α β α γ α γ α γ α γ α γ α δ α α α
1 1 1 ( 1 0 1 0 1 0 1 0 1 0 1 ) 1 1 1
```

Aqui, na linha mais/menos, vemos uma alternância de três sinais com um sinal oposto.[3]

Logo, esses grupos (10...1) — sobre os quais Lacan diz que podemos ter zero ou mais deles, de qualquer comprimento, inseridos na cadeia 1111, colocados (no exemplo de Lacan) após as aspas principais — são considerados, juntamente com essa cadeia 1111, como correspondendo ao Outro no Esquema L. O Outro aqui é, portanto, representado como uma seqüência homogênea de mais ou menos (ou uma seqüência alternada uniformemente de mais e menos interrompida, se quisermos assim, por seqüências de três de um sinal e uma de outro sinal que assume a forma de curvas senoidais na matriz numérica: 11123212321232111. Na camada $\alpha = 1$, $\gamma = 0$, esses grupos (10...0) só quebram por momentos a repetição sem fim de 1s, essa repetição do "traço unário", como Lacan denomina o *einziger Zug* de Freud (no capítulo sobre "Identificação" em *Psicologia de grupo e Análise do ego*). O 1 aqui, portanto, parece ser aquele da pura diferença, de uma marca ainda indiferenciada, e os parênteses engolfados neles, se é que existe algum, são suspensões simplesmente momentâneas, aparentemente sem importância, que, começando do 1, retorna a cadeia ao mesmo ponto, 1, após uma série mais longa ou mais curta de ciclos.

Se voltarmos por um momento à Rede α, β, γ, δ no apêndice 1, notamos que na extremidade direita temos 111, enquanto na extremidade esquerda temos 000. O código binário 0-1 usado nessa Rede (onde 1 = simétrico, e 0 = assimétrico) não deveria ser combinado com o código binário 0-1 que gera a Cadeia L (onde 1 = α, e 0 = γ). A Rede, entretanto, fornece um apoio visual interessante, pois se nos permitirmos misturar, por um momento, as duas matrizes binárias, substituindo o sujeito não barrado por 000, o Outro por 111, e os parênteses por βs e δs, teremos a configuração da Figura A2.1 ou aquela da Figura A2.2.

Figura A2.1

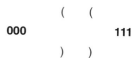

Figura A2.2

Girando a Rede em 45 graus, chegamos à Figura A2.3,

Figura A2.3

onde os parênteses espelhados poderiam representar com facilidade o ego (pequeno *a*) e o outro (*a'*). Esse esquema é, obviamente, muito semelhante ao Esquema L de Lacan.

A alternância γ-α no meio da rede — não mostrada aqui — talvez pudesse ser igualada à *pulsão* na medida em que se coloca do lado do avesso (indo de 123 no passo um para 232 no passo dois, e para 321 no passo três; ou simplesmente indo e voltando de 101 para 010). Lacan menciona, por exemplo, que as pulsões são uma forma de pulsão incorporativa, em outras palavras, a pulsão de devoração, pode se transformar no terror de ser devorado (ele associa isso ao lado do avesso de uma luva e aos "lados" jamais distintos da banda de Moebius).[4]

Essa interpretação da pulsação tipo êmbolo γ-α como representativa da pulsão ganha um peso adicional pela afirmação de Lacan de que o que está entre as "aspas" (os parênteses duplos) — por exemplo, 000)010(000 — é um acréscimo ao S(Es) no Esquema L, isto é, o sujeito completado pelo acréscimo do *Es* ou id freudiano, o id sendo o lugar das pulsões (a palavra francesa para pulsão é *pulsion*). No entanto, ele iguala a alternância 01 entre a seqüência 00... 0 com o eixo imaginário *a-a'* do Esquema L.

Examinemos agora em detalhes o que encontramos dentro das "aspas" da Cadeia L de Lacan:

$$(10...(00...0)\ 0101...0(00...0)...01)$$

Os 0s entre parênteses correspondem a uma seqüência indefinidamente longa de γs, em outras palavras, 2s e, portanto, as séries repetidas de dois

206   *O sujeito lacaniano*

mais e dois menos. Enquanto que os γs ou 2s que examinamos antes (nas cadeias 1010... 1) faziam parte de padrões de ondas senoidais, números pares cercados por todos os lados por números ímpares (na matriz numérica) ou 0s sempre mantidos separados por 1s (na matriz binária 1/0), aqui a cadeia é monótona, as barreiras constituídas por parênteses em ambas as terminações apresentam o único *alívio* (em ambos os sentidos do termo) ou heterogeneidade. Simplificando as aspas acima para (10 (000) 010 (000) 01), vemos que podemos designar uma amostra de linha numérica abaixo dela:

β	α	γ	β	γ	γ	γ	γ	δ	γ	α	γ	β	γ	γ	γ	δ	γ	α	δ
(	1	0	(	0	0	0	0	)	0	1	0	(	0	0	0	)	0	1	)

(...1 1) 2 3 2 2 2 2 2 2 3 2 1 2 2 2 2 2 1 2 3 3

Os 0s e 1s alternados no centro representam a grade imaginária *a-a'* do Esquema L; tudo que está do lado de fora dos dois principais conjuntos de parênteses representa o campo do Outro (o A maiúsculo), claramente dominado aqui pela repetição do traço unário; e os pares 10 e 01 no "forro" da direita e da esquerda se referem ao status privilegiado — que Lacan alega ter explicado de maneira mais adequada em suas investigações topológicas posteriores — dos próprios *a* e *a'*.

$$(10... \quad \underset{a}{\underline{(000)\ 01010\ (000)}} \quad ...01) \quad \underset{A}{\underline{1111\ (10101)\ 111...}}$$

a–a'
S(Es)   a'

As partes da direita e da esquerda do forro tomadas em conjunto, (10.....01), isoladas do resto da cadeia, representam o eu psicológico do cogito, em outras palavras, o que Lacan chama de o falso cogito. O eu é aqui equiparado a um tipo de *forro* ou *tela* — do qual o sujeito está momentaneamente sendo subtraído (para propósitos teóricos) — que *isola* o sujeito do Outro.

Após colocar essas relações entre a Cadeia L e o Esquema L, Lacan diz:

> O único **resto** que se impõe nessa tentativa [de reformular o Esquema L como Cadeia L] é o formalismo de uma certa lembrança [*mémoration*] ligada à cadeia simbólica, cuja lei pode ser facilmente formulada usando a Cadeia L. ([Essa lei é] essencialmente definida pela substituição (ou troca) constituída na alternância de 0s e 1s através da superação ou transposição [*franchissement*] de um ou vários sinais parentéticos [parênteses de abertura ou fechamento, tomados um a um ou em conjunto, e assim por diante]).
>
> O que se deve ter em mente aqui é a rapidez com que se alcança uma formalização que é sugestiva tanto da lembrança primordial no sujeito quanto da estruturação na qual é notável que disparidades estáveis possam ser dis-

tinguidas (na prática, a mesma estrutura dissimétrica persiste se, por exemplo, invertermos todas as aspas).

Isso não é mais que um exercício mas atende à minha intenção de inscrever aqui o tipo de *contorno* no qual o que chamei de *caput mortuum* do significante assume seu aspecto *causal*.

Um efeito que é manifesto aqui tanto quanto na ficção da carta roubada. (*Écrits* 1966, p.56; grifo meu).

Portanto, há um resto a ser considerado aqui, e Lacan com freqüência fala de seu objeto *a*, causa do desejo, como um resto, fragmentos, sobras ou resíduos. Observemos mais uma vez a Tabela O (aqui Tabela A2.1)

Tabela A2.1

		Números							
		1	2	3	4				
Exemplo de linha números							Linha de letras gregas		
2	1	1	1	1	2				
		δ	α	α	β	γ	γ	δ	1
			γ			α			2
			β	δ		δ	β		3

Observamos no Apêndice 1 que ao se deslocar de δ para β em quatro passos, γ tinha que ser completamente barrado do circuito, β a partir do segundo passo, e δ a partir do terceiro. Essas letras barradas constituem um resíduo, de certa forma, já que não podem ser usadas neste circuito. Elas devem ser abandonadas e podemos então dizer que a cadeia funciona ao redor delas, em outras palavras, que a cadeia se forma rodeando-as, portanto traçando seu contorno. Elas são o que Lacan chama de *caput mortuum* do processo (ver capítulo 2).

Estruturas parentéticas

Voltando à citação traduzida acima, vemos que a lei em questão no segundo parágrafo é aquela encarnada pelas combinações de sinais necessários para "cercar" os parênteses da Cadeia L cada vez que surgem. Por exemplo, após uma série de 0s e um parêntese fechado, necessitamos de pares de sinais 01 se quisermos cercar o próximo parêntese fechado e obter uma longa série de 1s. Precisamente os conjuntos de pares de 01 e 10 encontrados entre os conjuntos de parênteses — por exemplo, (10... (— que fazem todo o trabalho de coordenar e cercar aqui, para a série ininterrupta de 0s entre parênteses — por exemplo, (00000) — podem ser de qualquer comprimento; enquanto que o número de alternâncias de 0-1 é sempre crucial: deve existir um número ímpar de signos entre os dois conjuntos de 0s — por exemplo, (000) 01010 (00) — e um número par deles entre os conjuntos de "aspas".

O que acontece se, como Lacan sugere no texto citado acima, revertermos todas as "aspas"? Temos:

) 1 0 ..) 0 0 0 (0 1 0 1 0) 0 0 0 (.. 0 1 (1 1 1) 1 0 1 0 1 (1 1 1
δ α γ δ γ γ γ β γ α γ α γ δ γ γ γ β γ α β α α α δ α γ α γ α β α α α

Essa seqüência é *proibida* pelas próprias definições das letras gregas. Qual é então a "dissimetria" que Lacan tem em mente no quarto parágrafo? Se não apenas revertermos os parênteses mas também trocarmos 0s por 1s —

) 01 ...) 111 (10101) 111 (... 10 (000) 01010 (000...

— obtemos uma série que *é* possível e onde vemos (trivialmente) a mesma falta de simetria da Cadeia L: o que está à esquerda não pode "equilibrar" o que está à direita.

Esquerda:	)01 ...) 111 (10101) 111 (... 10 (	Sujeito
Direita:	010 (000) 01010 (000) 010 ...	Outro
ou	000) 010 (00000) 010 (000 ...	

De uma certa forma, podemos equiparar o lado esquerdo com o sujeito e o direito com o Outro — sendo o desfecho a não existência de uma simetria simples e, portanto, poderíamos arriscar o termo, nenhuma *harmonia*, entre eles. Sendo assim, devemos nos perguntar "Por quê?". A resposta aqui parece ser "Por causa da causa" — a causa aqui é identificada com o *caput mortuum*, as letras descartadas em qualquer deslocamento de uma letra predefinida para outra (de um δ, por exemplo, para outro δ).

Consideremos novamente por um momento os lados direito e esquerdo da cadeia não invertida:

Esquerda:	(10 ... (000) 01010(000) ...01)	Sujeito
Direita:	..111 (101) 11111 (101) 111 ...	Outro

No lado esquerdo, encontramos um conjunto extra de parênteses, e estruturalmente necessário, ( ), a saber, aqueles nos extremos. Ora, Lacan não escreve com freqüência objeto *a* como "objeto (a)"? Isso pode parecer um pouco forçado, mas Lacan afirma que o lado esquerdo corresponde ao sujeito (completado pelo id freudiano) em acréscimo ao *a* e *a'*. O status do *a* e *a'* não estava ainda completamente explicitado no estágio do Esquema L ao desenvolvê-lo, mas Lacan afirma que sua topologia posterior dá conta delas. Essa topologia situa o objeto *a* através do uso do *cross-cap* (cf., por exemplo, Seminário 9). A partir das imagens especulares 10/01 relacionadas com o próprio status de *a* e *a'*, Lacan parece dirigir sua atenção apenas para os parênteses.

Por que Lacan envolve os parênteses em tal conceitualização? Algo está sendo *posto em parênteses* claramente aqui: o sujeito é duplamente colocado em parênteses na Cadeia L, e o mesmo ocorre com o objeto (a) em uma série de matemas e grafos. Algo está sendo *mis entre parenthèses*, isto é, suspenso ou colocado em suspensão.

Consideremos por um momento a função de um parêntese de abertura, (, numa variante da Cadeia L:

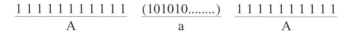

Os 1s à esquerda correspondem à repetição do traço unário que Lacan associa com o Outro. Sem o parêntese — em outras palavras, β na matriz alfabética de Lacan — um 0 nunca poderia intervir na cadeia: nenhuma variação seria possível. Uma cadeia de αs pode ser interrompida apenas por um β (se pensarmos em nossa matriz numérica, uma cadeia de 1s ou 3s pode ser interrompida apenas por um 2, já que trocas diretas 1-3 e 3-1 são proibidas).

Portanto, apenas um parêntese pode introduzir heterogeneidade na monotonia de outra forma ininterrupta da repetição do traço unário. Apenas com a intervenção de um parêntese algo pode se rachar ou separar do Outro; só com aparecimento é que o Outro é mantido acuado (apenas esperando reassumir, reafirmando seus direitos, do lado longínquo do parêntese duplo), durando apenas o bastante para que algo cave uma espécie de furo no Outro (a Cadeia 1 sem fim).

Esse tipo de imagem se ajusta muito bem às noções lacanianas de alienação e separação, pelas quais o sujeito vem a habitar o Outro, cavando um lugar para si na falta do Outro (cf. Seminário 11). Esta, é claro, é uma imagem aproximada, com a qual poderíamos discordar com facilidade, se quiséssemos, mas parece explicar algumas das afirmações de Lacan acerca deste ponto.[5]

A letra pode então ser vista como forçando uma estrutura parentética no sujeito: os funcionamentos autônomos da letra — a letra parecendo derivar do, e ser necessária e totalmente situada no campo do Outro — não lhe deixa outra alternativa.

Glossário dos símbolos de Lacan

$\$$ — (lê-se "S barrado") O sujeito tem, como afirmei, duas faces: (1) o sujeito como alienado na/pela linguagem, como castrado (= alienado), como precipitado de sentido "morto"; o sujeito aqui é falta a ser, uma vez que é eclipsado pelo Outro, isto é, pela ordem simbólica; (2) o sujeito como centelha que surge entre dois significantes no processo de subjetivação, pelo qual aquilo que é outro é tornado "dele próprio".

a — Escrito objeto *a*, objeto (a), *petit a, objet a,* ou *objet petit a.* No começo da década de 1950, o outro imaginário como nós. Na década de 1960 e daí em diante, ele tem pelo menos duas faces: (1) o desejo do Outro, que serve como a causa do desejo do sujeito e está intimamente relacionado com as experiências de gozo e perda oriundas dele (por exemplo: o seio, o olhar, a voz, as fezes, o fonema, a letra, nada, etc.); (2) o resíduo do processo de simbolização que está situado no registro do real; analogias e paradoxos lógicos; a letra ou significância da linguagem.

S_1 — O significante mestre ou significante unário; o significante que é comando ou mandamento. Quando isolado, ele subjuga o sujeito; quando ligado a outro significante, ocorre a subjetivação, e resulta um sujeito de/como sentido.

S_2 — Qualquer outro significante, ou todos os outros significantes. Nos quatro discursos, ele representa o saber como um todo.

A — O Outro, que pode assumir várias formas: a tesouraria ou depositário de todos os significantes; a língua do Outro materno; o Outro como demanda, desejo ou gozo; o inconsciente; Deus.

$\cancel{A}$ — (lê-se "A barrado") O outro como falta, incompleto estruturalmente, ou experimentado como incompleto pelo sujeito que vem a ser nessa falta.

S($\cancel{A}$) — Significante da falta no Outro. Como o Outro é estruturalmente incompleto, a falta é uma característica inerente ao Outro, mas essa falta nem sempre está visível para o sujeito, e mesmo quando visível, nem sempre pode ser nomeada. Aqui temos um significante que nomeia essa falta; é o ponto de ancoragem da ordem simbólica inteira, relacionada a todos os outros significantes (S_2), mas foracluído (enquanto Nome-do-Pai) na psicose. Na análise por Lacan da estrutura feminina, parece estar relacionado com a materialidade ou substância da linguagem (e, portanto, está relacionado ao objeto *a* como significância).

Φ — O falo como significante do desejo ou gozo; não negativizável.

Φx — A função fálica, associada à castração simbólica: a alienação na qual os falantes estão assujeitados por estarem na linguagem.

∃x — Quantificador lógico significando "Existe pelo menos um x". Em geral seguido na obra de Lacan por uma função, por exemplo, Φx, que pode ser lido como: "Existe pelo menos um x de forma tal que a função fálica seja operante".

$\overline{\text{Ex}}$ — Na lógica clássica, o signo de negação (~) precede o quantificador. Lacan, no entanto, cria um tipo diferente de negação ao colocar uma barra sobre o quantificador (uma negação relacionada à discordância); em geral indica "Não existe nem mesmo um x" (de forma tal que...). Dizer que não existe tal x, no entanto, não implica de forma alguma que não ex-sista tal x.

∀x — Quantificador lógico significando "para cada x" (seja este uma maçã, uma pessoa, um elemento, ou qualquer coisa) ou "para (qualquer e) todos os xs". Lacan permite um novo entendimento sobre esse velho quantificador: "para o todo do x".

$\overline{\text{∀x}}$ — De acordo com a renovação da negação por Lacan, quando a barra da negação é colocada sobre esse quantificador, significa "não o x todo" (uma mulher, por exemplo) ou "não todo o x", assim como "não todos os xs". Esse matema é, com freqüência, usado de forma independente para se referir ao gozo do Outro que pode potencialmente ser experimentado por aqueles com estrutura feminina.

◊ — Este diamante ou losango (*punção*) designa as seguintes relações: "envolvimento-desenvolvimento-conjunção-disjunção" (*Écrits*, p.280), alienação (∨) e separação (∧), maior que (>), menos do que (<), e assim por diante. É mais simplesmente entendido como "em relação a", ou "desejo por", como em $\cancel{S}$ ◊ *a*, o sujeito em relação ao objeto, ou o desejo do sujeito pelo objeto.

$\cancel{S}$ ◊ *a* – Matema ou fórmula para a fantasia, em geral a "fantasia fundamental". Pode ser lido como "o sujeito barrado em relação ao objeto *a*," essa relação é definida por todos os significados que o losango

212   *O sujeito lacaniano*

assume. Sendo o objeto *a* entendido como a experiência traumática do gozo que leva o sujeito a ser no encontro com o desejo do Outro, a fórmula da fantasia sugere que o sujeito tenta manter a distância certa do desejo perigoso, equilibrando delicadamente a atração e a repulsa.

$\$ \lozenge D$ — Matema para pulsões (com freqüência referido como "instintos" nas traduções das obras de Freud) que envolve o sujeito na relação com a demanda (não necessidade ou desejo). A fórmula da fantasia — implicando desejo — está freqüentemente reduzida àquela da pulsão na neurose, já que o neurótico toma (ou interpreta erroneamente) a demanda do Outro por seu desejo.

Agradecimentos

Jacques-Alain Miller ensinou-me grande parte do que sei sobre psicanálise lacaniana, e tenho uma grande dívida de gratidão com a *Orientation lacanienne*, seu seminário semanal realizado sob os auspícios da Universidade de Paris VIII, Saint-Denis, que freqüentei de 1983 a 1989. As diversas explicações de Miller me permitiram começar a leitura dos *Écrits* de Lacan, e muitas das formulações encontradas no meu livro representam *minha interpretação* do que ele disse sobre Lacan em sua *Orientation lacanienne*. Os capítulos 2, 3, 4, 5 e 10, assim como os apêndices, baseiam-se muito especialmente em seus seminários inéditos. Além disso, referências à sua obra podem ser encontradas em *todos* os capítulos — em geral indicadas nas notas — na medida em que ela constitui o pano de fundo da perspectiva da obra de Lacan que apresento aqui.

Entre outros professores que influenciaram minha compreensão da obra de Lacan incluo Collete Soler, uma das psicanalistas lacanianas mais experientes afiliada à École de la Causa freudienne, e Alain Badiou, professor de filosofia da Universidade de Paris VIII, Saint-Denis. Este livro não é de forma alguma um resumo das opiniões deles: indubitavelmente, eles discordariam de várias interpretações apresentadas aqui.

Jim Ovitt apresentou-me à obra de Lacan no começo da década de 1980 e Richard Klein, professor de estudos literários na Cornell University, com quem primeiro saboreei os prazeres e horrores do texto lacaniano.

Marc Silver tem a honra dúbia de haver me envolvido na tradução da obra de Lacan e me encorajado a dedicar horas infindáveis na decifração de um modelo após o outro de Lacan.

Kenneth Reinhard (professor de inglês na UCLA), Julia Lupton (professora de literatura comparada e inglês na UC Irvine), e John Smith (professor de alemão na UC Irvine) apoiaram com entusiasmo meu trabalho sobre Lacan enquanto escrevia este livro e foram interlocutores valiosos. Sempre

214 *O sujeito lacaniano*

lembrarei com gratidão da ajuda que me deram ao constituírem um fórum no qual desenvolvemos interpretações de certos textos de Lacan e aprendemos algo sobre ensinar.

Howard Kushner, professor de história na San Diego University, apoiou-me na parte crucial do processo de publicação e convidou-me para escrever um ensaio introdutório que levou à redação do primeiro capítulo deste livro.

Richard Knowles, chefe do Departamento de Psicologia na Duquesne University, gentilmente abrandou minha carga docente para permitir-me finalizar este livro.

Notas

Prefácio

1. Por exemplo, suas cartas a Fliess e o "Projeto para uma psicologia científica", primeiramente publicado em 1950, nas Obras completas de Sigmund Freud da *Standard Edition* (SE), editado por James Strachey (Nova York: Norton, 1953-74), vol. I. Algumas das cartas mais importantes somente se tornaram disponíveis em 1954, em particular as cartas 29 e 30; ver *The Origins of Psychoanalysis* [As origens da psicanálise] (Nova York: Basic Books, 1954).

2. Duas faces do sujeito, duas referências a Freud: o Freud de 1895-96 (partes da correspondência com Fliess [vol. I], e o Freud de 1933 (*Novas conferências introdutórias à psicanálise* [vol. XXII, p.102] Imago).

3. *The San Diego Union,* 12 de julho de 1990.

4. "A psicanálise ... pode mesmo nos esclarecer sobre o que devemos entender por uma 'ciência'" (Seminário 11, p. 14, Rio de Janeiro: Zahar, 2ª ed. rev. 1995.).

5. Ver meu próximo trabalho, ainda no prelo, intitulado *A Clinical Introduction to Lacanian Psychoanalysis* [Uma introdução clínica à psicanálise lacaniana] (Cambridge: Harvard University Press, 1996).

6. Ver, por exemplo, a discussão de Colette Soler sobre elas na coleção de palestras do primeiro Seminário de Lacan em inglês, *Reading Seminars I & II: Lacan's Return to Freud* [Lendo os Seminários I & II: O retorno de Lacan a Freud], editado por Bruce Fink, Richard Feldstein e Maire Jaanus (Albany: SUNY Press, 1995).

7. O presente livro foi escrito antes que a nova tradução em inglês dos *Écrits* completos fosse publicada. O leitor deve consultar os *Écrits*, traduzidos por Bruce Fink em colaboração com Héloïse Fink, com assessoria de Russell Grigg e Henry Sullivan (Nova York: Norton, ainda no prelo).

capítulo um
Linguagem e alteridade

1. O termo francês *discours* tem usos na conversação comum francesa que o termo *discourse* em inglês não possui. "*Ça c'est ton discours*", alguém poderia dizer-lhe em francês: este é o seu lado da história, aquela é a sua versão do que aconteceu. "*Son discours à lui, c'est qu'elle ne l'aime pas assez*": sua história é que ela não o ama o suficiente. Aqui, podemos ir além e dizer que é seu "papo-furado"; na década de sessenta poderíamos ter traduzido como seu "lero-lero" ou sua "onda", entendendo-se que o mesmo ponto de vista tem sido expresso por aquela pessoa *muitas vezes*. É o mesmo "papo-furado" ou "onda de sempre", a mesma velha reclamação sobre uma situação bloqueada onde o falante não está

215

216   *O sujeito lacaniano*

conseguindo o que deseja. É quase uma "neura", uma frustração que ele continua a martelar. É claro que o termo francês *discours* também tem os sentidos mais acadêmicos e filosóficos de *discourse* em inglês. Ver o capítulo 9 para uma análise mais detalhada das várias formas de discurso.

2. *A relação entre a fala do eu e o Outro será esclarecida mais adiante.*

3. Esta frase é repetida inúmeras vezes na obra de Lacan; ver, por exemplo, *Écrits*, p.312.

4. Ou "pensamento inconsciente" [*unconscious thinking*]; ver, por exemplo, vol.V, pp. 500, 528 e 651, Imago Editora.

5. Ver, por exemplo, *The Purloined Poe* [O Poe roubado], editado por John Muller e William Richardson (Baltimore: Johns Hopkins University Press, 1988).

6. A incompletude fundamental do Outro - isto é, sua natureza última como faltante - e a lógica geral por trás de alguns dos conceitos cruciais de Lacan serão tratadas em profundidade nos capítulos 3 e 8.

7. Ver as várias formulações de Lacan no Seminário 2: "*Je est un autre*", "Eu é um outro" (p.15); "*le moi est un objet*", "o eu é um objeto" (p.63); e assim por diante. "*Je est un autre*" é também encontrado em *Écrits* 1966, na página 118 (*Écrits*, p.23). As múltiplas implicações dessas frases serão esclarecidas mais adiante.

8. Isso está implícito em todo o trabalho de Lacan sobre a *Vorstellungsrepräsentanz* de Freud; ver, por exemplo, *Écrits* 1996, p.714, e Seminário 11, pp.205-210.

9. Análises mais detalhadas deste termo são encontradas nos capítulos 2, 4 e 5.

10. Ver, por exemplo, Seminário 7, p.80.

11. O termo freudiano é *unterdrückt*, literalmente, reprimido, suprimido, esmagado, restrito, retido, etc. Ver Seminário 11, p. 208, e Seminário 3, p. 57, onde Lacan o traduz como *chû en dessous*.

12. Ver, por exemplo, Seminário 11, pp.142 e 193.

13. Cf. as palavras ditas pelo pai de Freud: "Esse menino não vai dar para nada", em *A Interpretação dos sonhos*, vol. IV, p.245.

14. Ver Seminário 2, pp. 225-258, e *Écrits* 1996, pp.41-61.

15. Lacan denomina "carta roubada" essencialmente uma parte de uma conversa que não deveríamos ter ouvido, ou uma cena que se dá à revelia de nossos olhos, que fica gravada de forma indelével em nossa memória. Incapaz de "ler" tais cartas, o analisando as traz para análise. Ver *A carta roubada* de Edgar Allan Poe, p.172, tradução de Oscar Mendes das Obras Completas de Edgar Allan Poe, Nova Aguilar, 1997.

16. Ver *A carta roubada* de Poe, p.173.

17. A expressão "posição do sujeito" (*position de sujet*) pode ser encontrada em *Science and Truth* [Ciência e Verdade], traduzido por Bruce Fink, *Newsletter of the Freudian Field* 3 (1989); 5; *Écrits* 1996, p.856.

18. O leitor interessado em uma análise aprofundada das categorias e dos critérios lacanianos de diagnóstico deve consultar meu próximo livro, *A Clinical Introduction to Lacanian Psychoanalysis* (Cambridge: Harvard University Press, 1996), e o artigo de Jacques-Alain Miller "An Introduction to Lacan's Clinical Perspectives" [Uma introdução às perspectivas clínicas de Lacan] em *Reading Seminars I & II: Lacan's Return to Freud*, editado por Bruce Fink, Richard Feldstein, e Maire Jaanus (Albany: SUNY Press, 1995). No presente estudo, não expus *sistematicamente* as diferentes estruturas clínicas, embora indique de forma sucinta como Lacan diferencia neurose e psicose (capítulo 5), e obsessão e histeria (capítulo 7).

capítulo dois
A natureza do pensamento inconsciente, ou como a outra parte "pensa"

1. Assim como Freud descarta a noção de que cada elemento em um sonho tem uma relação biunívoca com cada pensamento onírico.

Notas 217

2. A maioria dos processos de pensamento não-conscientes ocorre no que Freud chama de nível "pré-consciente", mas não estou preocupado com eles aqui.

3. Ver Seminário 5, *Formations de l'inconscient*, ainda não publicado, 1957-58.

4. Esta cifragem deve ser comparada de forma útil com a distorção, como Freud a descreve em *A Interpretação dos sonhos*.

5. Não devemos perder de vista o que Lacan diz no Seminário 4: "há um mínimo de termos necessários ao funcionamento de um sistema simbólico... [e] certamente não são apenas três" (27 de março de 1957). Uma questão semelhante foi abordada de forma diferente em *Écrits*: "Uma estrutura quadrípode pode sempre ser exigida — do ponto de vista do inconsciente — na construção de uma ordem subjetiva"(*Écrits* 1966, p.774). Isso sugere que nosso sistema de três sinais (1, 2, 3) *não* é, em última instância, adequado. No Apêndice 1, forneço uma explicação detalhada dos funcionamentos da matriz *numérica* encontrada no posfácio ao "Seminário sobre 'A carta roubada'", assim como a lacônica exposição de Lacan sobre a segunda camada *alfabética*, revelando as características pertinentes deste sistema de quatro sinais (juntamente com alguns erros tipográficos no texto francês). Ver o final do capítulo 6 para uma análise da importância de estruturas quadrípodes (com quatro termos) na metáfora, e o capítulo 9 para uma explicação de algumas das estruturas de quatro partes mais sofisticadas de Lacan.

6. Para chegar o mais próximo possível do que exatamente fez surgir a sintaxe de Lacan, vejamos em detalhes o que *colocamos* nesse modelo quando o construímos: presumimos que o evento "real" em questão — a jogada de uma moeda — seja *aleatório*, isto é, pressupomos que a moeda não está viciada. Mas o que significa uma moeda *não* estar viciada? De maneira geral, significa que ela tem exatamente a mesma probabilidade de dar cara ou coroa. Como é que isso é determinado? Jogando-a várias vezes e contando o número de vezes que cada possibilidade acontece; uma moeda aceitável é aquela que, em mil jogadas nos dá quinhentas caras e quinhentas coroas. Isso equivale a dizer que é o nosso sistema simbólico já existente que determina se o evento em questão é considerado aleatório ou não. A qualificação "aleatório" é, portanto, atribuída através do uso de uma matriz simbólica que envolve uma forma rudimentar da teoria da probabilidade. Logo, nada pode ser considerado aleatório sem ter sido testado primeiro e de forma satisfatória pelo sistema simbólico. (Na verdade, os resultados quase nunca mostram exatamente 50% cara e 50% coroa: a aleatoriedade refere-se mais a um limite, algo para o qual uma moeda ou um evento se dirige à medida que o número de tentativas se aproxima do infinito).

O que significa dizer que o "evento cru" com o qual começamos já estava simbolicamente determinado, e que as matrizes simbólicas nunca são "inocentes", isto é, nunca deixam de incidir sobre a nossa "realidade supostamente dada". Portanto, o evento é retroativamente constituído como aleatório pelo significante (isto é, pelas palavras que usamos para falar sobre ele).

Não há moeda ideal que tenha o mesmo peso de ambos os lados de um corte imaginário no meio dela, e que então forneça resultados "absolutamente aleatórios". Talvez um computador possa fornecer resultados 50/50 perfeitos (embora apenas após um número par de "jogadas": isto é, gerações de caras ou coroas). De qualquer forma, a questão é simplesmente reconhecer as entradas simbólicas que fornecemos no começo.

Para nossos propósitos, potencialmente qualquer moeda serve, assim como qualquer outro método de escolha de mais e menos. Podemos começar de qualquer série de mais e menos, e ao agrupá-las de certas maneiras — *encadeando-as juntas de forma simbólica* — as regras são geradas com relação à ordem dos símbolos usados para agrupá-las. A sintaxe parece já estar lá *in statu nascendi* nas estratégias de agrupamento adotadas - pois, de fato, *se os grupos não se superpuserem, a sintaxe desaparece*. Considere a seguinte estratégia de agrupamento não superposta:

$$\frac{+\,+}{1}\quad\frac{-\,-}{3}\quad\frac{+\,-}{2}\quad\frac{+\,-}{2}\quad\frac{-\,+}{2}\quad\frac{+\,+}{1}$$

Aqui não surge nenhuma regra com relação a que símbolo pode ou não seguir outro símbolo. Os símbolos são totalmente independentes uns dos outros em termos de quais sinais eles cifram. Por exemplo, o 3 na cadeia acima não mais cifra a metade do que o 1 precedente havia cifrado, e pode então facilmente seguir aquele 1 imediatamente sem um 2 interveniente. No sistema superposto, uma cadeia é formada (Figura 2.2), enquanto estiver no sistema sem superposição, nenhum vínculo será estabelecido entre as unidades a serem agrupadas: elas permanecem totalmente independentes (Figura 2.3).

Figura 2.2

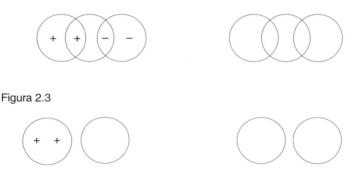

Figura 2.3

A superposição significa que não há correspondência biunívoca, ou mesmo correspondência de dois para um, entre os elementos de um evento a ser cifrado ou simbolizado (a série de mais e de menos) e os símbolos empregados. Em vez de uma situação onde cada conjunto de dois sinais seria designado por um e mesmo símbolo (aquele conjunto seria seu único "referente", vagamente falando),

$$\frac{++}{1} \quad \frac{--}{3} \quad \frac{+-}{2} \quad \text{Situação A}$$

mais de um símbolo é usado para designar cada conjunto de sinais mais e menos. No exemplo da Figura 2.4, três símbolos representam os dois sinais mais e os dois menos, *sobre-representando-os*, ao que parece, na medida em que dois símbolos foram suficientes para desempenhar o mesmo trabalho na "Situação A" acima.

Figura 2.4

$$\underline{+ + - - + -} \quad \text{Situação B}$$

$$\overline{1 \ 2 \ 3}$$

Se, no entanto, considerarmos que o símbolo 2 designa *duas combinações diferentes*, + − e − +, vemos que a superposição é necessária para *representar completamente* a série de mais/menos, isto é, distinguir uma combinação + − de uma − + (Figura 2.5). O sistema de simbolização superposto é capaz de distinguir entre séries 1 e 2, enquanto o sistema de não-superposição não é.

Figura 2.5

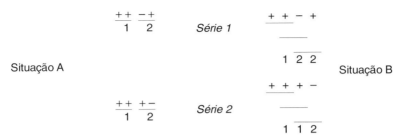

Tivéssemos, no entanto, atribuído números distintos às duas combinações diferentes + – e – +, tal problema não teria ocorrido, em primeiro lugar, e parece que é o *duplo sentido* (ou dois referentes diferentes) do símbolo 2 que faz surgir duas situações: a Situação A, sub-representação ou representação ambígua, e a situação B, representação completa.

Logo, se não mais atribuirmos duas combinações diferentes ao mesmo símbolo, *podemos de maneira mais exaustiva representar a série de mais/menos como uma seqüência superposta de letras que não gera leis, sintaxe ou memória discerníveis*. A sintaxe e a memória então parecem surgir somente de um modo específico de aplicação de símbolos à série, e a gramática da "linguagem" de Lacan origina-se, portanto, não tanto do material simbólico ou da coisa em si mas desse modo específico de aplicação.

Mas até que ponto a série mais/menos é um modelo apropriado da "realidade"? Já que, afinal, o modelo lacaniano adquire valor ao buscar estabelecer um tipo de analogia entre os "eventos aleatórios" das primeiras experiências infantis e a cadeia aleatória formada pela seqüência de mais e menos. Se a criança fosse um computador, tal analogia poderia ser suficiente, mas já que a experiência infantil não é simbolizada de forma alguma no início, aquilo que será simbolizado aparentemente não se assemelha à alternância bem delineada de mais e menos.

Mas considere a brincadeira *Fort-Da* (ausência-presença) do neto de Freud — descrita em *Mais-além do princípio do prazer*, em que as primeiras duas palavras que a criança fala parecem, na interpretação do avô, simbolizar as idas e vindas da mãe, — um acontecimento importante na vida da criança. Dois termos ("foi" e "aqui") que são interdependentes na medida em que a mãe pode ser designada como "aqui" pela própria possibilidade de que ela "foi" e vice-versa — codificam ou cifram seus desaparecimentos e reaparecimentos, constituindo "a seqüência simbólica mais simples, uma série linear de sinais que denotam a alternativa, ausência ou presença" (*Écrits*, p.141).

O modelo lacaniano, por outro lado, pressupõe essa codificação de primeiro nível. Talvez ele possa ser visto como uma elaboração, em sua estratégia de aplicação simbólica, do que lhe falta através de uma "realidade complexa" para se basear.

Como vimos, podemos cifrar a "realidade" da jogada da moeda de uma forma que *pareça nada acrescentar* ao evento inicial mas que, de qualquer forma, acrescenta outro nível de sentido aos números inteiros (1, 2 e 3) que usamos para cifrá-lo.

No posfácio ao "Seminário 'A carta roubada'", Lacan propõe um método de cifragem que designa sentidos/referências duplos (e às vezes quádruplos) a todos os símbolos, portanto, exigindo superposição para uma representação completa — uma forma de sobredeterminação, talvez. A esse respeito, sua matriz simbólica parece imitar por completo as linguagens naturais, que comumente atribuem mais do que um sentido à mesma palavra e, em geral, exigem um excesso de palavras para representarem qualquer coisa com precisão. Discuto essa linguagem mais complexa em detalhes no Apêndice 1.

7. Freud nos leva a pensar se as expressões "pensamento inconsciente" e "idéia inconsciente" não são simplesmente oximoros: "O processo da elaboração onírica, portanto, é algo

220   *O sujeito lacaniano*

inteiramente novo e diferente, não se assemelhando a nada conhecido anteriormente. Ele nos deu a oportunidade de entrevermos, pela primeira vez, os processos que se realizam no sistema inconsciente, [...] não nos aventuramos a dizer 'processos pensamento'". (vol. XXII, pp.29-30).

8. Jacques-Alain Miller, *1, 2, 3, 4* seminário não publicado, aula de 27 de fevereiro de 1985.

9. Ver *Écrits*, p.150.

10. O sentido é fornecido retroativamente, como indicado nos capítulos posteriores.

capítulo três
A função criativa da palavra: o simbólico e o real

1. A letra mata mas aprendemos isso da própria letra" (*Écrits* 1966, p.848). A noção de que a letra mata é encontrada primeiro nos *Écrits* 1966, p.24, e, em inglês, em *The Purloined Poe* editado por John Muller e William Richardson (Baltimore: Johns Hopkins University Press, 1988, p.38).

2. *'Le réel est sans fissure'*, "O real é sem fissuras": não tem quebras, espaços ou buracos; não tem rasgos. A mesma questão é abordada no Seminário 2, p. 390. "Não há ausência no real." Ver também o Seminário 4, p.224: "Por definição, o real é pleno".

3. A noção lacaniana de realidade não necessariamente coincide em todos os aspectos com a de Freud.

4. Ver Peter Berger e Thomas Luckmann, *The Social Construction of Reality* (Garden City: Doubleday, 1966).

5. Lacan vai tão longe a ponto de dizer que não existiria ser nenhum se não fosse pelo verbo "ser" "'Ser falante' ... é um pleonasmo, porque existe apenas ser devido à fala; se não fosse pelo verbo 'ser', não existiria nenhum ser'" (Seminário 21, 15 de janeiro de 1974).

6. Com relação a este termo de Heidegger, ver capítulo 8 do presente livro.

7. O último sempre e inescapavelmente comporta um grau de fantasia, e se não for a fantasia do paciente, então será apenas a do analista. A questão não é substituir a realidade do paciente baseada na fantasia pela realidade baseada na fantasia do analista, mas levar o paciente a simbolizar o real dele.

8. Sobre metaforização e substituição em relação à subjetividade, ver o final do capítulo 6.

9. A dialetização é analisada em detalhes no final do capítulo 5.

10. Ver apêndices 1 e 2 do presente livro.

11. Devo esta teorização à aula de Jacques Alain Miller, *Orientation lacanienne*.

12. Formulações desse tipo são extremamente comuns na obra de Lacan: uma *aula* é distinguida não em termos do que contém (como Bertrand Russell a concebe; ver capítulo 2 de seu *Introduction to Mathematical Philosophy*), mas em termos do que exclui (ver Seminário 9); o recalque originário de um significante é o que sustenta todo o sistema de significantes; o sujeito tem uma relação de exclusão interna com seu objeto — o objeto enquanto aquilo que é excluído, mas dentro, de certa forma (é o que é mais íntimo, mas ao mesmo tempo ejetado para fora de si, portanto extimado; logo, é exterior enquanto permanece, ao mesmo tempo, terrivelmente íntimo, e interior embora permaneça completamente estranho). Examinaremos esta lógica em detalhes mais adiante.

13. Isso está relacionado à noção lacaniana de *lalangue*, introduzida em sua obra posterior.

14. Uma de suas análises deste paradoxo pode ser encontrada no Seminário 9, 24 de janeiro de 1962.

15. Bertrand Russell e Alfred North Whitehead, *Principia Mathematica,* vol. 1 (Cambridge: Cambridge University Press, 1910).

16. Isso poderia ser entendido em termos de lógica recursiva/alternativa introduzindo um componente temporal. Ver, por exemplo, Raymond Kurzweil, *The Age of Intelligent Machines* (Cambridge: MIT Press, 1990).

Notas   221

17. Existe sempre um excesso ou excedente do funcionamento autônomo do significante, relacionado, Lacan sugere, à sua essência, sua natureza "material": algo inerente ao significante, algo "dentro" do significante em si (seja som ou letra), leva-o a uma ultrapassagem, transcendendo a si mesmo.

capítulo quatro
O sujeito lacaniano

1. Ver ensaio de Lacan "O estádio do espelho como formador da função do Eu tal como nos é revelado na experiência psicanalítica", *Escritos.*
2. Ver capítulos 23-24 do Seminário 8. As imagens visuais correspondem ao entendimento de Lacan de "eu ideal", como elaborado por Freud, e as imagens figurativas (isto é, lingüisticamente estruturadas) ao "ideal de eu".
3. "Shifters, Verbal Categories, and the Russian Verb" (1957) em Roman Jakobson, *Selected Writings,* vol.2 (The Hague: Mouton, 1971), pp.130-147.
4. Este é um ponto bastante complexo que não aprofundarei aqui. É suficiente dizer que grande parte do estudo foi dedicado ao papel dos nomes próprios, e as opiniões de Lacan são parecidas com aquelas de Kripke and Jakobson, que afirmam que um nome não significa nada mais do que a pessoa que é reconhecida por aquele nome. Minha discussão aqui assemelha-se à de J.-A. Miller em seus seminários não publicados.
5. Otto Jespersen, *Language: Its Nature, Development and Origin* (Nova York: 1923).
6. Jacques Damourette and Edouard Pichon, *Des mots à la pensée: Essai de grammaire de la langue française,* vol.7 (Paris: Bibliothèque du français moderne, 1932-51).
7. Este último é particularmente semelhante à conotação com o uso em francês do *ne* com *craindre.*
8. Ver Seminário 9 e "Subversão do sujeito e a dialética do desejo", nos *Escritos.*
9. A referência aqui é ao *Ser e tempo* de Heidegger, embora Heidegger fale sobre *hupokeimenon* em muitos outros trabalhos também. Lacan sofreu alguma influência de Heidegger e até traduziu seu artigo intitulado "Logos" para o francês. Parece claro que a crítica de Heidegger do sujeito reificado teve influência no pensamento de Lacan, especialmente na década de 1950 (a época de sua tradução).
10. Melhor definido como um furo (*não no discurso ou em outras atividades mas entre um significante e outro, isto é, o forjamento de uma ligação entre dois significantes.* A especificidade de seu sujeito deriva do trabalho sobre o significante, ao qual voltarei mais tarde.
11. Ver a tradução mais recente para o inglês de *Philosophical Writings* de Descartes por J. Cottingham (Cambridge: Cambridge University Press, 1986): "Penso, logo sou".
12. Explico o uso de tais diagramas Venn em detalhes em meu ensaio "Alienation and Separation: Logical Moments of Lacan's Dialectic of Desire" em *Newsletter of the Freudian Field 4.* Aqui, deveria simplesmente ser observado que as partes sombreadas são consideradas válidas ou verdadeiras, enquanto as partes deixadas em branco são excluídas.
13. De certa forma, é possível considerar o Outro como tendo sido dividido em outro *imaginário* — o eu como uma cristalização de imagens internalizadas — e o Outro *simbólico* (não completo). No capítulo 5, no entanto, consideraremos a barreira do Outro em termos de uma clivagem entre o Outro desejante e o objeto *a,* causa do desejo.
14. Observe que ocorre uma mudança notacional significativa nos *Escritos* de Lacan em seu artigo "O estádio do espelho" para "Subversão do sujeito" que está relacionada ao pronome pessoal francês *je.* Em inglês, quando falamos sobre uma palavra enquanto palavra, tendemos a colocá-la entre aspas. "Eu" é o pronome pessoal na primeira pessoa; "eu" aqui fica entre aspas. O francês raramente o faz; digo raramente, porque existe sempre uma variedade de estilos tipográficos e escritores franceses que lêem muitos livros em inglês e tendem a desenvolver uma pontuação idiossincrática. De qualquer forma, Lacan, em seu

artigo "O estádio do espelho", começa com a função do eu, mas nesse ponto de sua obra raramente escreve com maiúscula o *j* de *je*. Quando analisa a obra de Jakobson sobre *shifters* [indicativos], Lacan mantém o *je* em itálico sugerindo que se trata de uma citação — em francês põem-se em itálico quaisquer palavras que estão sendo citadas e também o que é considerado imaginário (Lacan, com freqüência, coloca em itálico os elementos imaginários, tais como o *a* para outro, e i*(a)* para a imagem do outro, e assim por diante). No entanto, ao traduzir e retraduzir a máxima de Freud *"Wo Es war, soll Ich werden"*, *je* é escrito com letra maiúscula e não é colocado em itálico. Sempre que se encontra um "Je" com letra maiúscula, pode-se ficar bem certo de que Lacan tem em mente seu sujeito do inconsciente; que "Je" é, em certo sentido, o significante faltante: é o significante, mas permanece impronunciável como tal.

15. "Ciência e verdade", *Escritos*.

capítulo cinco
O sujeito e o desejo do Outro

1. Estou usando o termo "criança" aqui em vez de "sujeito", já que esse termo não pressupõe subjetividade por parte da criança, subjetividade entendida como resultado da alienação e da separação. "Criança" tem a desvantagem de sugerir apenas um estágio do desenvolvimento o qual qualifico a seguir.
2. Em "Formulações sobre os dois princípios do funcionamento mental" (1911), vol. XII, p.284. A mesma expressão é encontrada no caso do Homem dos Ratos (vol. X).
3. O leitor interessado na tentativa de Lacan de formalizar a alienação e a separação deve ler meu artigo no *Newsletter of the Freudian Field 4* (1990), intitulado "Alienation and Separation: Logical Moments of Lacan's Dialectic of Desire".
4. Semelhante àquele designado [ilustração] na teoria dos conjuntos.
5. O sujeito é chamado a assumir ou subjetivar aquele nome, torná-lo seu; a freqüência com que as pessoas deixam de fazê-lo é testemunhada pelo grande número daquelas que trocam seus nomes (quando isso não é feito por propósitos estritamente políticos ou comerciais).
6. No Seminário 9, Lacan exemplifica a ligação entre a demanda e o desejo com dois toros entrelaçados (Figura 5.8), onde um círculo desenhado ao redor de uma superfície em forma de tubo de toro (o círculo da demanda) coincide com o círculo menor ao redor do vazio central no outro (o círculo do desejo).
7. Ver, por exemplo, Seminário 11, p.41.
8. O termo "função paterna" pode ser encontrado em "Sexualidade feminina" de Freud, vol. XXI.

Figura 5.8

9. No caso de pais solteiros, um amante (passado ou presente) ou mesmo um amigo ou parente pode, às vezes, assumir o papel de pai, significando aquela parte do desejo de um dos pais que vai além da criança. É certamente *concebível* que um dos parceiros de um casal homossexual possa preencher esse papel também, um dos parceiros adotando o papel de provedor, o outro intervindo na relação criança-mãe como terceiro termo. Nos casais

"heterossexuais" encontram-se ocasionalmente homens agindo como mães e mulheres agindo como a lei, mas fica claro que as normas sociais não estimulam atualmente a eficácia de tais reversões em substituir o Nome-do-Pai ou a função paterna.

10. Aqui, estou obviamente interpretando a noção freudiana de realidade como implicando uma realidade socialmente definida e construída.

11. Ver seu *Naming and Necessity* (Cambridge: Harvard University Press, 1972), que Lacan discute no Seminário 21.

12. Não se pode deixar de lembrar aqui do papel do pai no rompimento da díade mãe-criança. Mencionei a introdução de um *terceiro* elemento, mas aquele elemento já está, na verdade, sempre lá, estruturando a privacidade aparente da relação inicial. A criança experimenta uma *intrusão* de fora, uma intrusão — efetuada pelo que se pode caracterizar de várias formas como o pai, o Nome-do-Pai, ou o falo — deslocando-o de uma interseção total com a mãe, impedindo um tipo de imbricação total.

A intrusão pode assumir a forma de uma proibição de seus direitos de monopólio sobre a mãe, que força seu interesse a ir buscar para além dela a fonte da proibição, a fonte da fascinação da mãe — seu namorado, amante, marido, família, vizinhos, estado, lei, religião, Deus: algo que pode ser totalmente indefinido e, no entanto, tremendamente fascinante.

13. Lacan se refere a isso como um "[sentimento de] completude falaciosa" no Seminário 12 de 16 de junho de 1965.

14. Se pensarmos o Outro como uma tira simples (de papel, por exemplo) cujas duas pontas estão ligadas diretamente, podemos pensar o sujeito como o Outro com uma torção (Figura 5.9). A superfície que preencheria o buraco ou falta criado pela primeira tira é um círculo simples; a superfície que preencheria o buraco ou falta criado pela segunda é uma superfície topológica mais complexa; um "oito interior" (ver Seminário 11, p.148).

Figura 5.9

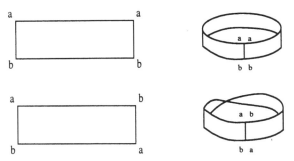

15. A análise deve envolver "essa reposição do ego como sujeito no *a* que eu era para o desejo do outro" (Seminário 12, 16 de junho de 1965).

16. *Sexual über* é geralmente traduzido como "excesso de sexualidade"; ver, por exemplo, vol. I, p.312. Ver o capítulo 7 sobre a opinião de Freud a respeito da reação da criança ao seu encontro sexual com a pessoa estranha que satisfaz suas necessidades.

17. O inglês exige, portanto, uma combinação de um passado simples e um infinitivo para atingir o mesmo efeito. Sobre o imperfeito no francês, ver *Écrits* 1966, p.840.

18. *Écrits* 1966. Para uma análise detalhada daquele artigo, ver meu ensaio "Logical Time and the Precipitation of Subjectivity" em *Reading Seminars I & II: Lacan's Return to Freud* (Albany: SUNY Press, 1995).

19. A análise de Lacan sobre Hamlet pode ser encontrada em inglês em *Yale French Studies* 55/66 (1977): 11-52. Ver também meu artigo "Reading *Hamlet* with Lacan" em *Lacan, Politics, Aesthetics* organizado por Richard Feldstein e Willy Apollon (Albany: SUNY Press, 1995).

224   *O sujeito lacaniano*

20. *Écrits,* p. 289; o falo ou significante fálico será tratado em detalhes no capítulo 8.

21. Podemos, claro, situar a que estou me referindo aqui como separação e como uma "separação posterior" nos termos de Lacan em 1964 sobre a articulação da alienação e da separação. Em lugar de dizer que o neurótico necessita de uma separação posterior — isto é, necessita atravessar a fantasia — Lacan, no final da década de 1950 e começo da década de 1960, diz que o neurótico confunde "a falta do Outro [isto é, o desejo] com a demanda do Outro. A demanda do Outro assume a função do objeto na fantasia do neurótico" (*Écrits,* p. 321). A idéia aqui é que, na fantasia do neurótico, ($ ◊ D) em vez de ($ ◊ *a*), o sujeito adota como seu "parceiro" a demanda do Outro — isto é, algo que é estático, imutável, que sempre gira em torno da mesma coisa (amor) — em vez do desejo do Outro, que está fundamentalmente em movimento, sempre buscando algo mais. Essencialmente, isso significa que o sujeito não tem acesso total ao terceiro termo, ao ponto fora da relação dual mãe-criança. A separação seria então entendida como o processo onde a demanda do Outro (D) é substituída na fantasia do neurótico pelo desejo do Outro (objeto *a*). O sujeito neurótico já teria advindo, de alguma maneira, em sua fantasia truncada ($ ◊ D), mas atingiria um grau maior de subjetividade através da separação.

22. Prefiro usar o "escandindo" neologístico como a forma verbal de escansão, uma vez que "escanear", a forma aceitável do verbo, tem conotações um pouco diferentes que poderiam levar a considerável confusão aqui: escrutinar rapidamente uma lista, tirar fotografias extrafinas do corpo com um *scanner,* ou "alimentar" texto e imagens em forma digital num computador. Todo o último deveria ser distinguido da idéia lacaniana de corte, pontuação ou interrupção de algo (geralmente o discurso do analisando ou a sessão analítica).

23. Ver capítulos 17 e 18 do Seminário 11 sobre esse assunto.

24. Sobre a interpretação analítica como oracular por natureza, ver Seminário 18, 13 de janeiro de 1971 e *Écrits,* p.13.

capítulo seis
A metáfora e a precipitação da subjetividade

1. Repetidas inúmeras vezes na obra de Lacan; ver, por exemplo, p.187 do Seminário 11.

2. *Newsletter of the Freudian Field 2* (1988).

3. *Écrits,* p. 157.

4. Por exemplo, Max Weber; consulte também o próprio título do teórico crítico John O'Neill, *Making Sense Together* (Nova York: Harper and Row, 1974), uma contradição clara vista de uma perspectiva lacaniana, dado que a essência da comunicação é o mal-entendido. Sobre *verstehen,* ver Seminário 3, p.218.

5. *Écrits* 1966, p. 835.

6. Sobre a substituição do desejo pela demanda na fantasia do neurótico, ver nota 21 do capítulo 5.

7. Eles também servem para separar o órgão que fornece estímulo prazeroso do símbolo usado para descrevê-lo, em outras palavras, gozo real a partir da letra morta.

8. Observe o que ele diz sobre Alcibíades nos *Écrits,* p. 323: Certamente, "Alcibíades não é um neurótico".

9. Culpa é a única exceção que Freud faz quando fala de sentimentos de culpa inconscientes. Parece, no entanto, mais consistente falar de pensamentos inconscientes que são associados com sentimentos de culpa. Ver, em particular, "Recalque", vol. XIV.

10. Vol. XIV, p.153, tradução modificada; *Trieb* na edição inglesa foi tratada da mesma forma geral que *Instinkt* (instinto), mas Lacan o traduz para o francês como *pulsão* e para o inglês como "drive" (como em "death-drive") [em português como pulsão (como em pulsão de morte)].

11. Dessa maneira, Lacan elimina explicitamente um elemento do pensamento de Freud que permanece atado, em certo sentido, à cosmologia antiga: a noção de esferas concêntricas,

uma esfera sendo embutida em outra. O termo freudiano *Vorstellungsrepräsentanz*, que Lacan traduz primeiro por *représentant de la représentation*, representante de (a) representação, sugere que existe, primeiro, um nível ou esfera do pensamento ou da representação (que está, sem dúvida, mais próximo da realidade, do fenômeno, ou da coisa-em-si) e, depois, um nível ou uma esfera de representantes ideacionais derivados dela. Isso implica que podemos, de alguma forma, pensar ou representar coisas para nós mesmos sem a ajuda de quaisquer representantes, de um modo puro, sem mediação — uma implicação que, do ponto de vista lingüístico, é patentemente absurda. O termo freudiano pode ser mais utilmente entendido em termos da distinção entre o significante (representante) e o significado (representação), mas sugere algum tipo de distinção radical entre os dois, como se o significado não fosse, de alguma forma, feito do significante ou constituído por ele.

Quando *Vorstellungsrepräsentanz* é traduzido por um representante psíquico da pulsão, as coisas parecem ficar mais claras, porque não pensamos a pulsão como consistindo apenas em palavras ou significantes mas como aquilo que cruza o golfo ou o contínuo entre mente e corpo. No entanto, Lacan enfatiza que a pulsão está relacionada à linguagem: ao contrário do "instinto", as pulsões estão, de alguma forma, embutidas na linguagem. Porém, quando *Vorstellungsrepräsentanz* é usado em outros casos, o que seria o representante psíquico? Pulsões, instintos, e seus representantes, todos precisam, parece-me, ser melhor elucidados.

12. Para uma discussão mais aprofundada de psicose (isto é, o fracasso da metáfora paterna e suas conseqüências), ver meu ensaio *A Clinical Introduction to Lacanian Psychoanalysis* (Cambridge: Harvard University Press, 1996).

13. Na década de 1960, Lacan diz que S_2 é aquilo que é recalcado primeiro, pois ele pensa que não há recalque e, portanto, subjetividade, sem dois significantes. É apenas com o surgimento do segundo que o primeiro se torna operacional enquanto significante (fazendo surgir o sentido). No entanto, o status preciso de S_1 naquele estágio de sua obra parece pouco claro. Como mencionei no capítulo 5, parece estar relacionado com o desejo da mãe.

14. Vol. I, pp.395-506.

15. Ver, por exemplo, vol. IV, p.108. No Seminário 11, o S_1 e o S_2 são introduzidos na análise do recalque primário, S_1 designando o desejo da mãe e S_2 o Nome-do-Pai, que é primariamente recalcado através do funcionamento da metáfora paterna. Na época do Seminário 17, potencialmente qualquer significante pode, em algum momento, desempenhar o papel de um significante mestre (S_1), e o Nome-do-Pai pode ser visto como um S_1 entre outros, como oposto a um S_2, o último sendo "apenas qualquer significante".

16. Deve-se observar que esta nota é minha: Lacan nunca situou o sujeito ao longo da seta entre S_1 e S_2.

17. Ver as últimas páginas de "Análise terminável e interminável", vol. XXIII.

18. O "além da castração" é mais detalhado nos Seminários 17, 19 e 21 no decurso da obra de Lacan sobre a diferença sexual. No capítulo 8, sugiro que existem *diferentes* caminhos para homens e mulheres que levam além da castração.

capítulo sete
Objeto *a*: causa do desejo

1. Ver, por exemplo, seus comentários no Seminário 21, 9 de abril de 1974.

2. Elaborações significativas do conceito são encontradas nos Seminários 4, 9, 10, 11, 13, 14, 15, 16, 17, 18, a *Suite* para o "Seminário 'A carta roubada'" que aparece no *Écrits* 1966, e em outros lugares.

3. Outros leitores devem ler meu artigo "The Nature of Unconscious Thought or Why No One Ever Reads Lacan's Postface to the 'Seminar on "The Purloined Letter'" (em *Reading Seminars I & II: Lacan's Return to Freud* organizado por Bruce Fink, Richard Feldstein e Maire Jaanus [Albany: SUNY Press, 1995]), que fornece uma descrição detalhada do objeto

226 *O sujeito lacaniano*

(a) como aquilo que determina os nós da ordem simbólica. Ver também os Apêndices deste livro, "A linguagem do inconsciente" e "Em busca da Causa".

4. Ver no livro de J.-D Nasio *Les Yeux de Laure, Le concept d'object "a" dans la théorie de J. Lacan* o conceito de objeto *a* na teoria de Lacan (Paris: Aubier, 1987) para uma análise do objeto *a*, que acredito ser insatisfatória de vários pontos de vista.

5. No caso de seres humanos, isto é, falantes, é sempre difícil separar por completo o imaginário do simbólico, no sentido de que muitas das imagens que chegam até nós através das fantasias, dos devaneios e dos sonhos já são simbolicamente determinadas ou estruturadas. O mesmo se aplica aos "objetos imaginários" (ou objetos que desempenham um papel ao nível do imaginário), o mais importante dos quais é o eu. Na primeira subseção do capítulo 4, descrevi a formação do ego como Lacan o entende, referindo-me ao final do Seminário 8, no qual Lacan relê o estádio do espelho a partir de uma perspectiva simbólica. Os objetos imaginários assim como as relações imaginárias são, portanto, sempre simbolicamente constituídos, pelo menos em parte.

6. Embora Saussure nos ensine que a linguagem é essencialmente estruturada pela diferença, não podemos presumir que toda diferença é percebida graças apenas à linguagem. O reino animal — no qual o imaginário predomina e o simbólico, em geral, tem pouco ou nenhum papel — prova que a diferença já é operante no nível do imaginário.

7. O "objeto" crucial aqui é o analista como um avatar do Outro paterno, o Outro da (ou como) demanda. Observe que Lacan nunca fala sobre "objetos simbólicos": ele nunca situa o objeto *psicanalítico* no nível simbólico. O objeto muda, em sua teoria, do outro imaginário para a causa real, nunca recaindo, mesmo que por um minuto, no registro simbólico. Não é portanto estritamente correto falar de outra coisa que de objetos constituídos simbolicamente, ou objetos *qua* constituídos pelo significante.

Muitas vezes, esses objetos são objetos da demanda do Outro. Eles desempenham um papel nas demandas feitas pelo Outro ao sujeito, por exemplo, pelos pais aos filhos e, com freqüência envolvem o alcance de posições valorizadas socialmente (começando com coisas básicas como o controle dos esfíncteres), diplomas, salários, reconhecimento, fama e assim por diante. Esses são objetos a serem conseguidos, conquistados ou obtidos, como um pedaço de papel (diploma, licença, prêmio Nobel), objetos valorizados pelo Outro, associados com a aprovação ou desaprovação do Outro. Eles são objetos em relação aos quais a criança pode ficar fixada, permanecendo alienada com relação a eles e com relação aos seus esforços para obtê-los. Se nos referirmos a eles como objetos de desejo, de maneira alguma os mesmos provocam desejo mas, com bastante freqüência, medo ou angústia. O desejo do sujeito por eles lhe é estranho, não lhe pertence. Em última análise, eles também não podem ser considerados satisfatórios.

8. Em, por exemplo, "A direção do tratamento", nos *Escritos* e no Seminário 8.

9. Ver, por exemplo, o caso do Homem dos Ratos (vol. X).

10. Seu célebre sonho, usado para ilustrar o desejo na histeria por um desejo insatisfeito, pode ser encontrado no vol. IV, p.156-62.

11. *L'Autre de la demande* é tanto o Outro para quem o sujeito dirige suas demandas quanto o Outro que demanda certas coisas do sujeito; em geral, traduzo o primeiro como o Outro *da* demanda e o último como o Outro *como* demanda.

12. De fato, toda fala, segundo Lacan, constitui uma demanda de amor.

13. Observe que Lacan nem sempre associa amor e demanda. No Seminário 8, ele começa esboçando o objeto *a* como *agalma*, e o que ele denomina amor, nessa época, está muito mais próximo do que ele mais tarde chama de desejo. Cf. sua discussão de amor no Seminário 20.

14. Ver, em especial, pp.128-134.

15. "Estou pedindo que recusem o que estou oferecendo porque não é isso!" (repetido durante o final da década de 1960 e começo da de 1970 nos seminários de Lacan).

16. Isso também poderia ser traduzido: Nem sempre aquilo que alguém lhe pede é aquilo que ele deseja que você lhe dê.

Notas 227

17. Lacan mesmo poderia ter dito: "O desejo não é sem um objeto" (*Le désir n'est pas sans objet*), assim como ele fez no caso da angústia (*L'angoisse n'est pas sans objet*" [Seminário 10]), mas aquele objeto seria, no entanto, o objeto entendido como causa.

18. Em outras palavras, Lacan claramente sugere que a "teoria das relações objetais" está enganada.

19. Os objetos em questão aqui são, em geral, objetos simbolicamente constituídos, em outras palavras, objetos demandados pelo Outro na fala ou desejados pelo Outro na medida em que esse desejo é revelado através da fala.

20. Ver, por exemplo, "A direção do tratamento" nos *Escritos*.

21. Esta é uma visão por demais simplificada. Muitos etnólogos agora adotam uma perspectiva mais interativa que ainda nos permite estabelecer uma distinção bastante clara a esse respeito entre *homo sapiens* e outras espécies animais.

22. Deliberadamente deixei no trecho da tradução inglesa de "A denegação" de Freud algo não encontrado no alemão mas reproduzido na tradução publicada nos *Collected Papers* (Nova York: Basic Books, 1959): um futuro perfeito. "Uma precondição essencial é que os objetos deverão ter sido perdidos". (Realmente ele é também um futuro perfeito e um passado do subjuntivo, acrescentando o tipo de ambiguidade que Lacan aprecia.) Colocado dessa forma, o objeto só é constituído como perdido *ex post facto*. Sobre reencontro, ver também *Écrits* 1966, p. 389.

23. Uma vez que o objeto *a* desempenha uma parte visual nas fantasias das pessoas na forma do seio, em geral aparece revestido ou vestido: assume uma forma ou imagem visual específica que Lacan denomina como i*a*, imagem de *a*. Não é o seio fantasmático como tal que aparece, mas uma versão revestida dele. "O que há sob o hábito, e que chamamos de corpo, talvez seja apenas esse resto que chamo de objeto *a*" (Seminário 20, p. 14).

24. Ver, a esse respeito, o capítulo 10 sobre a constituição do "objeto da ciência".

25. Ver a expressão de Lacan, "Em tu algo que é mais do que tu" (*En toi plus que toi*) no Seminário 11, p.254.

26. O termo freudiano é *Überwältigung*: ver vol. XIX, p. 74.

27. Ver, sobretudo, as cartas 29 e 30 e aquelas de 1896. Uma abordagem posterior desses pontos pode ser encontrada em meu futuro livro, *A Clinical Introduction to Lacanian Psychoanalysis* (Cambridge: Harvard University Press, 1996).

28. Isso destaca uma das "deficiências" do uso de "over-come" como uma tradução para *plus-de-jouir* [mais-gozar], usado pelos tradutores da edição americana de *Télévision* (Annette Michelson, Denis Hollier e Rosalind Krauss (Nova York: Norton, 1989]) (p.32). Jonathan Scott Lee, em sua análise bastante convincente do gozo em *Jacques Lacan* (Boston: Twayne Publishers, 1990), estranhamente acredita ser essa uma tradução "maravilhosa" (p.185). Embora se possa interpretar o *plus* no sentido do *non plus* (não mais; então, "over") a expressão *plus-de-jouir* é construída sobre o modelo de *plus-value*, a tradução francesa tradicional de *Mehrwert* de Marx (mais-valia). Embora Lacan gostasse de brincar com equivalências literais de palavras (*plus* [não mais] e *plus* [extra ou bônus] são literalmente o mesmo e com frequência pronunciadas de forma idêntica), "over-come" não comunica o uso que Lacan fez da palavra de 1967 a 1980: um gozo a mais, extra ou suplementar, não um fim para o gozo ou excesso de gozo. *Plus-de-jouir* não sugere, de forma alguma, que o gozo está chegando ao fim; o *plus* deveria, ao contrário, ser entendido como quase um sinônimo para *Encore!* - Mais! Dê-me mais! *Plus-de-jouir* é também uma das traduções de Lacan para *Lustgewinn* de Freud (ver o Seminário 21, 20 de novembro de 1973), traduzido na edição brasileira das Obras Completas de Freud como "bônus de prazer" ou "rendimento de prazer" (ver vol. XIX, p. 159). Observe que no Seminário 17 (p. 48) Lacan fornece sua própria tradução alemã de *plus-de-jouir*: *Mehrlust* (obviamente parafraseando a *Mehrwert* de Marx). O sentido mais sensual de ser "over-come" com ou "esmagado" pelo prazer parece mais relacionado com o gozo do Outro (ver capítulo 8), que tem pouca, se alguma, relação com o *plus-de-jouir*. De fato, *plus-de-jouir* não possui nenhuma das conotações da palavra "overcome" sem hífen: estar "esmagado" (*accablé, dépassé, excédé*), superar (*franchir,*

228 *O sujeito lacaniano*

surmonter), dominar, derrotar, derrocar e assim por diante. Embora "over-coming" tenha uma certa polissemia interessante, ela traduz pouco do termo francês de Lacan. Coerentemente, uso *"surplus jouissance"* para traduzi-lo; como a mais-valia, para ser considerada positiva em um registro, deve ser considerada negativa em outro.

29. Nesse ponto, ver Seminário 14, 12 de abril de 1967. Observe que Lacan diz quase exatamente a mesma coisa no Seminário 20, *Mais, ainda*, traduzido no Brasil por MD Magno [Zahar, 1985]: Enfocarei brevemente a relação entre lei [*droit*] e gozo. "Usufruto" — essa é uma noção legal, certo? — traz junto em uma palavra o que já mencionei em meu seminário sobre ética, a saber a diferença entre utilidade e gozo. [...] "Usufruto" significa que se pode gozar [*jouir de*] seus meios, mas não se pode gastá-los. Quando se tem o usufruto de uma herança, goza-se [*en jouir*] contanto que não se use demais o bem. Essa é a clara essência da lei - dividir, distribuir e "retribuir" tudo que conta como gozo.

O que é o gozo? Está aqui reduzido a ser nada mais que uma instância negativa. Gozo é aquilo que não serve a propósito algum.

capítulo oito
"Não existe a relação sexual"

1. Uma referência ao "axioma de especificação" na teoria dos conjuntos. Deve-se ressaltar que estou generalizando demais a questão da parte e do todo, mas o faço para levantar um problema. Lacan *realmente* fala, em muitos lugares, sobre a inexistência do conjunto de *todas* as mulheres, o fato de que as mulheres podem ser consideradas apenas *uma a uma*, não como uma classe, etc. No entanto, considero o mais importante aqui enfatizar a dialética da parte/todo, uma vez que o que Lacan diz sobre as mulheres se aplica também a *cada* sujeito caracterizado pela estrutura feminina.

2. *Écrits* 1966, p.843.

3. Ver, por exemplo, Jane Gallop, *Reading Lacan* [Lendo Lacan] (Ithaca: Cornell University Press, 1982), e Nancy Chodorow, *Feminism and Psychoanalytic Theory* (New Haven: Yale University Press, 1989).

4. Parte do material contido neste capítulo serviu como base para palestras proferidas desde 1987 em Cornell, Yale, UCLA e UC Irvine, e em Londres e Melbourne; uma versão bem anterior desse material foi publicado em *Newsletter of the Centre for Freudian Analysis and Research* (Londres) 10 (1988); uma versão posterior foi publicada em *Newsletter of the Freudian Field 5* (1991). Essas versões (sobretudo a primeira) incluem certos níveis de interpretação das fórmulas de sexuação de Lacan que não são apresentadas aqui.

5. "Castração significa o gozo que deve ser recusado a fim de ser alcançado sobre a escala inversa da Lei do desejo" (*Écrits* 1966, p.827; *Écrits*, p.324).

6. Jacques-Alain Miller usa expressões deste tipo em sua obra sobre o Homem dos Ratos: "H_2O", em *Hystoria* [História] (Nova York: Lacan Study Notes, 1988).

7. Ver, por exemplo, seu prefácio às *Six Lectures on Sound and Meaning* (Cambridge: MIT Press, 1978), p. xviii.

8. Claude Lévi-Strauss, *Structural Anthropology* (Nova York: Basic Books, 1963), p.83.

9. Ver *O eu e o isso*, vol. XIX, p.71.

10. Como diz Lacan no Seminário 20: "A aparente necessidade da função fálica se descobre ser apenas contingência" (p.127).

11. E, salvo uma revolução social significativa, parece que o falo continuará a servir como, pelo menos, *um* significante do desejo por algum tempo. Talvez outros surjam também; talvez até já tenham surgido.

12. Ver seu comentário sobre a *impotência* do pai de Dora e o papel que exerce na troca das mulheres na complexa configuração familiar/extrafamiliar de Dora (*Écrits* 1966, p.219; *Feminine Sexuality*, pp. 65-66). Considere também o funcionamento de certos quebra-cabeças feitos de pequenos quadrados com letras, números ou imagens, em que um quadrado está

Notas   229

faltando, permitindo ao jogador recolocar todos os outros, um de cada vez, na tentativa de conseguir uma frase, configuração ou figura predeterminada (*Écrits* 1966, pp.722-23).

13. Esta estrutura de falta está na raiz de toda a teoria lacaniana do significante — este se originando como a marca de um lugar onde algo desapareceu (ver Seminário 9, no qual a lógica do advento do significante é desenvolvida em profundidade) — e explica o grande interesse de Lacan no trabalho de Frege sobre a lógica dos números (0 e 1, em especial), pois a mesma estrutura básica pode ser vista funcionando lá também.

14. Já deveria estar claro até que ponto a maioria das leituras contemporâneas de Lacan sobre a diferença sexual são equivocadas, confundindo o pai e o falo, o falo e o pênis e assim por diante. Citarei um exemplo aqui, o de Nancy Chodorow em seu livro *Feminism and Psychoanalytic Theory* (New Haven: Yale University Press, 1989). Chodorow tem o mérito de indicar que sua análise se refere às "feministas lacanianas", não a Lacan (o qual não cita nem uma vez). Suas fontes, mencionadas na nota de rodapé (p.264), são Juliet Mitchell, Jacqueline Rose, Jane Gallop, Shoshana Felman, Toril Moi, Naomi Shor e outras. Baseada em sua leitura dos trabalhos dessas autoras, Chodorow escreve que os lacanianos afirmam o seguinte:

O pai [é] simbolizado por seu falo...

A constituição sexual e a subjetividade são diferentes para aquele que possui o falo e para aquela que não o possui. Na medida em que o falo vem a representar a si mesmo na teoria do desejo e não está representado em relação ao desejo da mãe, a mulher não se torna um sujeito por si mesma — mesmo aquele que nunca poderá ter o falo — mas simplesmente um símbolo ou um sintoma na psique masculina (p.188).

Parece-me que a confusão com relação à postura de Lacan é tão grande que preferi colocar a posição dele como a entendo neste capítulo ao invés de criticar as interpretações de outros autores.

15. Assim como tudo muda na visão estreita do capitalismo, como um sistema fechado, quando fenômenos de mudanças de preços de ações na Bolsa devidos à natureza subjetiva de "valor" são considerados.

16. Esta oração, baseada no conhecido enunciado *"l'analyste ne s'autorise que de lui-même"* (a autorização para ser um analista é dada apenas por ele mesmo, ou a única autorização para que alguém seja analista deriva dele mesmo), pode ser lida como: "a única autorização para alguém ser um ser sexuado (homem ou mulher) vem dele mesmo".

17. Observe que fui incapaz de encontrar uma maneira em inglês de resolver o problema do uso do verbo "to be" [ser] para traduzir esta frase. A oração de Lacan *il n'y a pas* é mais forte do que dizer "As relações sexuais não existem", pois ela implica que "as relações sexuais não ex-sistem" também; de fato, "Não há tal coisa". Esse ponto é retomado mais tarde no capítulo; aqui permitam-me dizer que Lacan usa dois tipos diferentes de formulações para duas noções diferentes: quando diz *"L'Autre n'existe pas"*, podemos ainda supor que o Outro talvez ex-sista, mas quando ele diz: *"Il n'y a pas d'Autre de l'Autre"*, ele não nos dá opção de especular se esse Outro do Outro (além ou fora do Outro) passa, na verdade, a ex-sistir ou não; ele não existe e também não ex-siste. Observe que Lacan diz quase a mesma coisa já em 1967: "o grande segredo da psicanálise é que não há tal coisa como um ato sexual" (Seminário 14, 12 de abril de 1967). O que ele quer dizer por "ato sexual" não está relacionado à relação sexual; em vez de ser uma ação autêntica ou uma ação no sentido "completo" do termo, o ato sexual é sempre uma ação malfeita, um *acte manqué*.

18. Estou deixando de lado aqui uma questão paralela que Lacan coloca sobre suas fórmulas de sexuação que me parece (1) desviar a atenção de suas conclusões mais incisivas e abrangentes sobre a diferença sexual e, (2) ter sido suplantada durante sua obra. Sua questão paralela tem um certo interesse (e o leitor deve consultar meu primeiro ensaio, mencionado na nota 4 deste capítulo, para uma análise detalhada dele) porém me chama a atenção como algo de menos importância do que aquele que enfoquei neste livro.

19. No Seminário 11, Lacan associa o S_1 com o desejo da mãe, que é barrado pelo S_2, o Nome-do-Pai, no recalque originário. Aqui, estou associando S_1 com o recalque originário

230   *O sujeito lacaniano*

e S_2 com o recalque secundário. No entanto, isso é apenas uma convenção adotada com o objetivo de ser claro. Como mencionei na nota 15 do capítulo 6, o S_1 passa, na teoria lacaniana, de designar o desejo da mãe na metáfora paterna para designar qualquer significante que venha a servir como um significante mestre.

20. Ou, como Lacan diz no Seminário 21, "gozo semiótico" (11 de junho de 1974): o gozo do sentido (*jouis-sense*) derivado da *lalangue*.

21. Essa visão do objeto (a) é trabalhada na seqüência de Lacan para "O Seminário sobre 'A carta roubada'" (*Écrits* 1966); analiso-o em detalhes nos Apêndices 1 e 2 abaixo e em profundidade em "The Nature of Unconscious Thought or Why No One Ever Reads Lacan's Postface to the 'Seminar on The Purloined Letter'", uma palestra proferida no Seminário de Lacan em inglês, em Paris, em junho de 1989 e publicada em *Reading Seminars I & II: Lacan's Return to Freud*, organizado por Bruce Fink, Richard Feldstein e Maire Jaanus (Albany: SUNY Press, 1995).

22. Isso talvez pudesse ser escrito assim: "não totalmente" sujeito à ordem simbólica.

23. A dificuldade que se encontra em tentar caracterizar o gozo do Outro numa forma mais concreta deriva do fato de que S_1 é indizível e inacessível *qua* ponto de origem que não pode ser apreendido diretamente de qualquer forma articulável e discursiva. Em vez de ver o S_1 aqui como o "Não!" do pai, na verdade, pense-o como o desejo da mãe que é barrado pelo "Não!" do pai (S_2). Entendido dessa forma, o gozo do Outro, de certa maneira, "lembra" um prazer anterior ao estabelecimento da linguagem (J_1), portanto, "realizando o simbólico".

24. No restante deste livro, "masculino" e "feminino" sempre se referirão às determinações biológicas/genéticas, enquanto que "homem" e "mulher", "homens" e "mulheres", sempre se referirão às determinações psicanalíticas.

25. Uma conclusão interessante é que pode-se chegar ao ponto de dizer que o analista, enquanto analista, é assexuado. Diz-se o mesmo do mestre.

26. Os leitores familiarizados com quantificadores z e y devem perceber desde o início que o uso do termo por Lacan se desvia significativamente do uso corrente na lógica; em especial, ele usa $\forall$x diversificadamente para significar todos os x's e o todo do x em momentos diferentes. Sua adoção de um simbolismo diferente para a negação também deveria ser entendida como implicando algo outro que não o simples til (~) usado na lógica simbólica. Os sentidos diferentes da barra de negação quando colocada sobre o quantificador e sobre a função são brevemente resumidos abaixo.

27. *Scilicet* 4 (Paris: Seuil, 1973); 7.

28. E, portanto, parece que deve existir uma exceção à lei universal há pouco enunciada! Lacan parafraseia Charles Sanders Peirce aqui: "uma regra não tem sentido sem um limite".

29. Sobre discórdia e foraclusão na gramática, ver Jacques Damourette e Edouard Pichon, *Des mots à la pensée: Essai de grammaire de la langue française*, 7 vols. (Paris: Bibliothèque du français moderne, 1932-51), principalmente o vol. 1; o vol. 6 é útil para entender a distinção que Lacan faz entre o sujeito do enunciado e o sujeito da enunciação.

30. "*Comes*" deveria se entendido aqui nos dois sentidos (*come* é igual a vir e gozar).

31. O pai da horda primitiva deve ser considerado, neste sentido, psicótico.

32. Assim como $\exists x\Phi x$, no caso da estrutura masculina, não postula, em última instância, uma existência mas, ao contrário, uma ex-sistência. Poder-se-ia então afirmar que no simbolismo de Lacan, ao contrário da lógica clássica, $\exists x$ significa "ex-siste um x", enquanto $\overline{\exists}x$ simplesmente nega a possibilidade da existência de x, sem estipular qualquer coisa sobre sua ex-sistência.

33. Certamente ele não é todo em qualquer outro sentido sem seu companheiro, objeto *a*, e a plenitude alcançada quando ele está unido com sua companheira permanece fantasmática na melhor das hipóteses ($\$ \lozenge a$).

34. "Se ex-siste algo com relação a alguma outra coisa, é precisamente porque não é duplo mas, ao contrário, 'triplo', se me permitem este neologismo."

35. Quando escrevi este capítulo, não conhecia a edição do periódico *La Cause Freudienne* (impresso pela École de la Cause Freudienne) devotado a *L'Autre sexe* 24 [junho de

1993]. Vários comentários são feitos sobre o S(Ⱥ) que sugerem outras interpretações possíveis além da fornecida aqui.

36. Isso poderia ser escrito S(a). Notemos que, pelo menos uma das coisas que Lacan diz sobre o S(Ⱥ) pode não confirmar minha interpretação: "S_1 e S_2 são precisamente o que designo pelo A dividido, o qual transformo em um significante separado, S(Ⱥ)" (Seminário 24, 10 de maio de 1977). Essa citação pelo menos esclarece que S(Ⱥ) é, nesse ponto do pensamento de Lacan, o significante do Outro dividido ou barrado, isto é, o Outro como incompleto. Na medida em que, no entanto, aquilo iguala S(Ⱥ) ao significante do Outro como faltante ou desejante, ele se relaciona ao *significante do desejo do Outro*, o qual poderia, como estou sugerindo, ser escrito S(a). Assim posto, no entanto, ele podia ser igualado ao falo (Φ), enquanto que minha sensação é de que o que está em questão aqui é o desejo do Outro materno *como perdido*, ou a perdida unidade mãe-criança.

37. Sobre sublimação, ver a recente edição de *La Cause Freudienne* dedicado à sublimação (*Critique de la sublimation*, 25 [de setembro de 1993]), que saiu após este capítulo ter sido escrito.

38. Isso não deveria ser entendido como implicando que a sublimação das pulsões nunca ocorre naquelas pessoas caracterizadas pela estrutura masculina. De acordo com Freud, toda a dessexualização implica em sublimação das pulsões, embora ele não afirme que todas as funções do eu e do supereu — que exigem dessexualização — forneçam plena satisfação. A observação poderia ser caracterizada, grosso modo, como a categoria em que as pulsões são inteira e completamente dessexualizadas (apenas o pensamento, talvez, permanecendo sexualizado). No entanto, obviamente existe algo diferente sobre a sublimação envolvida em transformar o id em eu ou supereu (isto é, passar do "prazer" para "realidade") e aquela envolvida na sublimação que leva à satisfação total das pulsões.

39. Ver *Écrits* 1966, p.839.

40. Ver *Écrits* 1966, p. 875 (em inglês, *Newsletter of the Freudian Field 3* (1989): 22), e "Masculine/Feminine — Signifier/Signifierness" no capítulo 8.

41. A definição mais comum adotada através da história tem sido "maternidade", porém esse termo adquire sentido, de certa forma, somente através do significante fálico. O que faremos de nomes que assumem um certo status social como "Madonna" ou "Marilyn Monroe"? Os nomes próprios da Madonna e de Marilyn (que são nomes adotados, afinal) funcionam como S(Ⱥ) para elas? Nesse ponto, ver meu livro sobre *Modern Day Hysteria* (Albany: SUNY Press, no prelo).

42. Luce Irigaray expressa vigorosamente a opinião de que as mulheres foram definidas como não-homens em nossa cultura, embora ela não atribua isso a Lacan: "Em vez de permanecer um gênero diferente, o feminino se tornou, nas nossas línguas, o não-masculino, ou seja, uma realidade abstrata inexistente [...] o gênero gramatical feminino em si é forçado a desaparecer como expressão subjetiva e o vocabulário associado às mulheres muitas vezes consiste em... termos que as definem como objeto em relação ao sujeito masculino" (*Je, tu, nous: Towards a Culture of Difference* traduzido por Alison Martin [Nova York: Routledge, 1993], p.20).

43. Poder-se-ia afirmar, de fato, que existem três níveis separados: amor, desejo e gozo.

44. Esse conceito de subjetividade é extremamente comum e leva a uma grande confusão entre os leitores de Lacan que pensam em termos que são talvez mais políticos do que lacanianos. O conceito mais conhecido de "sujeito" nos estudos culturais, estudos de filmes, literatura comparada e na filosofia é, me parece, o de um *agente ativo* que toma a iniciativa e controla a própria vida, define o próprio universo e se (re)presenta em seus próprios termos. Tais caracterizações são todas terrivelmente problemáticas a partir de uma perspectiva psicanalítica (negando a alienação, o inconsciente, a natureza do eu, o desejo como o desejo do Outro e assim por diante), e o abismo entre tais noções e a noção lacaniana de sujeito deveria ser bastante evidente atualmente. No entanto, uma ponte entre essas duas visões poderia, talvez, ser construída através da noção de *subjetivação*: o sujeito vindo a ser com a simbolização de um certo real.

232   *O sujeito lacaniano*

45. O que eu estou me referindo como subjetivação é muito bem expresso por Luce Irigaray quando diz que uma mulher na cultura patriarcal "deve passar por um processo complexo e doloroso, uma *conversão real* ao gênero feminino" (meu grifo; *Je, tu, nous: Towards a Culture of Difference*, traduzido por Alison Martin [Nova York: Routledge, 1993], p.21). A subjetivação daquilo que é especificamente feminino (ou Outro sexo) é talvez mais difícil e dolorosa no ocidente do que em certas sociedades não ocidentais.

46. Sem dúvida esta afirmação deve ser qualificada até certo ponto: a subjetivação feminina funciona muito da mesma maneira que a subjetivação masculina na medida em que a mulher não realiza sua relação potencial com S(Ⱥ), isto é, permanece como *homosexuelle*, não uma *hétérosexuelle* (alguém com uma relação com o Outro sexo).

47. Jacqueline Rose deixa o termo em francês, como fazem muitos outros tradutores. A explicação de Rose do termo é mais confusa do que qualquer coisa, enquanto a discussão de Jean-Luc Nancy e Philippe Lacoue-Labarthe no *The Title of the Letter*, traduzido por David Pettigrew e François Raffoul (Albany: SUNY Press, 1992), é muito útil, mostrando a tensão implícita no primeiro uso do conceito por Lacan. Este último trabalho infelizmente não considera o uso mais explícito do conceito por Lacan na década de 1970.

48. Ver *Newsletter of the Centre for Freudian Analysis and Research* 10 (1988).

49. Ver a dialética total do significante e as quatro causas aristotélicas que se seguem nas páginas 35-36.

50. Ou o id é retirado do ego, como Freud diz em *O eu e o isso* (Vol. XIX, pp.72-73), onde (ao contrário das *Novas conferências sobre a psicanálise,* a tradução da qual Lacan critica em todo o *Écrits*) ele escreve, "[...] *welches dem Ich die fortschreitende Eroberung des Es ermöglichen soll*" (*Studienausgabe*, vol. 3 [Frankfurt: Fischer Taschenbuch Verlag, 1975], p.322).

51. "[...] só o amor permite que o gozo digne-se a desejar" (Seminário 10, 13 de março de 1963).

52. *Jouissance du corps* (Seminário 20, p. 35) sugere tanto o gozo do corpo (de outra pessoa) quanto gozo experimentado no corpo (o próprio corpo da pessoa ou o corpo do Outro).

53. Essa descrição do Outro como radicalmente heterogêneo, obviamente iguala-o ao objeto (a) em muitos aspectos.

54. Ver meu livro *Modern Day Hysteria* (Albany: SUNY Press, no prelo); retomo aí a conexão que Lacan esboça entre o gozo do Outro e o amor: o amor de Deus, "amor divino" e "religiões particulares".

55. Se a "sublimação masculina" pode ser caracterizada como *simbolizando o objeto real*, a "sublimação feminina" pode ser caracterizada como *realizando o significante*. Conforme formulado nos termos lacanianos do Seminário 21, aqueles com estrutura masculina podem ser considerados como simbolizando o real (objeto) do imaginário (fantasia), que correspon-de ao SRI, enquanto aqueles com estrutura feminina realizam o simbólico do imaginário, que corresponde ao RSI, associado por Lacan com a religião naquele seminário. O primeiro envolveria um discurso "no sentido horário" e "polarizado à direita", enquanto o outro envolveria um discurso "no sentido anti-horário" ou "polarizado à esquerda".

56. Muitos escritores contemporâneos, no entanto, continuam a criticar Lacan por permanecer dentro do velho modelo freudiano. Considere, por exemplo, os comentários de Elizabeth Grosz em *A Reader in Feminist Knowledge*, editado por Sueja Gunew (Nova York: Routledge, 1991): "[Na obra de Lacan], masculino e feminino permanecem, como na obra de Freud, definidos pelas relações entre ativo e passivo, sujeito e objeto e fálico e castrado" (p. 86). O leitor do presente livro já terá percebido, espero, que isso equivale a dizer que Lacan morreu por volta de 1960.

Considere, por exemplo, o seguinte trecho de "Posição do inconsciente", escrito em 1964: "A vacilação que a experiência psicanalítica revela no sujeito com relação ao seu ser mas-culino ou feminino não está tão relacionada à bissexualidade biológica quanto ao fato de que não há nada em sua dialética que represente a bipolaridade do sexo a não ser a atividade e a passividade, isto é, uma pulsão versus a polaridade ação-fora, *que não se presta de nenhuma forma para representar a base verdadeira daquela polaridade*" (*Écrits* 1966, p.849).

57. De muitas maneiras, Lacan permanece um pensador estruturalista e seu modo de entender as estruturas masculina e feminina (como limitada/ilimitada, fechada/aberta, finita/infinita) as tornam estritamente contraditórias, não simples contrários: não há meio termo entre elas (como não existe nenhuma categoria "fronteiriça" entre neurose e psicose em sua versão da psicanálise). Sem dúvida, isso deixa Lacan suscetível às críticas ao pensamento binário por parte de feministas e desconstrutivistas. Uma das expressões mais claras dessas críticas, na minha experiência, encontra-se no valioso ensaio de Nancy Jay sobre "Gender and Dichotomy" (em *A Reader in Feminist Knowledge*, organizado por Sueja Gunew [Nova York: Routledge, 1991], p.95). É bastante interessante que, para expressar seu ponto, Jay utiliza as categorias lógicas aristotélicas "contraditórias" e "contrárias" (as mesmas categorias que Apuleo situou sobre o "quadrado lógico" ao qual Lacan, muitas vezes, se refere e usa como modelo) entre as quais não existe um meio termo — isto é, *a dicotomia entre aquelas duas categorias é em si uma oposição binária ou contraditória*. Será que o objetivo de eliminar todas as contradições ou binaridades acarreta, por exemplo, ver a psicopatologia como um contínuo, não havendo linha divisória clara entre neurose e psicose? Do ponto de vista clínico, esta é uma abordagem que Lacan não estaria inclinado a aceitar. Cf. a interessante análise de Roland Barthes sobre binários em *Elements of Semiology* (Nova York: Hill and Wang, 1967), pp. 80-82.

capítulo nove
Os quatro discursos

1. Ver os comentários de Lacan sobre essa questão no Seminário 11, p.78.
2. Sem que constitua em si uma "metalinguagem".
3. Ver, em especial, o Seminário 6.
4. De fato, Lacan diz que a primeira função da linguagem é o "imperativo".
5. Observe que outros discursos que não os quatro analisados poderiam ser gerados pela mudança na ordem dos quatro matemas usados aqui. Se, em vez de mantê-los na ordem na qual são encontrados no discurso do mestre (Figura 9.2), mudássemos a ordem para aquela da Figura 9.3, quatro discursos poderiam ser gerados. Na verdade, seriam possíveis vinte e quatro discursos diferentes usando esses quatro matemas nas quatro posições diferentes e o fato de Lacan mencionar apenas quatro discursos sugere que ele considera a *ordem* dos elementos algo particularmente importante. Como é verdade com relação a várias de suas

Figura 9.2

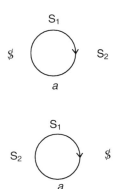

234   *O sujeito lacaniano*

estruturas quadrípodes, é essa configuração específica, e não apenas qualquer combinação de seus elementos constitutivos, que Lacan considera de valor e interesse para a psicanálise.

6. *Neswsletter of the Freudian Field* 3 (1989).

7. Ver Charles Fourier. *The Passions of the Human Soul* (Nova York: Augustus M. Kelley Publishers, 1968), p.312.

8. Ver *Scilicet* 2/3 (1970): 89.

9. Na verdade, o acadêmico, ao invés de tirar prazer do saber, parece tirar prazer da alienação.

10. Ele coloca a mesma questão no *Scilicet* 2/3 (1970): 395-96.

11. *Scilicet* 5 (1975): 7, e "Propos sur l'hystérie" *Quarto* (1977).

12. Isso poderia ser associado com S($\cancel{A}$), que Lacan, no Seminário 20 (p.174), qualifica como "um-a-menos" (*l'un-en-moins*).

13. Lembre-se que no caso do Pequeno Hans, Hans sofre de um tipo de angústia generalizada antes de agarrar-se à fobia de cavalos que aparece depois de ele já ter começado um tipo de tratamento analítico com o pai, sob a supervisão de Freud.

14. O objeto *a* como causa ocupa quatro posições diferentes nos quatro discursos e no final de "Ciência e verdade" Lacan associa quatro outros discursos às quatro causas aristotélicas:

Ciência: causa formal
Religião: causa final
Mágica: causa eficiente
Psicanálise: causa material

Parece-me útil comparar as quatro disciplinas, analisadas dessa maneira neste texto de 1965 e suas causas, com os quatro discursos descritos em 1969 e a posição do objeto *a* em cada um deles. Os quatro componentes da pulsão freudiana poderiam ajudar a situar os diferentes objetos em questão em níveis diferentes.

15. Fornecido por vários livros, incluindo o de Sherry Turkle intitulado *Psychoanalytic Politics: Freud's French Revolution* (Nova York: Basic Books, 1978) e *A história da psicanálise na França, 1925-1985*, de Elizabeth Roudinesco, Rio de Janeiro, Zahar, 1988.

16. O discurso analítico, por exemplo, exige que o analisando desista do gozo associado aos seus sintomas ou significantes mestre.

capítulo dez
Psicanálise e ciência

1. Não é possível resumir essa volumosa literatura. O leitor deve consultar os trabalhos de autores tais como Alexandre Koyré, Thomas Kuhn, Paul Feyerabend e Imre Lakatos.

2. "Ciência e psicanálise", in *Para ler o Seminário 11 de Lacan*, Rio de Janeiro, Zahar, 1998.

3. De fato, o que permanece é o "sujeito da ciência" que, na metade da década de 1960, Lacan equipara ao "sujeito da psicanálise".

4. A distinção entre verdade e verdadeiro como um valor já pode ser encontrada em *Pensées* de Pascal, p.233.

5. Certas ciências consideram o sujeito posicional (por exemplo, a teoria do jogo *à la* von Neumann), que, nos termos de Gottlob Frege, poderia ser descrito como função "insaturada", isto é, uma função cuja lacuna não é preenchida por um objeto. Lacan adota o termo "insaturada" em "Ciência e verdade".

6. Uma maneira útil de se pensar a diferença entre "objetos científicos" e o "objeto psicanalítico" é proposto em um trecho no capítulo muito interessante de Jonathan Scott Lee em "Sexuality and Science" em seu livro *Jacques Lacan* (Boston: Twayne Publishers, 1990): "Onde o positivismo define uma ciência em termos dos objetos preexistentes estudados por

aquela ciência, Lacan oferece uma definição da mesma em termos dos tipos de significantes, de vocabulários formais, que acrescenta aos objetos que estuda e que, por sua vez, transforma esses objetos em objetos da ciência" (p. 188). Como tal, os "objetos científicos" são retirados do real, ou cortados dele, pela "linguagem científica". Na psicanálise, por outro lado, o objeto *a* é o resto daquele processo, em outras palavras, o que sobra "após" a constituição dos objetos da ciência. Sempre existe um limite para a formalização: a simbolização progressiva do real sempre deixa um resto. Como Lacan diz no Seminário 25, "as palavras fazem a coisa. [...] Mas nossa preocupação [como analistas] é precisamente com a falta de correspondência [*inadéquation*] entre as palavras e as coisas" (15 de novembro de 1977).

7. "Science and Truth", *Newsletter of the Freudian Field 3* (1989). É bem possível que Lacan tenha tomado emprestado este termo de Frege.

8. Embora, sem dúvida, o sujeito especificamente psicanalítico continue a ser suturado. De acordo com alguns, o princípio da incerteza de Heisenberg marcou o retorno da importância dada à atividade do sujeito e do cientista no encontro com os trabalhos da Natureza e com sua formulação; no entanto, o cientista, conforme entendido em tais relatos, não parece ser mais do que uma noção posicional.

9. "Ao envolver-se no ensino, o discurso analítico leva o analista à posição de analisando", o que, como mencionei no capítulo 9, exige a adoção do discurso da histérica (*Scilicet* 2/3 [1970]: 399).

10. "O que é uma práxis? [...] É o termo mais amplo para designar uma ação realizada pelo homem, qualquer que seja ela, que o põe em condição de tratar o real através do simbólico" (Seminário 11, p. 14).

11. "*L'interprétation porte sur la cause du désir*" ("Interpretação incide sobre a causa do desejo"), "*L'Étourdit*", *Scilicet* 4 (1973): 30.

12. Um discurso difícil de apoiar, para dizer o mínimo!

13. Ver Seminário 8 (Zahar, Rio de Janeiro, 1992).

14. Estou pegando emprestado esse termo de Jean-Claude Milner, um dos mais astutos escritores contemporâneos sobre lingüística, psicanálise e ciência. Ver, em especial, seu valioso artigo "Lacan and the Ideal of Science" em *Lacan and the Human Sciences* organizado por Alexandre Leupin (Lincoln: University of Nebraska Press, 1991), p.36, e sua análise muitíssimo mais aprofundada em *Introduction à une science du langage* (Paris: Seuil, 1989), pp. 92 e seguintes.

15. Ver, por exemplo, seu *Manifeste pour la philosophie* (Paris: Seuil, 1989). O relato mais completo que conheço, no entanto, foi apresentado na aula que ele deu sob os auspícios da Universidade de Paris VIII, Saint-Denis e no Collège International de Philosophie de 1987 a 1989.

16. Seminário 25, 15 de novembro de 1977.

17. Dentre as coisas que alguns desses discursos vêem como sendo em prol do próprio bem do paciente, encontra-se: transformar o paciente num "membro produtivo da sociedade", eliminar suas "tendências anti-sociais", fazer com que seja mais reflexivo, perceptivo e capacitá-lo a encontrar o amor, o desejo e a satisfação sexual com um e o mesmo parceiro.

Posfácio

1. Na verdade, levei cinco anos para superar meus receios de apresentar meu trabalho aos olhos de um tipo de "sistema" acabado e unificado, comparado a uma série de leituras profundas da obra de Lacan, e fornecer o que aquele Outro solicitava, explicitamente, no caso de um autor previamente desconhecido. Embora os esboços principais do que apresentei neste livro já estivessem prontos quando deixei a França em 1989, após ter sido treinado como analista na École de la Cause Freudienne, somente em 1994 me foi possível formatá-lo para que um editor concordasse em publicá-lo!

2. "Ensino de verdade, isto é, ensino que nunca cessa de submeter-se ao que se denomina como inovação" (*Écrits*, p.145).

236   *O sujeito lacaniano*

3. Ver vol. IV.

apêndice 1
A linguagem do inconsciente

1. Cf. *The Purloined Poe: Lacan, Derrida & Psychoanalytic Reading*, orgs. John Muller e William Richardson (Baltimore: Johns Hopkins University Press, 1988).

2. Uma exceção significativa é Jacques-Alain Miller, que forneceu uma leitura apurada em seus seminários ainda não publicados *1, 2, 3, 4*, realizados sob os auspícios da Universidade de Paris VIII, Saint-Denis, em 1984-85.

3. Na primeira publicação do "Seminário sobre 'A carta roubada'" (*La Psychanalyse* 2 [1956]), as coisas são apresentadas com mais clareza. Nessa publicação Lacan escreve que "A consideração da Rede 1-3 por si é suficiente para mostrar que, de acordo com os termos cuja sucessão ela fixa, o termo [intermediário] será determinado inequivocamente — dito de outra forma, o tal grupo será suficientemente definido pelos seus dois extremos. Portanto, vamos postular os seguintes extremos (1) e (3) no grupo [(1) (2) (3)]" (p. 5).

No entanto, ao afirmar de maneira mais clara como os termos devem ser agrupados, Lacan comete erros: fixar os termos extremos *não* determina, em todos os casos, inequivocamente o termo do meio (por exemplo, como vimos na Matriz II de Letras Gregas, o espaço em branco na configuração 2_2 pode ser preenchido por 1, 2 ou 3.

4. Observe aqui, no entanto, que esta última série não pode seguir diretamente a anterior sem a interpolação de um segundo β, pois dois γs em seguida necessitam dois 2s logo após, e eles só podem ser gerados aqui por dois βs. Cf. a Rede α, β, γ, δ na página 57 dos *Écrits* 1966, reproduzida adiante neste apêndice.

Nota importante: existem erros nesta parte dos *Écrits* de Lacan e eles podem nos confundir bastante.

A tabela que encontramos bem acima desta, na página 50 dos *Écrits* (aqui Tabela A1.9), nos confunde na medida em que (1) contém claramente um erro tipográfico, e (2) embora o resultado da jogada e as linhas de código de número corram da esquerda para a direita e, portanto, a linha de letras gregas normalmente também corram nesta direção, Lacan parece estar escrevendo esta última da direita para a esquerda aqui. Vimos acima que, por exemplo (e Lacan menciona isso explicitamente), *nunca* se pode encontrar um δ na vaga três se existir um α na vaga um — mas a tabela abaixo parece sugerir que isso é totalmente possível!

Tabela A1.9: Tabela Ω de Lacan

	Números								
	1	2	3	4					
Exemplo de linha de números							Linha de letras gregas		
1	2	3	3	?	?	?	?	?	
	α	δ	δ	γ	β	β	α		1
		δ				β			2
	α	γ			γ	α			3

Observe que esse erro tipográfico também aparece na tabela mais simples encontrada na versão de 1956 de Lacan:

$$\alpha \quad \delta \quad \delta \quad \gamma \quad \beta \quad \beta \quad \alpha$$
$$\delta \quad \delta \quad \delta \quad \beta \quad \beta \quad \beta$$

Agora, se corremos a cadeia na outra direção, vemos que funciona muito bem (Tabela A1.10). O leitor pode notar que não inverti os termos excluídos nas linhas de letras gregas 2 e 3, já que eles são patentemente não-senso quando estão na tabela em francês dos *Écrits*: antes da mudança, a Tabela Ω sugere, por exemplo, que podemos usar dois δs para nos deslocarmos de α para γ, e na linha abaixo ela sugere que δ nunca pode ser uma parte de tal progressão!

Tabela A1.10: Tabela Ω (modificada)

Números

	1	2	3	4				
Exemplo de linha de números							Linha de letras gregas	
1	1	1	2	2	2	3	3	3
	α	β	β	γ	δ	δ	α	1
		δ			β			2
	α	γ		γ	α			3

Portanto, ou Lacan pretendia correr essa série de letras gregas da direta para a esquerda ao invés de da esquerda para a direita mas não detectou o erro de inversão de δ para β na linha 2 (que talvez pudesse explicar algumas combinações proibidas que Lacan apresentou na parte superior da página 51), ou talvez a inversão tenha acontecido na linha 1 mesmo, onde os δs e βs foram trocados um pelo outro. (Também se pode imaginar que os termos extremos, δ e γ, foram inadvertidamente invertidos. As duas séries que funcionam, de qualquer forma, são α β β γ δ δ α e a mesma série se lê da direita para a esquerda, α δ δ γ β β α [o que, para todas as intenções e propósitos, é equivalente a γ β β α δ δ γ]. De qualquer forma, a versão à qual me refiro é aquela apresentada na tabela modificada acima.

Essa tabela deveria, agora, ser bastante fácil de entender: δ não pode ser usado em uma combinação de quatro passos α — γ; α não pode aparecer na vaga 2 nem γ na vaga 3; β está excluído das combinações de quatro passos γ — α, γ sendo barrado da vaga 2 e α da vaga 3. As razões para essas exclusões podem ser deduzidas da mesma maneira que deduzimos aquelas listadas na Tabela O. (Observe que as duas séries de quatro passos aqui podem de fato seguir uma a outra imediatamente. Cf. a Rede α, β, γ, δ, *Écrits*, p. 57, reproduzida adiante neste apêndice).

5. Embora exista um desequilíbrio na matriz de primeiro nível com a existência do dobro de combinações 2 com relação às combinações 1 e 3, a matriz de segundo nível retifica essa situação (Tabela A1.12).

Tabela A1.11

1	2	3
idêntico	ímpar	alternante
+++	++ − − − +	+ − +
− − −	+ − − − ++	− + −

Tabela A1.12

α	β	γ	δ
1_1, 1_3	1_2	2_2	2_1
3_3, 3_1	3_2		2_3

238   *O sujeito lacaniano*

Se tomarmos essa matriz pelo valor superficial, somos inclinados a pensar que sempre que encontrarmos um 2, a combinação que o inclui é duas vezes mais privilegiada do que as combinações não-2; portanto, uma letra que não agrupe combinações 2 deveria ter duas vezes tantas combinações ordinárias quanto uma que agrupe (α, por exemplo, agrupa duas vezes tantas trincas como β). E se uma trinca inclui dois 2s, é duas vezes mais provável que apareça como uma trinca com apenas um 2.

A probabilidade, de fato, sustenta esse cálculo mas não exatamente dessa forma. Primeiro retornemos à Matriz II de letras gregas onde listamos a combinação inteira (Tabela A1.13).

Tabela A1.13

α	β	γ	δ
111, 123	112, 122	212, 232	221, 211
333, 321	332, 322	222	223, 233

Normalmente existiriam vinte e sete trincas possíveis para tal combinatória de três vagas, três números (3^3), mas doze delas foram eliminadas aqui por causa de nossa restrição 1-3, 3-1 (isto é, 1 e 3 não podem ser sucessores imediatos), e porque 3 não pode ser imediatamente seguido por um 2 e depois 3 (dois 2s necessariamente sendo interpolado entre dois 3s); nem 1 pode ser imediatamente seguido por 2 e depois 1 novamente.

Para dar um exemplo, a probabilidade de trincas 111 deve ser calculada como segue: o primeiro 1 tem uma chance em quatro de acontecer (1/4). O segundo 1, no entanto, ocupa uma vaga que somente pode ser ocupada por 1 ou 2, 3 sendo barrado aqui; agora 2 pode aparecer tão freqüentemente quanto 1 (no caso da combinação 1 + + +, um + tem chances iguais de seguir um –) e, portanto, a probabilidade de 1 aqui, é uma em duas. O terceiro 1, como também segue diretamente um 1, também tem uma em duas chances de aparecer. Então, temos $\frac{1}{4}$ x $\frac{1}{2}$ x $\frac{1}{2}$ = 1/16.

Na verdade, todas menos uma trinca na matriz completa tem uma probabilidade de 1/16. A trinca 222 sob γ, no entanto, tem uma probabilidade de 1/8, portanto equilibrando a distribuição aparentemente desigual de trincas. Isso pode ser verificado com um fluxograma que, começando com dois ramos (+ e –), é expandido pela divisão de cada ramo continuamente em dois, acrescentando um mais a um ramo e um menos ao outro (ver Tabela A1.8). Verifica-se que combinações 222 ocorrem duas vezes mais do que qualquer outra, e que as várias letras gregas têm, na verdade, exatamente a mesma probabilidade de aparecerem.

6. Devo muito a Thijs Berman por ajudar-me a decifrar este código adicional.

7. Observe aqui que mesmo se tomássemos o 1 como "diferente" e o 0 como "igual", 01 e 10 ainda seriam invertidos. A única maneira em que podemos supô-los corretos como eles se encontram seria assumir que a cadeia de resultados da jogada vai da direita para a esquerda, cada novo mais ou menos sendo acrescentado à esquerda em vez de à direita.

8. *Poderíamos*, se realmente quiséssemos, também fazer uma Rede 1-3 funcionar de acordo com uma interpretação par-ímpar; agrupando sinais de mais e menos em dois, denominamos "par" qualquer exemplo no qual dois sinais idênticos aparecem lado a lado, "ímpar" a qualquer exemplo que inclua um sinal (isto é, um número ímpar) de cada tipo. O código ímpar-par seria, é óbvio, improvável neste caso.

9. Se continuarmos a simplificar as denominações "simétrico" e "assimétrico" para nos referirmos a *pares* (em lugar de trincas) de sinais idênticos e pares de sinais diferentes, respectivamente, por certo encontraremos, ao examinarmos a Rede 1-3, os mesmos resultados que encontramos acima ao definir 1 como "igual" e 0 como "diferente".

10. Ver o fluxograma fornecido na Tabela A1.8, que pode também gerar a Rede α, β, γ, δ de Lacan.

11. Mas, por incrível que pareça, o processo não pode ser repetido novamente: não se pode mais uma vez recodificar as seqüências 1/0 de três vagas em seqüências 1/0 de duas vagas para tentar situar tudo na velha Rede 1-3. Duas aplicações são o máximo permitido aqui.

apêndice 2
Em busca da Causa

1. Ver *Écrits*, p.193 e Seminário 2, p.142.
2. Se fôssemos apresentados a uma seqüência de menos, a linha da matriz numérica seria lida exatamente como no exemplo acima. O leitor pode também confirmar com facilidade que se começarmos com uma seqüência uniformemente alternante, a linha da matriz numérica será 33333212, e como todas as letras gregas são, de qualquer forma, aqui definidas como indo de ímpar para ímpar, ímpar para par, par para ímpar ou par para par, a linha da matriz de letras gregas sempre será a mesma. Isso também é verdade nos exemplos que se seguem.
3. Como Lacan diz que os parênteses podem ser totalmente vazios, podemos acreditar que precisamos considerar a situação abaixo:

Mas como esta seqüência é proibida pela sintaxe gerada — δ não pode estar na posição três se existe um α na posição um — podemos deixá-la de lado aqui.
4. "Não há fantasia de devoração que não possamos considerar como resultante, em algum momento em sua própria inversão, da... fantasia de ser devorado" (Seminário 12, 20 de janeiro de 1965).
5. A cadeia L também indica claramente que o objeto aqui está contido dentro do sujeito, pelo menos dentro de suas dobras e forros. Cf. a alegação de Lacan de que o objeto *a*, enquanto seio por exemplo, pertence à criança e não à mãe, sendo, de certa forma, parte do corpo da criança que está anexada ou "colada" na mãe.

O uso do termo "aspas" (*guillemets*) por Lacan para designar os parênteses duplos dentro dos quais encontramos o sujeito ("sujeito") nos lembra de que, para Lacan, "o sujeito nunca é mais do que suposto" (Seminário 23, 16 de dezembro de 1975). O sujeito não é algo que pode, de qualquer forma, ser observado diretamente; ao contrário, é uma presunção ou suposição de nossa parte (não obstante uma presunção necessária), e sempre se deve examinar para ver se algo realmente corresponde a este suposto sujeito.

Porém essas aspas vão mais além também, sugerindo tanto os registros da fala quanto os da escrita. O sujeito é falado e as aspas, com freqüência, designam *algo previamente dito*, algo enunciado alhures em algum momento – e geralmente por outrem. O sujeito é então dependente do que alguém outro já disse sobre ele. Além disso, as aspas não podem ser vistas na fala (embora elas sejam, com freqüência, imitadas com gestos, indicadas pela ênfase específica colocada na palavra, ou explicitamente anunciadas "abre aspas, sujeito, fecha aspas"), sendo essencialmente tipográficas por natureza. Para Lacan, a relação entre escrever — a letra — e ser é da maior importância, e nosso entre parênteses ser do sujeito parece totalmente dependente dessas marcas que "o causam"; pode-se ir além e dizer que o sujeito não tem outro ser senão enquanto marca, ou como sendo causado.

Bibliografia

Jacques Lacan

Escritos (Paris, Seuil, 1966), Rio de Janeiro, Zahar, 1998 [*Écrits: A Selection*, trad. Alan Sheridan, Nova York, Norton, 1977. Trad. completa em inglês por John Forrester, Nova York, Norton, 1988.]

O Seminário, texto estabelecido por Jacques-Alain Miller e publicado na coleção Campo Freudiano no Brasil, por Zahar

1953-54	O Seminário, livro 1, *Os escritos técnicos de Freud*, 1979
1954-55	O Seminário, livro 2, *O eu na teoria de Freud e na técnica psicanalítica*, 1985
1955-56	O Seminário, livro 3, *As psicoses*, 1985, 2ª ed.rev., 1988
1956-57	O Seminário, livro 4, *A relação de objeto*, 1995
1957-58	O Seminário, livro 5, *As formações do inconsciente*, 1999
1958-59	O Seminário, livro 6, *O desejo e sua interpretação*, 2016, *Ornicar?*, 24, 1981, 7-31; 25, 1982, 13-36; 26/27, 1983, 7-44. As três sessões finais trad. por James Hulbert como "Desire and the interpretation of desire in *Hamlet*", *Yale French Studies*, 55/56, 1957, 11-52
1959-60	O Seminário, livro 7, *A ética da psicanálise*, 1988
1960-61	O Seminário, livro 8, *A transferência*, 1992
1962	Le Séminaire, livre IX, *L'identification*, inédito
1962-63	O Seminário, livro 10, *A angústia*, 2005, inédito
1964	O Seminário, livro 11, *Os quatro conceitos fundamentais da psicanálise*, 1979, 2ª ed.rev., 1995
1964-65	Le Séminaire, livre XII, *Problèmes cruciaux pour la psychanalyse*, inédito
1965-66	Le Séminaire, livre XIII, *L'objet de la psychanalyse*, inédito
1966-67	Le Séminaire, livre XIV, *La logique du fantasme*, inédito
1967-68	Le Séminaire, livre XV, *L'acte psychanalytique*, inédito
1968-69	O Seminário, livro 16, *De um Outro ao outro*, 2008
1969-70	O Seminário, livro 17, *O avesso da psicanálise*, 1992

242　　O sujeito lacaniano

1970-71　O Seminário, livro 18, *De um discurso que não fosse semblante*, 2009
1971-72　O Seminário, livro 19, ...ou pior, 2012
1972-73　O Seminário, livro 20, *Mais, ainda*, 1982, 2ª ed.rev., 1989
1973-74　Le Séminaire, livre XXI, *Les non-dupes errent*, inédito
1974-75　Le Séminaire, livre XXII, *R.S.I.*, *Ornicar?*, 2, 1975, 87-105; 3, 1975, 95-110; 4, 1975, 91-106; 5, 1975, 15-66.
1975-76　O Seminário, livro 23, *O sinthoma*, 2007, *Ornicar?*, 6, 1976, 3-20; 7, 1976, 3-18; 8, 1976, 3-20; 7, 1976, 3-18; 8, 1976, 6-20; 9, 1977, 32-40; 10, 1977, 5-12; 11, 1977, 2-9
1976-77　Le Séminaire, livre XXIV, *L'insu que sait de l'une-bévue, s'aile à mourre*, *Ornicar?*, 12/13, 1977, 4-16; 14, 1978, 5-9; 16, 1978, 7-13, 17/18, 1979, 7-23
1977-78　Le Séminaire, livre XXV, *Le moment de conclure*, *Ornicar?*, 19, 5-9
1978-79　Le Séminaire, livre XXVI, *La topologie et le temps*, inédito
1980　　Le Séminaire, livre XXVII, *Dissolution!*, *Ornicar?*, 20/21, 9-20; 22/23, 1981, 714

Da psicose paranoica em suas relações com a personalidade (1932), Rio de Janeiro, Forense Universitária, 1987
"L'étourdit" (1972), *Scilicet*, 4, Paris, Seuil, 1973
Feminine Sexuality, org. Juliet Mitchell e Jacqueline Rose, Nova York, Norton, 1982
"Joyce le symptôme I" (1975), *Joyce avec Lacan*, Paris, Navarin, 1987, p.24
"O tempo lógico e a asserção de certeza antecipada", in *Escritos*, op.cit.
"A metáfora do sujeito", in *Escritos*, op.cit.
"Posição do inconsciente", in *Escritos*, op.cit.
"Proposition du 9 octobre 1967 sur le psychanalyste de l'École" (1ª versão), *Analytica*, 8, Paris, Lyse, 1978
"Propos sur l'hystérie", *Quarto*, 2, 1981
"Radiophonie", *Scilicet*, 2/3, 1970
"A ciência e a verdade", in *Escritos*, op.cit.
"O seminário sobre 'A carta roubada'", in *Escritos*, op.cit.
Televisão, Rio de Janeiro, Zahar, 1993

Jacques-Alain Miller

Orientation lacanienne, seminários inéditos ministrados sob os auspícios da Universidade de Paris VIII — Saint-Denis, iniciados em 1981
"H₂O", trad. Bruce Fink, in Hystoria, org. Helena Schulz-Keil, Nova York, Lacan Study Notes, 1988
"An introduction to Lacan's clinical perspectives", in *Reading Seminars I & II: Lacan's Return to Freud*, org. Bruce Fink, Richard Feldstein e Maire Jaanus, Albany, SUNY Press, 1995

Bibliografia   243

Sigmund Freud

Edição standard das obras psicológicas completas de Sigmund Freud, Rio de
  Janeiro, Imago, 1976
Collected Papers, Nova York, Basic Books, 1959
The Origins of Psychoanalysis, org. Marie Bonaparte, Anna Freud e Ernst Kris,
  Nova York, Basic Books, 1954
The Standard Edition of the Works of Sigmund Freud, Nova York, Norton, 1953-74
Studienausgabe, vol.3, Frankfurt, Fischer, 1975

Outros autores

Badiou, Alain, *Manifeste pour la philosophie*, Paris, Seuil, 1989
Barthes, Roland, *Elements of Semiology*, Nova York, Hill and Wang, 1967
Berger, Peter e Thomas Luckmann, *The Social Construction of Reality*, Garden
  City, Doubleday, 1966
Bergson, Henri, "Laughter", in *Comedy*, org. Wylie Sypher, Nova York, Double-
  day, 1956
Chodorow, Nancy, *Feminism and Psychoanalytic Theory*, New Haven, Yale
  University Press, 1989
Damourette, Jacques e Edouard Pichon, *Des mots à la pensée: Essai de grammaire
  de la langue française*, 7 vols., Paris, Bibliothèque du Français Moderne,
  1932-51
Descartes, René, *Philosophical Writings*, Cambridge, Cambridge University
  Press, 1986
Fink, Bruce, "Alienation and separation: logical moments of Lacan's dialectic of
  desire", *Newsletter of the Fredian Field*, 4, 1990, 78-119
——, *A Clinical Introduction to Lacanian Psychoanalysis,* Cambridge, Harvard
  University Press, 1996
——, "Logical time and the precipitation of subjectivity", in *Reading Seminars I
  & II: Lacan's Return to Freud*, org. Bruce Fink, Richard Feldstein e Maire
  Jaanus, Albany, SUNY Press, 1995
——, *Modern Day Hysteria*, Albany, SUNY Press, em preparação
——, "The nature of unconscious thought or why no one ever reads Lacan's
  postface to the 'Seminar on The Purloined Letter'", in *Reading Seminars I &
  II: Lacan's Return to Freud*, op.cit.
——, "Reading *Hamlet* with Lacan", in *Lacan, Politics, Aesthetics*, org. Richard
  Feldstein e Willy Appolon, Albany, SUNY Press, 1995
——, "Ciência e psicanálise", in *Para ler o Seminário 11 de Lacan: Os quatro
  conceitos fundamentais da psicanálise*, Rio de Janeiro, Zahar, 1998
——, "There's no such thing as a sexual relationship: Existence and the formulas
  of sexuation", *Newsletter of the Freudian Field*, 5, 1991, 59-85
Fourier, Charles, *The Passions of the Human Soul*, Nova York, Augustus M.
  Kelley, 1968
Gallop, Jane, *Reading Lacan*, Ithaca, Cornell University Press, 1982

244 *O sujeito lacaniano*

Grosz, Elizabeth, in *A Reader in Feminist Knowledge*, org. Sueja Gunew, Nova York, Routledge, 1991

Heidegger, Martin, *Being and Time*, Oxford, Basil Blackwell, 1980

Irigaray, Luce, *Je, tu, nous: Towards a Culture of Difference*, Nova York, Routledge, 1993

Jakobson, Roman, *Selected Writings*, vol. 2, Haia, Mouton, 1971

———, *Six Lectures on Sound and Meaning*, Cambridge, MIT Press, 1978

Jay, Nancy, "Gender and dichotomy", in *A Reader in Feminist Knowledge*, op.cit.

Jespersen, Otto, *Language: Its Nature, Development and Origin*, Nova York, 1923

Joyce, James, *Finnegans Wake*, Londres, Faber and Faber, 1939

Kripke, Saul, *Naming and Necessity*, Cambridge, Harvard University Press, 1972

Kurzweil, Raymond, *The Age of Intelligent Machines*, Cambridge, MIT Press, 1990

Lee, Jonathan Scott, *Jacques Lacan*, Boston, Twayne, 1990

Lévi-Strauss, Claude, *Structural Anthropology*, Nova York, Basic Books, 1963

Milner, Jean-Claude, *Introduction à une science du langage*, Paris, Seuil, 1989

———, "Lacan and the ideal of science", in *Lacan and the Human Sciences*, org. Alexandre Leupin, Lincoln, University of Nebraska Press, 1991

Nancy, Jean-Luc e Philippe Lacoue-Labarthe, *The Title of the Letter*, Albany, SUNY Press, 1992

Nasio, J.-D., *Les yeux de Laure. Le concept d'objet a dans la théorie de J. Lacan*, Paris, Aubier, 1987

O'Neill, John, *Making Sense Together*, Nova York, Harper and Row, 1974

Pascal, *Pensées*, Paris, Flammarion, 1976

The Purloined Letter, org. John Muller e William Richardson, Baltimore, Johns Hopkins University Press, 1988

Para ler o Seminário 11 de Lacan: Os quatro conceitos fundamentais da psicanálise, org. Bruce Fink, Richard Feldstein e Maire Jaanus, Rio de Janeiro, Jorge Zahar, 1998

Reading Seminars I & II: Lacan's Return to Freud, org. Bruce Fink, Richard Feldstein e Maire Jaanus, Albany, SUNY Press, 1995

Roudinesco, Elisabeth, *História da psicanálise na França, 1925-1985*, Rio de Janeiro, Zahar, vol. 2, 1988

Russell, Bertrand, *Introduction to Mathematical Philosophy*, Londres, Allen and Unwin, 1919

Russell, Bertrand e Alfred North Whitehead, *Principia Mathematica*, vol. 1, Cambridge, Cambridge University Press, 1910

Soler, Colette, "The symbolic order (I)", in *Reading Seminars I & II: Lacan's Return to Freud*, op.cit.

Turkle, Sherry, *Psychoanalytic Politics: Freud's French Revolution*, Nova York, Basic Books, 1978

Índice remissivo

A barrado ($\bar{A}$) *ver* Outro; falta
Abraham, K., 118
afânise, 97
agalma, 110, 227n.13, 82
ajuntamentos, 39-41, 48
Alcibíades, 225n.8, 82
aleatoriedade e memória, 38-9
alienação, 23-76; castração e, 125-6; fantasia e, 71, 89-92; linguagem e, 23, 67-8, 72; estádio do espelho e, 73; necessidade e, 72; separação e, 70, 71, 84, 222n.12; sujeito e, 69, 161, 210; vel do, 73-4
alteridade *ver* diferença
ambigüidade, 87
amor, 107-23, 149-50, 227ns.12 e 13, 233n.54
anagramas, 25
análise: aporia em, 176, 50; associação em, 174; causa na, 172, 173; confissão e, 113; desejo e, 115, 174; discurso de, 48, 159-62, 165-67; ética e, 179; formalização e, 177-8; lingüística e, 171; significantes-mestres, 166; matemática e, 176; metáforas de, 94; propósito de, 45, 104, 114, 117, 151, 166; ciência e, 123, 170, 177-9, 216n.4; situação de, 12, 167-8; status de, 178-9; sujeito em, 56; relações simbólicas, 115; cura pela fala, 44-5; termos de, 56; transmissibilidade de, 177-8;

verdade de, 151-2; compreensão em; 95; verbalização em, 44; *ver também* analista
analista, 91; autorização de, 230n.16; desejo e, 84, 89-90, 174; discurso de, 165-6; identificação com, 85, interrupção por, 89, 90-1; dever do, 45; saber de, 112; como Outro, 111-3; papel de, 11-2, 44, 85, 111; assexuado, 231n.25; falando equivocadamente, 91; sujeito suposto saber, 112; término da sessão, 89, 91
angústia, 76, 130
anomalia, 40-52, 164
Antropologia estrutural (Lévi-Strauss), 127
antropologia estrutural, 171
aporia, 12, 50, 176, 185
assexual, 150, 231n.25
associação livre, 92
autismo, 23, 99-100, 103

Badiou, A., 178, 214
banda de Moebius, 67, 153
Banquete (Platão), 82, 110, 87
"Bate-se numa criança" (Freud), 55
Berman, Thijs, 239n.6
bissexualidade, 233n.56

capitalismo, 126, 161, 162, 168, 180, 230n.15
Caput mortuum, 47, 48, 187

246   *O sujeito lacaniano*

carta/letra, 12, 25, 36, 39, 43-7, 148-9, 187, 211, 221n.1, 240n.5
"Carta roubada, A" *ver* "O seminário sobre 'A carta roubada'"
castração: alienação e, 125; além da, 226n.18; tabu do incesto e, 138; gozo e, 125, 229n.5; estrutura masculina e, 136-7; subjetividade e, 93, 97-8; simbólico, 126, 161
categoria de limítrofe, 136
causa, 47; aristotélica, 233n.49; *caput mortuum* e, 208; desejo e, 82, 116, 128; interpretação de, 48; psicanálise e, 172-3; ciência e, 172-3 significante como, 207; estruturalismo e, 51; estrutura *vs.*, 51, 173; subjetivação e, 48, 86-90, 174
Chistes e sua relação com o inconsciente (Freud), 63
Chodorow, N., 230n.14
cibernética, 21, 28
ciência, 170-9; causa e, 172; discurso da, 170-1; discurso da histérica e, 163, 173-7; psicanálise e, 13, 170-1, 178, 216n.4; sujeito da, 235n.3; sutura e, 52, 171, 172; discurso universitário e, 142
"Ciência e verdade" (Lacan), 163, 171
cifragem, 34, 40, 44-6, 187-210
código, 57-9, 61, 187-210
cogito, 64, 206
combinatórias, 34-8, 187-210
comida, 22
complexo militar-industrial, 162
compreensão, 40-1, 101-4, 113, 182-3, 184-5, 225n.4
Comte, A., 163
comunicação errônea, 27-8, 225n.4
condensação, 21, 33
contradições, 165
contratransferência, 111
controle dos esfíncteres, 43
cosmologia, 226n.14
criança: corpo de, 43, ideal do eu, 56-7; aprendizagem da linguagem, 22-3; Outro e, 71; discurso parental e, 10, 21, 217n.15; "por

quê?" e, 77; experiência aleatória e, 220; *ver também* pai; mãe
cross-cap, 153
culpa, 225n.9
cura pela fala, 44-5
curva tangente, 141

demanda, 9, 22; análise e, 114; desejo e, 116; pulsão e, 225n.21; linguagem e, 72; amor e, 114; Outro e, 227n.7, 11
"Denegação, A" (Freud), 118, 228n.22
dentro/fora, 155
Derrida, J., 183
Descartes, R., 64-5
desconstrução, 182-3, 234n.57
desejo, 10, 26, 72; análise e, 84, 89-90, 115, 174; causa de, 82, 116, 144; demanda e, 116; falta e, 76-7, 129; linguagem e, 71-2; amor e 118, 227n.13; mãe e, 180-1; objeto *a* e, 107-23, 165; objeto de, 11, 115-6; Outro e, 77; satisfação e, 116; separação e, 73, 76; *ver também* demanda; gozo; objeto *a*
desejo do Outro, 77, 211; causa e, 116; definido, 211; demanda e, 227n.7; indecifrável, 82; nome do, 89; Nome-do-Pai e, 99; responsabilidade para, 11; significantização e, 89; *ver também* desejo do Outro, significante do
deslocamento, 21, 33, 46
destino, 11, 92
dialética da parte/todo, 124, 229n.1
dialetização, 46
diferença, 109, 227n.6
"Direção do tratamento, A" (Lacan), 228n.20
discordância, 59, 138, 231n.29
discurso, 19-24, 58, 66, 234n.5; do analista, 48; analítico, 48, 159-62, 165-7, 174-5; furo no, 63; oportunismo e, 175; quatro tipos, 19-20, 159-68, 234n.5; da histérica, 160, 163-5; da criança e,

71; gozo e, 163; significado e, 216-7n.1; do mestre, 160-1; da universidade, 162-3; polarizado, 175-7; poder e, 175; registros e, 175-6; ciência e, 164; sujeito no, 59; *ver também* linguagem

discurso da histérica, 160, 163-7, 173-9

discurso da universidade, 162-3, 182

discurso do mestre, 160-3, 174-5

discurso religioso, 176

dit-que-non, 61

École de la Cause Freudienne, 232n.35, 236-7n.1

Écrits (Lacan) *ver resumos e conceitos específicos*

Einstein, A., 27-8

eros, 177, 179

escansão, 90-2, 225n.22

escravo/mestre, 161

escrita, 240n.5

estádio do espelho, 73, 198, 227n.5

estrutura feminina, 132, 134-5, 144, 146, 154-5, 233n.45; *ver também* mulheres

estrutura masculina *ver* homens

estruturalismo, 28; causalidade e, 51, 171-2; ex-sistência e, 151; teoria gödeliana e, 155; Lacan e, 51, 153; Outro e, 28; pós-estruturalismo, 9, 55, 124; subjetividade e, 55

ética: e psicanálise, 179

Étourdit, L' (Lacan), 137

eu: *cogito* e, 65, 206; desenvolvimento do, 56; discurso e, 24; distorção e, 57-8; falso ser, 97; teoria freudiana, 34; isso e, 233n.50; identificação e, 145-6; outro e, 109; produção de, 108, self e, 24-5; sujeito e, 145

eu como *shifter*, 59-62, 222n.14

ex-sistência, 44, 137-8, 141-2, 151-2, 231n.32

êxtase, 152

êxtase religioso, 144

extimo, 152, 138

fala *ver* discurso

falo, 128-55; definido, 212; imaginário, 142-3; gozo e, 133-5; falta e, 130; desejo da mãeOutro e, 80; Nome-do-Pai e, 81, 223n.9; função fálica e, 126-31; significante do desejo, 89, 129, 229n.11; mulheres e, 142; *ver também* função fálica

falocentrismo, 124

falso *cogito*, 206

falso ser, 65, 66-7

falta: desejo e, 76-7, 129; lógica da, 128, 230n.13; no Outro, 76-7, 84-5, 147-8, 212, 217n.6; superposição, 76; função fálica e, 130; separação e, 76; *ver também* falta no Outro; significante de (S(Ⱥ))

falta no Outro/desejo do Outro: significante de (S(Ⱥ), 73-4; ambigüidade na, 180, 232n.36; definida, 211, 81; gozo feminino e, 143-4, 149, 150-1; "primeira" perda e, 143; Hamlet e, 89, 143; significante mestre e, 145; falo e, 142, 232n.36; mudança no sentido, 81, 142-3; *ver também* Outro: como falta

fantasia: na análise, 221n.7; ser e, 84; fixação na, 45-6; fórmula da, 174; fundamental, 122; inversão da, 240n.4; gozo e, 83-4; matema para, 225n.21; neurose e, 225n.6; objeto *a* e, 82, 83-4, 120, 139, 146; reconfiguração da, 85, 11; separação e, 97; travessia da, 97-8, 174

feministas, 146, 181

filosofia, 162

filosofia oriental, 57

Fink, Héloïse, 216n.7

Finnegans Wake (Joyce), 126

física newtoniana, 171

física: e psicanálise, 177

fixação, 45-6, 98

foraclusão, 99, 138, 141, 231n.29

forma/substância, 149

248   *O sujeito lacaniano*

formalização, 236n.6
Fort-Da, jogo do, 35, 220
Foucault, M., 183
Fourier, C., 163, 235n.7
Frege, G., 230n.13, 235n.5, 236n.7
Freud, S.: método analítico de, 104,
   113; *das Ding*, 120-1, 144; ideal
   do eu, 68, 222n.2; Fliess e, 216n.2;
   jogo do *Fort-Da*, 35, 220; Lacan e,
   127, 182; sobre realidade, 221n.3;
   divisão do eu, 67; sublimação,
   149; sobre técnica, 182; tradução,
   184; *ver também obra e conceitos
   específicos*
função fálica, 128-55; contingente,
   229n.10; definida, 212; foraclusão
   e, 140-41; falta e, 130; falo e,
   128-31; prazer e, 133-5, 149-50;
   mulher e, 135, 140, 141; *ver
   também* falo
função parental, 78-80, 223n.8
furo, 96, 101-4, 222n.10
futuro do pretérito/futuro perfeito, 87,
   88, 228n.22

gênero, 121-36, 152
Gödel, teorema de, 50, 155, 177
gozo, 11, 83, 124-52; castração e,
   125; desejo e, 12, 107-15, 122,
   125; discurso e, 163; economia de,
   130, 152; fantasia e, 83; lei e, 229;
   "masturbação mental", 134-5; da
   unidade mãe-criança, 83; fálico,
   134; prazer e, 12; mais-gozar,
   228n.28, 126; sacrifício de, 126;
   de segunda ordem, 84; semiótico,
   231n.20; subjetividade e, 146;
   mais-valia, 122-3; simbólico, 12,
   134; trauma e, 86
gozo do Outro, 12, 134, 141, 149
Grigg, Russel, 216n.7

Hamlet (Shakespeare), 89, 143,
   225n.19
Hegel, G.F.W., 162
Heidegger, M., 44, 152, 222n.9
histeria, 121, 135, 155
Homem dos Ratos, caso do, 41

homens, 133-4, 154, 231n.24; desejo
   e, 144, 146; histeria masculina,
   135; estrutura masculina, 136-40;
   subjetivação, 144; ordem
   simbólica e, 143; *ver também*
   castração; pai
homônimos, 180
homossexualidade, 223n.9
horda primitiva, 231n.31

identificação,109, 145
igual/diferente, 84
imagem corporal, 29-30, 43
impotência, 230n.12
incompletude, 49-50
inconsciente, 21, 24-9; como
   instância, 63; desejo e, 26;
   freudiano, 63; como linguagem,
   21-6; linguagem do, 187-200;
   sentido e, 40; memória e, 39;
   cadeia significante e, 39; sujeito e,
   26, 41, 62; sujeito suposto saber,
   113, 114; pensamento e, 65-6,
   221n.7
indecidibilidade, 155
indestrutibilidade, 38-9
"Instância da letra no inconsciente,
   A" (Lacan), 21-7, 33
internalização, 27
interpretação, 41-2, 48
Interpretação dos sonhos, A (Freud),
   33, 63, 113
Irigaray, L., 232n.45, 233n.45
isso, 233n.50, 205

Jakobson, R., 58-9, 222n.3, 222-3n.14
Jay, N., 234n.57
jogos de presença-ausência, 76
Jones, E., 129-30

Kernel, 156
Klein, R., 214
Klein, M., 118
Kripke, S., 80, 222n.4
Kristeva, J., 183
Kurzweil, R., 222n.16
Kushner, Howard, 215

Lacan, J.: conceitos básicos de, 13-4, 32; abordagem clínica de, 90-2, 185-6; sobre *cogito*, 65; crítica de, 182; sobre Descartes, 64-5; final vs. início, 104; sobre Freud, 104, 182; sobre Heidegger, 222n.9; pós-estruturalismo e, 9, 55; sobre recalque, 25; leitura de, 184; sujeito dividido, 66-7; como estruturalista, 9, 51, 234n.57; como professor, 182; traduções, 16; trabalhos de, 181-2, 184-5; *ver também trabalhos e conceitos específicos*

lalangue, 221n.13
lampejo, sujeito como, 94
lapso, 19, 20, 62, 63, 69, 166
Leclair, S., 40
lei, 154, 229n.29, 173
lembrando *ver* memória
lendo e entendendo, 182-3
Lévi-Strauss, C., 127, 171
libido, economia da, 130
linguagem, 26, 34; alienação e, 23-4, 67-8, 72; assimilação de, 23, 78; cifragem, 40; desejo e, 71; vida de, 32, 126; materialidade da, 149; desejo da mãe e, 80; língua materna do Outro, 23-4, 24; como Outro, 21-2, 32, 68; psicose e, 78; inconsciente e, 21-6; *ver também* discurso; significante; ordem simbólica
linguagens artificiais, 33-40, 187-210
lingüística, 57-62, 171, 172
literalização, 178, 187
lógica, símbolos da, 137-8, 155
lógica clássica, 137-8
lógica recursiva, 222n.16
logos, 141
losango, 91, 212
Lupton, Julia, 214
lutas de poder, 167

mãe, 73; desejo da, 72, 76-81, 180, 231n.19; pai e, 79, 224n.18; *Fort-Da* e, 220; gozo e, 83; linguagem da, 81; díade

mãe-criança, 79, 82-3, 120, 220; nome e, 80; objeto *a* e, 82; Outro e, 23-4, 76; voz da, 117-8
Mais, ainda (Lacan), 124-53
mais-gozar, 161, 224n.16, 228n.28, 122
Mais além do princípio de prazer (Freud), 35, 220
mais-valia, 161, 122-3, 228n.28
Marx, K., 122, 180, 228n.28
"mas" (como significante), 60
masturbatório, 134-5
matemas, 16, 17, 50, 83, 132, 172, 211-2; *ver também formas específicas*
matemática, 124, 162, 176-7
materialidade de linguagem, 148, 151
meio médico e, 13, 28
memória, 38-40, 119
metáfora, 21, 33, 81, 93-5, 181, 221n.8
metalinguagem, 159, 168
metonímia, 21, 33
Miller, J.-A., 75, 200, 214, 217n.18, 221n.11, 222n.21, 229n.6, 237n.2
Milner, J.-C., 236n.14
modo imperfeito, 87, 224n.17
mulheres, 124-55; classe de, 229n.1; desejo e, 142, 146; troca de, 230n.12; lei e, 154-5; não-existência da mulher, 144-5; como conjunto aberto, 155; gozo do Outro, 135; Outro para ela mesma, 135; função fálica e, 140-2; real, 143; significante da Mulher, 145; subjetivação e, 144-8; ordem simbólica e, 134; *ver também* estrutura feminina; sexuação

Nachträglichkeit, 87
nada, 74
não-senso, 41, 103, 161
"Nature of Unconscious Thought or Why No One Ever Reads Lacan's Postface to the Seminar on The Purloined Letter" (Fink), 227n.3
necessidade, e alienação, 72

250 O sujeito lacaniano

negação, 59, 76, 138, 231n.29
nem/nem, 76
neurose, 100; definida, 225n.21;
 discurso da, 90; fantasia e, 225n.6;
 interesses imaginários, 112;
 significante-mestre e, 103; nome e,
 89; caminho além, 102-4, 144
nó borromeano, 153
nome, 75, 80, 89, 222n.4; *ver também*
 significante
Nome-do-Pai: ambigüidade no, 180;
 definido, 79, 180;
 significante-mestre, 79, 166, 211;
 desejo do Outro e, 99, 231n.19;
 falo e, 81; psicose e, 99;
 significante e, 99, 226n.15, 211;
 ver também pai; falo
nomes próprios, 75

O eu na teoria de Freud (Lacan), 34
objeto, 107-23; análise e, 112; desejo
 e, 11, 107-23; letra e, 12; perda,
 118-20; Outro e, 111-16, 228n.19;
 satisfação e, 120; significante do,
 147; *ver também* objeto *a*
objeto *a*, 107-23; seio e, 240n.5;
 caput mortuum e, 187; como
 causa, 201, 235n.14; definido,
 211; desejo e, 107-21, 165-6,
 222n.13; exemplos de, 18;
 ex-sistente, 151-2; fantasia e, 83,
 97, 146, 228n.23; discurso da
 histérica e, 164-5; gozo e, 212;
 perda e, 102; mãe-criança e, 82,
 1120; Outro e, 82-5, 147, 212,
 233n.53; polivalência do, 12; real
 e, 129, 134, 165, 176, 181; resto,
 200; relação sexual e, 151,
 231n.33; fontes para, 118-9;
 sujeito e, 82; mais-valia e, 122,
 161, 228n.28; movimento
 simbólico e, 134; verdade e, 164-5
 teoria das relações objetais,
 227n.7, 228n.18
objetos perdidos, 118-20
obsessão, 121, 134-6 complexo de
 Édipo, 81, 126
ódio, 109

olhar, 117, 118
ordem simbólica, 34, 79; aporias da,
 50, 176; causa na, 48; cadeia, 39,
 46-7, 51, 67; cifragem, 44-6;
 extra-simbólica, 153-4;
 incompletude da, 49-50; gozo e,
 133; linguagem e, 75, matemática
 e, 176; memória e, 38; Outro e, 28;
 paradoxos da, 176; real e, 43-7,
 187; auto-excedente de, 47; sujeito
 e, 30-1, 173; mulheres e, 134; *ver
 também* linguagem; letra;
 significante(s)
orgasmo, 149-50
ou/ou, 73
Outro, 9, 19-101, 206; representação
 binária do, 204; demanda e, 10,
 31; desejo e, 9, 31, 76-7; discurso
 do, 20, 21; fala do eu e, 216n.2;
 faces do, 31; como gozo, 31, 9;
 objeto e, 227n.7, 111-2; como
 falta, 211, 217n.6; linguagem
 como, 9-10, 21; objeto *a*, e, 147,
 233n.53; diferença, 9, 12, 149;
 parental, 57, 227n.7; separação e,
 147; estrutura e, 143; sujeito e, 10;
 ordem simbólica e, 28; *ver
 também* falta no Outro; desejo do
 Outro
Outro, falta (Ⱥ), 217n.6; definido,
 211; família e, 77, 147; objeto *a* e,
 147; separação e, 85
 sobredeterminação, 26, 221n.6
Ovitt, Jim, 214

pai: família e, 78; díade criança-mãe,
 224n.12; originário, 138;
 significante primordial, 20, 78;
 relação sexual e, 139; *ver também*
 Nome-do-Pai; função paterna
palavras *portmanteau*, 9
paradoxo, 49-52, 164-5, 176, 211
parapráxis, 19, 33
"Parêntese dos parênteses" (Lacan),
 193, 201
Pascal, 235n.4
passe, 178
Peirce, C.S., 231n.28

pênis, 125
pensamento e ser, 64-6
Pequeno Hans, caso do, 79, 166
percepção, irrelevância da, 96
Petit a ver objeto *a*
Platão, 82, 87, 110, 149
poder, discurso de, 159
Poe, Edgar Allan, 9
polarização: de discurso, 174-77, 178
pontuar, 90
pós-estruturalismo, 9, 55, 124
"Posição do inconsciente" (Lacan),
    233-4n.56
positivismo, 236n.6
prazer do órgão, 134
precipitação, 83-92, 93-4, 102-4
princípio da incerteza de Heisenberg,
    164-5, 173-4, 177, 236n.8
princípio de realidade, 79, 127
princípio de prazer, 12, 79, 127
procedimentos genéricos, 178
proibição, 80
*Projeto para uma psicologia
    científica* (Freud), 120
pronome pessoal, 59, 61
"Propos sur l'hystérie" (Lacan), 163
Psicologia de grupo e análise do ego,
    204 (Freud),
psicologia do ego, 56, 85, 91
Psicopatologia da vida cotidiana, A
    (Freud), 63
psicose, 67, 71, 78, 99, 100, 226n.12
publicação, 237n.3, 186
pulsão, 119, 213, 225-6n.10, 226n.11
pulsões, 98, 213, 226n.11
"Purveyor of Truth, The" (Derrida),
    124

racionalização, 39, 65
real: corpo e, 43; caracterizado,
    175-6; ex-sistência, 44; letra e, 43;
    modelo de, 2206; movimento em
    direção, 181; objeto *a* e, 115-8,
    165, 211; realidade *vs.*, 44;
    segunda ordem, 46; simbólico e,
    43-70, 187; verdade e, 172-4; não
    rasgado, 221n.2

recalque, 25, 98-9, 143, 226ns.13 e
    15, 231n.19
registros, 175-7; *ver também registros
    específicos*
registro imaginário: diferença e,
    227n.5; estádio do espelho, 73,
    198, 227n.5; relações em, 108;
    identidade sexual, 145-7
Reinhard, Kenneth, 214
relações simbólicas, 111-6
relativismo, 159
repetição, 119-20, 204
resto, 46
rivalidade, 110
rivalidade fraternal, 109
romance: e entendimento, 183
Rose, J.-J., 233n.47
Rousseau, J-J., 23
Russell, B., 40, 29, 50, 221ns.12 e 15

S($\overline{A}$) *ver* falta no Outro/desejo do
    Outro, significante
saber, 42, 162-3
satisfação, e desejo, 116
Saussure, F., 227n.6
seio, 120, 228n.23, 240n.5
Self, como eu, 24-5
"Seminário sobre 'A carta roubada'"
    (Lacan): posfácio do, 187-209,
    218n.5, 220; colocação de
    parênteses, 116; causa e, 47;
    desejo e, 116; carta/letra e, 43;
    cadeia significante e, 39, 46-7;
    inconsciente e, 33-4
sentido, interpretação e, 40-1, 95
separação: alienação e, 70, 71; desejo
    e, 73, 76; fantasia e, 90-2;
    metáfora e, 81; neuróticos e, 104,
    225n.21; Outro e, 84, 147;
    estrutura parentética, 210; sujeito
    e, 97-104; uso do conceito, 85
ser, 10, 64-6, 84, 100-4, 221n.5
Ser e tempo (Heidegger), 222n.9
sexuação, 124-55, 172
Sexualidade feminina (Lacan), 124-53
"Sexualidade feminina" (Freud),
    223n.8
Shakespeare, 89

252   *O sujeito lacaniano*

shifters, 58-9, 61, 68, 222-3n.14
significante(s), 57-9; advento do,
230n.13; binário, 98; corpo e,
29-30; furo entre, 96, 101-4;
cadeia de, 39, 51, 67; *caput
mortuum* de, 207; aspecto causal,
207; conjunto completo de, 49-50;
desejo e, 128, 147; dialetização,
103, 166; ex-sistência de, 148;
lampejo entre, 94; interpretação e,
41; letra, 12, 43-7, 148, 211,
221n.1, 240n.5; lógica do, 137;
mestre, 101-4, 166, 211; neurônios
como, 121; natureza não-senso do,
41, 148, 94; objeto e, 147;
exigindo prazer, 29-30; desejo do
Outro e, 81, 141-51, 180, 211,
232n.36; função paterna e, 79;
papel do, 133; primordial, 78-80,
99; nome próprio, 78; relação
entre, 88; recalque e, 98; sexuação
e 147; significância, 12, 88, 89,
147, 148; significação, 41, 166;
significado e, 40, 121, 226n.11;
subjetivado e, 94, 211, 226n.13,
75; mais-valia, 222n.17; topologia
de, 153; unário, 96-7; inconsciente
e, 42; *ver também* linguagem;
Nome-do-Pai; ordem simbólica
significante-mestre, 101-4, 166, 211
significante primordial, 78, 80, 99
significante unário, 135
Silver, Marc, 214
símbolo do diamante, 91, 212
sintaxe, 34-8, 220
sintomas, 30, 41, 97, 155, 166, 113
sistema(s), 11, 130-1, 155;
sistemas binários, 33-40, 187-210,
220, 234n.61
Smith, John, 214
"Sobre a teoria do simbolismo de
Ernest Jones" (Lacan), 129
Sócrates, 82
Soler, Colette, 214, 216n.6
sonhos, 21, 25, 33, 45, 166, 217n.1,
220n.7
sublimação, 144, 149, 232n.37,
233n.55

substância, 148, 34, 12
substituição, 81, 93, 221n.8
"Subversão do sujeito e dialética do
desejo" (Lacan), 99
sujeito, 88, 97; advento do, 10-1, 93,
232n.44; como alienado, 69-70;
análise e, 165-6; suposição, 55, 69,
86; como furo, 63, 93-4, 101-4,
96; cartesiano, 64-5; castração e,
96; causa e, 48, 72-81, 86, 87-90,
173; estruturas clínicas, 31, 172;
nos estudos culturais, 232n.44;
definição de, 9, 93; no discurso,
61; eu *vs.*, 145; como conjunto
vazio, 75; destino e, 92; estrutura
feminina, 144-8, 233n.45 e 46;
como lampejo, 94-5; freudiano,
63; como eu, 68; no real, 96; saber
e, 42; teoria lacaniana do, 55-70;
tempo lógico do, 86-8; como
falta-a-ser, 74; como marca,
240n.5; estrutura masculina,
144-8; metáfora e, 93-5; origem
do, 121; desejo do Outro e, 10, 72;
estrutura parentética e, 210;
posição do, 112-5, 217n.17; puro,
173; real e, 96; recusa, 73;
saturado, 173; significantes e, 39,
42, 60, 67, 147; lampejo, 94;
divisão do, 66-7, 84;
estruturalismo e, 55; suturando e,
171-4; ordem simbólica e, 173, 30;
status temporal, 86-8; três tempos
do, 93; topologia do, 222n.14;
duas faces do, 11, 93-104, 216n.2;
inconsciente e, 26, 42; *ver também*
sujeito barrado; *conceitos
específicos, processos*
sujeito barrado ($): alienação e, 72;
análise e, 90; discurso do analista
e, 165-6; definido, 211; fantasia e,
97, 125; primeiro significante e,
63; discurso da histérica e, 163,
167; significante-mestre e, 103;
metaforização e, 103; sujeito
dividido e, 67; discurso da
universidade e, 162
sujeito dividido, 66-7, 84

Índice remissivo

sujeito posicional, 235n.5
Sullivan, Henry, 216n.7
supereu, 27, 127-8
suposição, 10-11, 48-69, 85-92
sutura, 52, 171-4, 236n.8

tabu do incesto, 127, 133, 138
Televisão (Lacan), 163, 164
"Tempo lógico e a asserção de certeza antecipada" (Lacan), 87-9
temporalidade, 86-7
teoria da correspondência, 33
teoria dos conjuntos, 39, 75, 155, 223n.4, 229n.1
teoria gráfica, 188, 195
teoria referencial, 33
teste da realidade, 119
topologia, 153, 154-55, 224n.14
Totem e tabu (Freud), 138
traço, 177
traço unário, 204

tradição anglo-americana, 85, 167
tradução, 183-5
transferência, 113, 114
trauma, 45-8, 86
Três ensaios sobre a teoria da sexualidade (Freud), 119

um-a-menos, 235n.12

vel, 73-8
verdade, 163, 165, 171-4, 235n.4
Verstehen, 95, 225n.4
vislumbrar (ver), 88
Vorstellungsrepräsentanz, 25, 98, 217n.8, 226n.11
voz, 117-8

Winnicott, D.W., 114, 118
Wo Es war, soll Ich werden, 11, 68, 69, 92, 222-3n.14

1ª EDIÇÃO [1998] 8 reimpressões

ESTA OBRA FOI COMPOSTA POR TEXTOS & FORMAS EM TIMES NEW ROMAN
E IMPRESSA EM OFSETE PELA GRÁFICA PAYM SOBRE PAPEL ALTA ALVURA
DA SUZANO S.A. PARA A EDITORA SCHWARCZ EM DEZEMBRO DE 2024

A marca FSC® é a garantia de que a madeira utilizada na fabricação do papel deste livro provém de florestas que foram gerenciadas de maneira ambientalmente correta, socialmente justa e economicamente viável, além de outras fontes de origem controlada.